# データとモデルの
# 実践ミクロ経済学

ジェンダー・プラットフォーム・自民党

Adachi Takanori
## 安達貴教

Microeconomics, One Step Forward

Data Analysis and Economic Modeling on
Gender, Platforms, and the Liberal Democratic Party

慶應義塾大学出版会

# はじめに

　人間について論じる者は、高処から望むがごとく地上のことを見渡さなくてはいけない。

　ローマ帝国五賢帝最後のマルクス・アウレリウス・アントニヌス（Marcus Aurelius Antoninus, 121-180）はそう述べた後で、その対象として「人の群、軍隊、農業、結婚、離婚、誕生、死、法廷の喧騒、砂漠の地、さまざまの野蛮な種族、祭、喪、市場」を挙げています（『自省録』第7巻48章、神谷美恵子訳、岩波文庫版、p.130）。

　経済学は、私たちの社会におけるそうした数々の問題を俯瞰し、そしてそれらに対する解決策を模索する学問です。新聞の経済面で登場するような、お金や労働、税金といった、狭い意味での経済問題に限らず、社会面あるいは政治面に載っているような話題も含め、人間社会に関するほとんど全ての重要問題が経済学の対象となります。

　とりわけ、近年における経済学の傾向は、

1. **多様なトピックス**を扱うようになってきている
2. **データサイエンス**としての側面が強くなってきている
3. しかしながら、経済主体の行動様式を「**モデル**」として表現し、考えることも依然として有用である

というようにまとめられるでしょう。第1章の始めで簡単に述べることでもありますが、経済学は大きく、ミクロ経済学とマクロ経済学に分けられることはご存知かと思います。マクロ経済学の対象は一国経済全体に関わる問題となりますが、ミクロ経済学は、高処から望みながら社会の細部に分け入り、狭義の経済問題のみならず、社会の様々な課題を扱おうとします。現代経済学の特徴は、このようなミクロ経済学の性質と深く関わっているものと言えるでしょう。

　しかしながら、定評あるミクロ経済学の入門書や教科書を何度読んでも、ある

いは何冊読んでも、そのようなミクロ経済学の奥の深さと懐の広さとを「身を
もって」実感することは難しいのではないでしょうか。そこで本書は、ミクロ経
済学の入門書・教科書に飽き足らず、更にもう**ワンステップ先**を目指して、ミク
ロ経済学をアクティブに身に付けたいという皆さんをサポートするために、他な
らぬ著者自身が、今までの研究活動において対象としてきたトピックスを取り上
げ、**ミクロ経済学の実践の雰囲気**を実地でお見せすることを目的としています。
その意味で本書は、著者自身が行ってきた研究活動の中間報告の役割を果たす**研
究書**であると同時に、ワンステップ先を目指す読者にとっての**啓蒙書**も目指すと
いう、欲張りな「**新しいスタイルの経済書**」を標榜するものとなっています（図
0.1）。

**図0.1：本書の狙い**

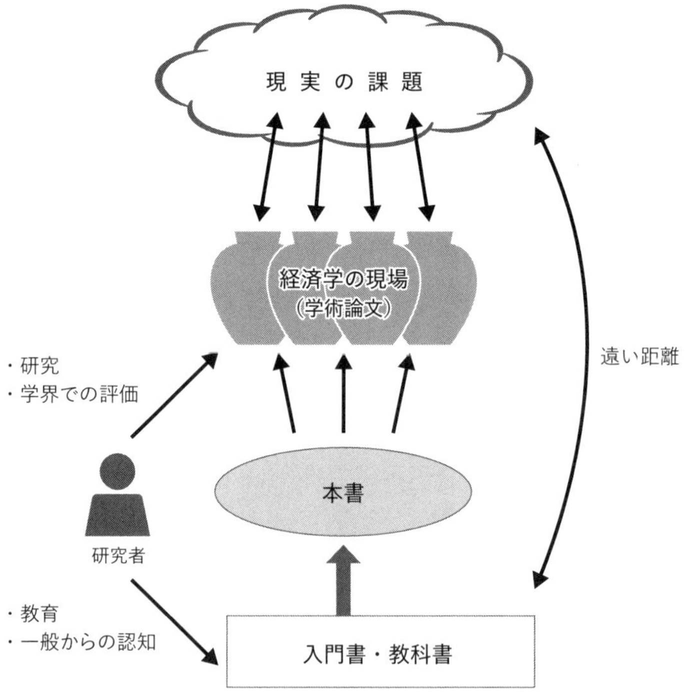

## 0.1 ｜ 本書の位置付け

　本書の著者が属している（と考えている）経済学業界の界隈においては、学術書編集者の鈴木哲也氏が述べるように、研究者の業績評価は「学術雑誌重視の傾向が顕著」（鈴木 2020, p.102）です。もう少し詳しく言えば、研究者が「研究成果を発表するのはもっぱら学術雑誌（「ジャーナル」）であり、「しかるべきジャーナル」に掲載された論文数が研究者の業績として評価され、人事や予算配分の重要な評価項目となっている」（同）という実情になっている。そう、研究書の出版は「研究者の業績にならない」（同）のです。

　それでも、インターネットの普及前では、幾つかの論文をまとめ、関係研究者による参照の便宜に供するだけでなく、全体的な統一を持たせて読者層を広げたような学術書の商業価値があり、それに付随して、業績としての意味もありました。しかし現在では、研究者は、参照・引用に際してはインターネットで容易にオリジナルな論文に当たることができ、更には、個々の論文の成果は、その出版時点ごとに、インターネット上でダイジェストという形式で広く伝えられるような状況になってきています。こうして、オリジナルな研究業績をまとめた**研究書が持つ業績上の意義も次第に薄れてきている**という実情となっているのです。

　他方では、新書やビジネス書に代表されるような、もっと一般向けの入門書や学生向けの教科書でしたら、売れ行きの面から言って金銭的に報われるということから、研究者も時間を使って書く（そして出版社も発売しようとする）インセンティブ、すなわち動機付けがありそうです。その結果として、入門書や教科書には事欠かないという現状になっていると言えるでしょう。以上が、図0.1で示されている書き手側、すなわち「供給」側の事情です。

　では、「需要」側である読者の皆さんはどうでしょうか。優れた入門書や教科書で経済学に興味を持ったは良いものの、そこから「もうワンステップ先」を踏み出そうとするとき、「あとは自分で研究の最前線まで登って来いよ」という突き放された状況なのではないでしょうか。そこで、何か実地のマニュアルのようなものがあれば、自分で考えていくための一助となることでしょう。まずもって本書は、そのような需要に応える啓蒙書としての性格を意識して執筆されています。

## 0.2 | 経済学の両輪

さて、著者は、経済学を「人々や組織が何らかの制約の下でどのような選択を行い、そしてその結果として、社会全体ではどのような帰結が生じると考えられるのか」を分析する学問、あるいは「エコノマイズ、すなわち、人間は無駄なことはあまりしたくない、できれば節約したいと考えている、という視点から個人や社会の問題を考えようとする」社会科学の一分野であると捉えています。

このような経済学の特質に根差し、

(1) 現実のデータを使って、人間行動や社会行動そのものの実際を探ろうとする。

実践的態度＝**実証してみる**

ことに留まらず、

(2) 人間行動や社会現象に（自然現象に対してと同様に）秩序や法則性を見出そうとする。

合理的態度＝**経済モデルで考える**

この両者が揃えば、経済学はその力を遺憾なく発揮するのです。

実際、IT 企業やネット上でのプラットフォーム企業など、いわゆるテック企業 (tech companies) においては、近年、経済学に依拠した分析が経営戦略上、重要な位置を占めるようになってきていますが、この背景としては、

・経済学が**データ分析**を通じて現実との関連性を増してきているという点

に加え、

・人々の**インセンティブ**、すなわち、金銭的なものに限らず非金銭的なものも含んだ、動機付けの側面に着目し、**均衡**、すなわち、社会全体としてどのような結果が生じると考えられるかについての予測、といった抽象的な概念も駆使することによって、人間行動や社会現象に秩序や法則性を見出そうとする姿勢を保持している点

が、経営戦略の策定の上でも有益であるという認識が浸透してきていることが指

摘されています（Athey and Luca 2019, 上武 2020）。ここでの二点はそれぞれ、まさにすぐ前の (1)「実証してみる」、(2)「経済モデルで考える」に対応していることが分かるでしょう。

　以下、本書で展開するのは、著者が行ってきた研究に即した限定的なトピックスとなりますが、読者の皆さんには、「実証分析」と「理論分析」とが両輪となって前進していくかの如く、経済学の方向性に関する一つの示唆として感じ取っていただけるように進めていきたいと思います。

## 0.3 │ 本書の概要

　それでは具体的な内容を紹介しましょう。本書では、
(a) ジェンダー・ギャップ
(b) プラットフォーム・ビジネス
(c) （単独あるいは連立の）自民党政権
といったトピックスを対象として、

(a) 起業するかしないかということに関してジェンダー・ギャップが生じているが、その背景としては、パートタイムで働くことの意味合いが男女によって異なっていることがある

(b) ネット販売等のプラットフォームの運営事業者による「搾取」や「差別」の余地があることは、社会的に望ましいこともある

(c) 自民党の政治家は、インフラ整備や経済プロジェクトに関係する大臣ポストに対して高い位置付けを与えている

といった内容を提示することになります。現代の経済学においては、(a) は「労働経済学」あるいは「企業経済学」、(b) は「産業経済学」、(c) は「政治経済学」という各分野に分類されることになりますが、問題に応じて、データを分析することで隠れた真実を発見したり、あるいは、データだけからでは分からない意外な真実を、経済モデルを考えてみることで、その所在を明らかにしたり、はたまた、データと経済モデルの両方を組み合わせることで何となくの真実をより深く理解しようとしたりと、本書においては、そういった**現代経済学が対象とするところの多様性の一側面**をお見せすることができればと思います。

　ジェンダー、プラットフォーム、自民党。それぞれが一見して関係していなさ
そうに見えて、実は、それらを通底する経済学の筋があり、なぜ、そのような連
関する見方が可能になるかというと、経済学が「データ分析」と「モデル分析」
の両輪を持っているからだということが、著者から伝えたいメッセージとなるで
しょうか。それぞれのテーマを研究していた時は、意識していなかったことです
が、結果的には、これら三つをまとめて眺めてみると、ある意味、**現代の日本社
会が抱える課題**に多かれ少なかれ関わっているものになっていることに著者自身
が驚いています。このように、データ分析とモデル分析の双方を兼ね備えること
で、ミクロ経済学は、狭い意味での経済現象だけでなく、ジェンダーや政党と
いった社会の問題を広く扱うことができるのです。

　本書は三部から構成されています。まず第I部「基本篇」の第1章では、経済
学の実証分析と理論分析について、方法論的な観点から概観します。続く第2章
で、「理論分析」、すなわち「経済モデルで考える」ことの具体的なイメージを、
「学割」の例を通して考えます。そして第3章では、実証分析で何よりも大切な
「データが何を言っているか、データから何が言えるか」ということ、すなわち、
手持ちの観測データから何らかの意味ある相関関係を見出し、そのことで、どう
いった意味ある知見を見出すのかということを、「ジェンダーと起業」という
テーマの中で、簡単な経済モデル（一個人の行動選択モデル）も交えつつ解説しま
す。

　第II部「中級篇」では、**交渉理論**（Bargaing Theory）という経済モデルに基づ
いた分析を提示していきます。交渉理論は、ミクロ経済学の入門書・教科書には
あまり出てこない考え方ですが、経済問題のみならず、広く社会問題を考えてい
く上での有用性に鑑みて、本書ではやや詳しく扱っています。まず第4章では交
渉理論について簡単に解説した後、続く第5章でプラットフォームと取引業者と
の交渉をテーマとした理論分析について説明します。これは最近話題となってい
る、プラットフォーム運営者による「優越的地位の濫用」の問題とも関わってい
るものです。なおこれは、データを用いない、経済理論の応用分析となっていま
す。

　そして第III部「上級篇」では、「自民党政権下における大臣ランキングの推定」
をテーマとして、交渉理論とデータ分析の協演をお見せします。まず第6章で制
度的な特徴を概観し、それらを考慮されたモデル設定のポイントを解説します。

それを前提に最終の第7章では、データとモデルを組み合わせ、55年体制下の自民党にとって、それぞれの大臣ポストがどれだけの重要性を持っていたか、それを推定した結果をお見せします。ここでは、第7章の補論では、省庁再編以後を対象とした場合の分析結果も示しています。

　以上、本書の概要は図0.2が示す通りであり、各テーマの分析で、何らかの「経済モデル」が登場しています。

### 図0.2：本書で扱うトピックスと分析手法

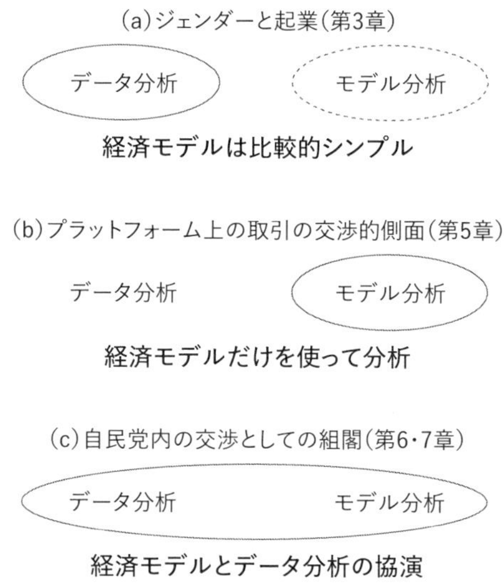

（a）ジェンダーと起業（第3章）

データ分析　　　モデル分析

**経済モデルは比較的シンプル**

（b）プラットフォーム上の取引の交渉的側面（第5章）

データ分析　　　モデル分析

**経済モデルだけを使って分析**

（c）自民党内の交渉としての組閣（第6・7章）

データ分析　　　モデル分析

**経済モデルとデータ分析の協演**

　本書は、上でも述べたように、ある程度、経済学の入門レベルを終えた読者を想定していますが、本文中での数式の利用はできるだけ控えるようにしていますので、経済学を全く勉強したことがない人であっても、高校の数学程度の知識があれば、それなりにスムーズに読んでいけるようにしたつもりです。トピックスは多様なのですが、ストーリーの流れには一貫性を持たせたつもりですし、各章の内容は次第にレベルアップしていきますので、最初から最後まで順を追ってお読みいただくのが良いのでしょう。上述の通り、テーマはそれぞれ別個のものですが、全体としての本書は、それ自体がいわば「一つの作品」として構成されているからです。

　そうは言うものの、もし多少でも分かりづらいところがあれば、（本書の著者が読書の際、しばしばそうするように）気軽に読み飛ばしていっていただければと思います。なお、「研究書」としての本書の性質上、詳細な議論を知りたい読者のために、随所で「テクニカル・ノート」や「文献ノート」を挟んでいますが、本文だけを読み進めても、全体の理解には差し支えないように構成されていますので、ご関心のある項目に適宜、目を通していただければ幸いです。更に詳細な議論については、各章末の付録に委ねています。

## 0.4 ｜ 本書執筆・舞台ウラ事情

　最後に、上述した「需要」に応えることを可能にする「供給」側の事情を詳らかにしておきましょう。著者は、今まで、自分の専門分野を決め、その中での仕事に専心するというよりも、自身が重要と考え、そして自身に分析ができると思われるトピックスを取り上げ、自身が使える経済学の手法で、その都度ごとに分析を行うというスタンスを取ってきました。本書のように、研究書と啓蒙書を兼ね備える「新しいスタイルの経済書」が意味を成すためには、特定の分野に特化したものではなく、経済学全体を少なからず俯瞰しようとする姿勢を標榜するものでなければならないでしょう。その点、著者は、中島敦 (1909-1942) の「悟浄出世」(1942年) で描かれている沙悟浄——「人生とは何か」を探し当てるべく、その道の達人たちから教えを乞うための旅をする——のような紆余曲折の遍歴を辿ってきたことに感謝しなければならないのです（もちろん、著者如きの浅学非才にお付き合いいただいてきた共同研究者の皆さんのご助力の賜物です）。

　ただし著者は、そういった立ち位置が独りよがりなものとならないよう、同業者からのチェックを受けるために、英文学術雑誌からの評価を仰ぐというスタンスを曲がりなりにも堅持してきたことには一言言及しておいても無駄ではないでしょう。そうです。上述の「研究書の出版が業績にはならない世界」です。その意味で本書は、読者側の需要に応えるため、業績にはならない奉仕を提供するという高邁な理想を装いながら、その実、現代の学術界の評価の動向に忠実に従ってきた所産に他ならず、異端を標榜しながらも、正統、いや凡庸の域からいささかも脱するものではないのです。

# 目次

## I 基本篇

### 第1章 経済学における実証と理論 ———— 003
#### ——実践ミクロのための二本柱

### 第2章 理論分析のレッスン ———— 029
#### ——価格差別をモデル化する

# 注意事項

　本書の人名の表記については、謝辞を除いて、敬称は「氏」で統一し、物故者については敬称を省略しています。また、物故者に関しては、可能な限りにおいて生没年も記すようにしていますが、これは現在からの時間的近接性を惹起することを可能にするためのものです。同様に、著者が「日本人」以外と見なした物故者については、例えばジョーン・ロビンソン（英 Joan Robinson, 1903-1983）、あるいはイギリスの経済学者ジョーン・ロビンソン（Joan Robinson, 1903-1983）のように「国名」も記載していますが、これもまた読者の地理的感覚を手助けするためのものです。

　なお、個人の所属先（大学名など）は、物故者も含めてその必要性がない限り、記載はしていません（これは、謝辞にも適用されています）。ましてや、現存する個人の生年ほど不要不急な情報もないでしょう。書名や論文名については、各章冒頭の引用（エピグラフ）などを除いて、本文中では、スミス（2020）あるいは（Smith 1776）のように、人名と年号を組み合わせた省略形で記します。これらはそれぞれ、スミス氏が2020年に、あるいはSmithが1776年出版した著作（書籍や論文）を意味し、正確な書名・論文名は、巻末の参考文献にまとめて記しています。

# 本書のサポートページ情報

慶應義塾大学出版会の本書紹介ページ

https://www.keio-up.co.jp/np/isbn/9784766427974/

に掲載のサポートページへのリンクから、関連するデータや推定のためのプログラムがダウンロードできますので、興味のある読者はご覧ください。

I

基本篇

　この基本篇では、データ分析（実証）とモデル分析（理論）について、入門的内容を解説します。通常の教科書では、前者は計量経済学として、後者はミクロ経済学として、別々の科目として取扱われますが、実践を目指す本書では、両者を包括する方向性を目指しています。そのための基本篇です。まず第1章では、データ分析の最近の動向である「統計的因果推論」についての基本的解説を行った後、それを踏まえて、モデル分析の意味付けについて解説をします。そして続く第2章では、価格付けという具体的なテーマを取り上げて、モデル分析の雰囲気を見てみたいと思います。この最後の方で、ジェンダーの問題が立ち現れます。そこで第3章では、簡単なモデルに依拠したデータ分析によって、起業という文脈におけるジェンダー・ギャップについて考えます。

# 第1章 経済学における実証と理論
## ——実践ミクロのための二本柱

> 学問の本趣意は読書のみに非ずして精神の働きに在り。この働きを活用して実地に施すには様々の工夫なかるべからず。「ヲブセルウェーション」とは**事物を視察**することなり。「リーゾニング」とは**事物の道理を推究して自分の説を付く**ことなり。
>
> 福澤諭吉『学問のすゝめ』(1872-76年) 十二編より抜粋 (強調は引用者)
>
> (引用者注:「ヲブセルウェーション」とは「オブザヴェーション (observation)」(観察) の、「リーゾニング」とは「リーズニング (reasoning)」(推論) の福澤流の表記)

　「はじめに」で述べたように、本書は、著者が関わってきた幾つかの研究をベースに、現代経済学の多様性の一端を紹介することで、入門書や教科書を超えて、もうワンステップ先の経済学の世界に読者を誘うことを目的としています。そのため、本書の内容は、手法的にも分野的にも多岐に亘っています。具体的な内容の紹介は、第2章から始めるとして、まず本章では、現代経済学の特徴である**データ分析とモデル分析の両輪**という関係について、著者の見立てを説明してみたいと思います。

## 1.1 ｜ 経済学の方法

　経済学の全体像を把握しようとする際、以下のような分類法が考えられます。
　① 視野・視点からの分類
　② 対象からの分類
　③ 方法論的観点からの分類
　まず①についてですが、読者の皆さんは、「ミクロ経済学」「マクロ経済学」という分類を耳にしたことがあるでしょう。ミクロ経済学 (Microeconomics) は、

個別の (すなわち、「ミクロの」) 消費者・企業に注目し、それらの行動に焦点を当てて、社会的な帰結を考えます。例えば、酒税の導入、あるいは既に導入されている場合はその変化が、個々の消費者の購買行動や酒造業者の生産活動にどう影響を与えるのかといった問題を考えます。

対して、マクロ経済学 (Macroeconomics) は、消費者や企業を全体的に捉えることで、一国全体の経済に関わるような問題を考察します。例えば、「景気はどうなるの？」「消費税引き上げが政府の財政や日本経済に与える影響は？」といった問題で、もう少し専門的に言えば、財政政策や金融政策がGDP (国内総生産) や失業率にどのような影響を与えるかを考えます。「経済学」と言えば、こちらのイメージをお持ちの読者の皆さんも少なくないかもしれません。

ここでの分類に従えば、本書で取り扱う対象はミクロ経済学に分類されることになります。

次の②は、おおよそ大学の科目名とも対応しているもので、財政論、金融論、労働経済学、医療経済学、教育経済学、環境経済学、開発経済学と、順不同に挙げるとこのような感じになります[1]。これらは、名前を見れば、どのような対象を扱っているのかがすぐに分かるのが特徴です。この分類に即して言えば、本書は、起業におけるジェンダー・ギャップを取り上げる第3章は**労働経済学** (Labor Economics)、近年ますます重要度を増しているプラットフォーム・ビジネスを扱っている第5章は**産業経済学** (Industrial Economics)[2]、そして、自民党政権の組閣をデータと交渉理論で分析する第6・7章が**政治経済学** (Political Economics) といった分野に対応しています。なお交渉理論自体の解説は第4章で行っています。

しかしながら本書では、現代の経済学の特徴をより的確かつ包括的に理解するのに便利と思われる、別の分類法を紹介してみましょう。それが③です。これは図1.1が示すイメージとしてまとめられます。

この図の四角で囲っている部分が経済学に該当します。その下の「基層」には、統計学などの応用数学が土台としてあります (応用数学とは、純粋数学とは異なり、

---

1) もっとも、「視野・視点」と「対象」は別々のようでもあり、重なるようでもあり、「マクロ経済」を一つの対象と見なせば、マクロ経済学もこのリストに加えることができるかもしれません。伝統的には、マクロ経済学には独立した位置が与えられています。

2) 北米や日本などにおいては、**産業組織論** (Industrial Organization) と呼ばれることが多いので、以降、本書でもそう呼ぶことにします。

工学や経済学等への応用に関わる内容を主とする数学的体系の総称です）。経済学の多く
の分野において、高校数学あるいはそれ以上が求められることも理解できるで
しょう。ここだけを見ますと、いわゆる「理系」（自然科学）の分野とあまり変わ
らないように思われますが、しかしながら、人間や社会を直接的に扱う経済学は
それに留まるものではありません。とりわけ、経済学の始祖であるアダム・スミ
ス（英 Adam Smith; 1723-1790）以来、経済学は、価値判断を伴う**モラル・サイエ
ンス**（Moral Science; 道徳科学）としての側面を色濃く持っています[3]。従って、

**図1.1：経済学の見取り図**（方法論的観点）

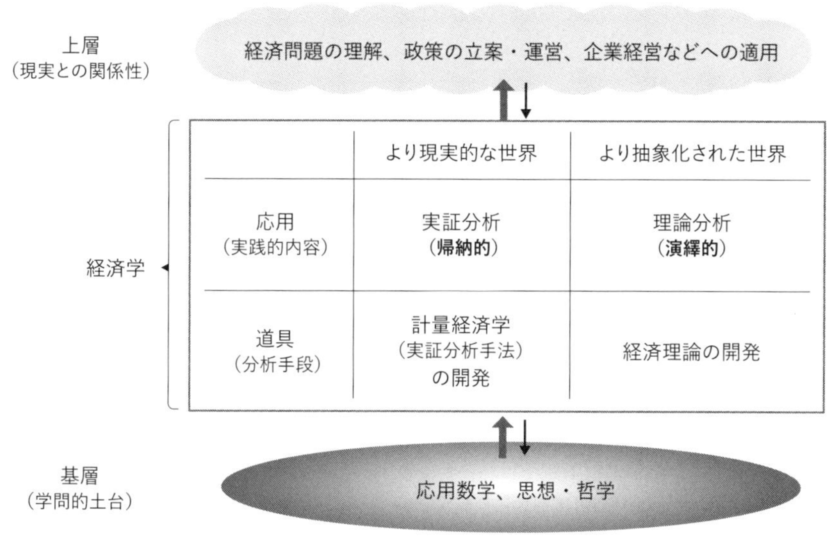

| 上層<br>（現実との関係性） | 経済問題の理解、政策の立案・運営、企業経営などへの適用 | |
|---|---|---|
| | より現実的な世界 | より抽象化された世界 |
| 応用<br>（実践的内容） | 実証分析<br>（**帰納的**） | 理論分析<br>（**演繹的**） |
| 道具<br>（分析手段） | 計量経済学<br>（実証分析手法）<br>の開発 | 経済理論の開発 |
| 基層<br>（学問的土台） | 応用数学、思想・哲学 | |

（左側ラベル：経済学）

---

3)　マクロ経済学の発展に貢献したジョン・メイナード・ケインズ（英 John Maynard
　　Keynes; 1883-1946）は、高弟のロイ・ハロッド（英 Roy Harrod; 1900-1978）に宛て
　　た手紙（1938年7月4日）の中で、
　　　　経済学は本質的にモラル・サイエンスであり、自然科学ではありません。すなわち、
　　　　経済学においては、内省と価値判断が必要なのです（引用者訳）
　　と述べたことは良く知られていますが、この言葉は、このような経済学の重要な性質を
　　的確に表していると言えるでしょう。ケインズを踏まえ、経済学史家の木村雄一氏は、
　　「経済学以外の多くの知識を総合し、事実と理論を総合して把握する複眼的な思考法こ
　　そ、社会科学の基本姿勢に他ならない」（木村 2020, p.172）と述べています。

応用数学のみならず、思想・哲学に関わる内容も、図1.1の学問的土台である「基層」にあります。

そして、「上層」には、学問が現実とどのように関係しているのか、もう少し具体的に言えば、「経済学の成果がどのように還元されるのか」ということが位置しています。まず、政策の立案・運営に役立たせることができるという点は、経済学のモラル・サイエンス側面と直接的に関わっています。ただし、「はじめに」でも述べたように、経済学が持つ体系性は、企業の販売戦略への活用といったように、実際のビジネスにおいても有効であるという点も忘れてはならないでしょう。

このように、経済学の基層部から上層に向けて、そして、経済学の内部においても「分析手段」から「実践的内容」に向けて太い矢印が描かれているのは、経済学が基礎的な内容から始まって、どのように現実と関連しているのかを示しているものですが、よくご覧いただくと、下に向かって、細い矢印も引かれていることにお気付きになるでしょう。これは、現実に生じている問題が、経済学の関心に影響を与えたり、経済学の実践で生じた問題意識が、分析手段の開発を促したり、はたまた、経済学のような応用的学問が、より基礎的な応用数学の展開や思想・哲学の営みにも影響しうることを模式的に示したものなのです。

## 1.2 │ 演繹と帰納

図1.1についての説明を続けましょう。ここで書かれている「**演繹的** (deductive)」と「**帰納的** (inductive)」とは、推論の方法に関しての二つの分類を意味しています（以下は、哲学者のサミール・オカーシャ（Samir Okasha）氏による説明（Okasha 2016, pp.16-20）に依拠しています）。まず、**演繹的推論**（単に「演繹」とも略します）とは、以下のような三段論法、すなわち、

「全ての人間は死ぬ」 （前提1）

「（本書著者の）アダチ・スミスは人間である」 （前提2）

「従って、アダチ・スミスは死ぬ」 （結論）

といった推論に代表されるものです。この結論だけを見ますと、正しいように思われます。ただし、この結論の正しさを保証しているのは、論理に加えて、前提の正しさである点が重要です。すなわち、前提1の「全ての人間は死ぬ」が成り立たず、「死なない人間もいる」とするならば、「アダチ・スミスは死ぬ」は必ずしも成り立たないことになってしまうのです。

　次に、三段論法の別の例として、

　　「全ての日本人はビールが好きである」　　　　　　　　　　　（前提1）
　　「（実在していた経済学者の）アダム・スミスは日本人であった」　　（前提2）
　　「従って、アダム・スミスはビールが好きであった」　　　　　　（結論）

を見てみましょう。ここでは、論理の展開には問題ないのですが、前提1と前提2とも誤っていることは明白です。だからと言って、「アダム・スミスはビールが好きであった」という結論が誤っているとは必ずしも言い切れません。

　このように「演繹」とは、「一般的な原理や公理から個別の命題や文を導く場合や、三段論法のように前提とされることが含意する結論を導き出す手続きのこと」（一ノ瀬 2016, p.30）であり、「演繹」においては、**前提が正しくないからと言って結論も正しくないとは言えません**が、**前提の正しさが保証されていれば、結論の正しさは保証されている**ということになります。このように「演繹」とは、既知の知識を組み合わせ、論理の方法を噛ませることで、新たな知見を得ようとします。論理が正しければ、そのようにして得られた知見は、例外のない絶対確実なものと言えますが、その分、この世界に関する新しい発見や知識を生み出す力にやや欠けるものがあります。

　そのことは、**帰納的推論**（単に「帰納」とも略します）との対比で考えてみれば、明らかになるでしょう。例えば「獄門島」という架空の孤島を考えて、次のような推論を考えてみることにしましょう。

　　「獄門島の住民10人全員が、それぞれの家で同時刻に一斉に同じ種類・
　　大きさの毒キノコを食べた」　　　　　　　　　　　　　　　（前提1）
　　「現在、住民9人の死亡が確認されている」　　　　　　　　　（前提2）
　　「従って、もう1人の住人も死亡している」　　　　　　　　　（結論）

　ここでは、前提1と前提2が正しかったとしても、論理的な必然として結論も正しい、ということにはなりません。毒キノコを食べたからといって、可能性は低いものの、致死には至らないこともあるからです。

　このように「帰納」においては、「演繹」とは異なり、**前提が正しいからと言っても、必ずしも結論の正しさは保証されない**のです。しかしながら「帰納」は、既知の知識を前提とし、絶対確実とは残念ながら言えないものの、そこそこの正しさを保証してくれる推論の方法を使うことで、新しい「知識」を生み出そうとします。このように得られた知識は、例外のない絶対確実なものとは言えないものの、自然・社会・人間に関しての知識を増やしてくれるという側面があるのです（一ノ瀬 2016, p.256）[4]。

　ちなみに、1950年代のDNA構造解析の研究史において、イギリスの化学者ロザリンド・フランクリン（Rosalind Franklin; 1920-1958）がひたすらにデータと観察事実を積み上げるという意味で帰納的アプローチに徹し、モデル化・図式化を行うことを極端に避けていたのに対し、ジェイムズ・ワトソン（James Watson）氏とフランシス・クリック（英 Francis Crick; 1916-2004）は、「一種の直感、あるいは特殊なひらめきによって、きっとこうなっているはずだ、と先に図式を考えて正解に近づこうとする」（福岡 2007, p.112）という意味で、演繹的アプローチを地で行くようなスタイルでDNA構造を解明しようとしていたことが、生物学者の福岡伸一氏による『生物と無生物のあいだ』で紹介されています。このエピ

---

4）　なお、「帰納的推論」は、「既知の事実から結局は同種の事実に関する判断を導く」（一ノ瀬 2016, p.257）ものですが、既知の事実（「住民9人が死亡している」）から未知の事象（「もう一人も死亡している」）に結びつける推論自体を純粋な「帰納」として取り上げた上で、それとは区別し、「既知の複数の事象を整合的に説明するような推論」のやり方を独立の推論の方法と見なす考え方もあります。それは、「最善の説明のための推論（IBE; inference to the best explanation）」と呼ばれ、この場合ですと、推論の方法は、演繹、帰納、IBEの三つがあるということになります（Okasha 2016, p.24）。更に余談になりますが、より広く捉えれば、現代哲学の一思潮である「プラグマティズム」の創始者、C・S・パース（米 Charles Sanders Peirce, 1839-1914）の「アブダクション（abduction）」、すなわち、「まったく別の事実の判断を創造し、採用候補として提起する」（一ノ瀬 2016, p.257）という方法もここに付け加えることができるかもしれません。

ソードは、帰納と演繹の対比をイメージするの
に有益でしょう。

　このエピソードは、経済学における**実証分析**
（empirical analysis）と**理論分析**（theoretical anal-
ysis）の雰囲気の違いにも当てはまるものがあ
ります。前者においては、データや事実を積み
上げる「帰納的推論」が中心的役割を担ってお
り、後者においては、経済はこういうふうに動
いてるはずだと考えながら、演繹的に論理を展

ロザリンド・フランクリン

開していくというスタイルです。ここで、実証
分析が主に依拠する道具立ては、**計量経済学**（Econometrics）と呼ばれるものにな
りますが、ここでの理論展開は、演繹的推論が中心となります[5]。同様に、理論
分析は、「経済理論の応用」とも呼ばれるように、**経済理論**（Economic Theory）
がその基礎を提供しており、やはり、「演繹的推論」が主軸となっています。よ
り具体的には、価格理論（Price Theory）とゲーム理論（Game Theory）を主な二つ
の柱とするミクロ経済学、そして、一国のような大きな経済全体を想定し、その
中での意思決定主体の時間的な行動を念頭に置くマクロ経済学、それぞれの主要
部分が、「経済理論」を構成しています。

　以上、この見取り図は、経済学者の宇沢弘文（1928-2014）が述べるように、科
学の一分野としての経済学が「理論と実証という二つの側面」（宇沢 1989, p.11）
を持ち、従って、経済学の研究史においては、理論分析と実証分析とが入り混じ
り、相互連関しながら発展してきたという点を示しています。ここで皆さんは、
本章冒頭で福澤諭吉が述べる「ヲブセルウェーション」が「実証」に、「リーゾ
ニング」が「理論」に対応していることに気付かれるでしょう。

---

5）　なお、計量経済学の特に基礎的な部分は、計量経済理論（Econometric Theory）と
　　呼ばれ、「実証分析」は、応用計量経済学（Applied Econometrics）あるいは「計量経
　　済分析（Econometric Analysis）」とも呼ばれます（西山・新谷・川口・奥井 2019, p.2）。
　　具体的には、計量経済学は、「経済に関する実証分析の手法を提供する知識の体系であ
　　り、確率論を基礎とし、統計学と密接に関連しつつ発展してきた」（市村 2020, p.94）
　　分野で、経済学者の中でも、特に計量経済学の分野に特化している研究者は計量経済学
　　者（econometrician）とも呼ばれます。

## 1.3 │ データサイエンスとしての経済学

しかしながら、「はじめに」でも触れたように、現代の経済学においては実証分析の側面、あるいは別の言い方をすれば、**精緻なデータサイエンス**（data science）としての側面の比重が高まってきています。まずは基本的なことですが、データとは一般に、「さまざまな計測や観察によって主に数値の形で得られる情報」（竹村 2018, p.38）のことを指します。情報の収集先は、聞き取りなどのフィールド調査も含められるでしょうし、歴史資料を収集するという方法もあるでしょう。こうしたデータは、現実の世界から取られたものであることを強調して、実世界データ（real-world data）とも呼ばれることもあります。それに対して、**実験経済学**（Experimental Economics）のように、コンピュータ端末ラボに被験者を集め、経済に関わる疑似的な状況を与えて、バーチャル・ゲームのように、行動を選んでもらい、その結果を仮想世界データ（virtual-world data）として収集するということも可能です。

「数値」と言うと無機的に聞こえますが、自然・社会・人間に関する現象をイメージ豊かに捉えるためには有益なものです。かえって、レトリックやメタファーといった言語表現テクニックよりも説得的な議論を展開できるという局面が多々あるでしょう。このことは既に17世紀、統計学の創始者とも言えるウィリアム・ペティ（英 William Petty; 1623-1687）の『政治算術』（1671-1676年頃執筆（1690年初版））によっても、高らかに主張されています。

> 比較級や最上級の言辞、あるいは、知的な感じの物言い。私は、そういった修辞を駆使する方法に依拠するのではなく、数値を用い、場合によっては測定をも試みることで、自分自身が確と確かめられることのみを議論し、そういった事柄の**因果のみから世界の秩序を説明してみたい**。このことによって私は、個人の気持ち、個人の意見、個人の欲求、はたまた個人の感情移入といった百人百様で不確かでしかないような議論とは一線を画すつもりなのである。（原著序文から抜粋、引用者訳、強調は引用者）

　このような「実証分析」の隆盛の背景を示しているのが、図1.2です。まず見逃してはならないのが、計量経済理論の分野での蓄積です（図1.2 a）。統計学から影響を受けていますが、「データが人間や社会において生み出され、観察される」という特性と向き合いながら発展がなされてきました。演繹的な推論によって、分析手法の基礎が1980年頃までに着々と蓄積されてきたのです。もちろん、計量経済理論の分野は現在進行形で発展中です。

**図1.2：手法、データ、ソフトウェアの爆発的融合**

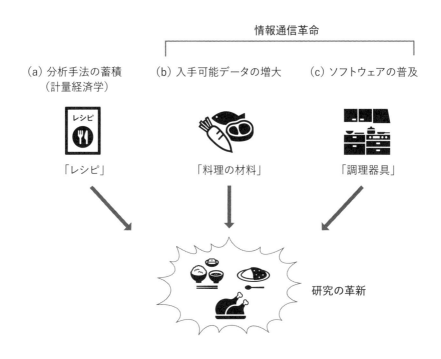

他方、1980～90年代頃から、後世の史家から**情報通信革命**（Information and Communications Revolution; ICR）と呼ばれるであろう、ここ数十年の「新しい産業革命」の動きによって、「様々なデータの入手可能性が高まってきたこと」（図1.2 b）、そして、「統計ソフトウェアが普及してきたこと」（図1.2 c）が挙げられます。前者については、特に、21世紀に入って、インターネットがそれを加速させましたし、後者については、自前のコンピュータで手軽に分析ができるように

なってきたことを意味しています。図1.2が示すように、この20〜30年間の間で、**これら三者の融合が爆発的に生じたものと**著者は考えています。

　もちろん、情報通信革命は経済学を変えたのみならず、そもそも、私たちの生活を大きく変えました。その内容は多岐に亘りますが、とりわけ重要なことは、経済学者のディヴィッド・エヴァンズ氏とリチャード・シュマレンジー氏が述べているように、

　① 1990年代半ばからインターネットの商用利用が開始されたこと

　② 21世紀に入ってからはモバイルブロードバンドが普及したこと

が挙げられます（エヴァンス＆シュマレンジー 2018, p.42）。2020年の新型コロナウィルス感染症対策を契機とした在宅勤務・テレワークの活用を私たちは当たり前のよう受け止めていますが、そもそも情報通信革命なかりせば、そうしたことは不可能だったのです。

　こうして現在に至るまで、インターネットビジネスをリードする企業が次々に誕生するという状況が生じています。特に、GAFA（Google, Amazon, Facebook, Apple）に代表されるような**プラットフォーム**（platforms）と呼ばれる事業形態の影響力が増していることが重要です。

　第5章で取り上げるトピックなのですが、ここで簡単に見ておくと、プラットフォームとは、売り手と買い手が、お互いの利益を求めて結びつこうとする「場」のことを指します。特に、売り手と買い手という二つの異なるタイプの主体同士が結びつく点を強調して、**両面的プラットフォーム**（two-sided platforms）あるいは**両面市場**（two-sided markets）と呼ばれることもあります。

　例えば、クレジット・カードという「プラットフォーム」を介して、消費者と小売店舗は結びついていますし、インターネット検索エンジンにおけるユーザーと広告主との関係も然りです。このような取り引きの場が、古い時代の河川敷における市場のような自然発生的な形態を超え、現代社会においては、それ自体がビジネスの産物であるという点がポイントとなります。また、ショッピング・モールや商店街といった伝統的な産業や商業形態においてさえも、情報通信技術の果たす役割は大きくなってきていると言えるでしょう。このように、人々は地理的・時間的な制約を超えて、インターネットを介したバーチャル空間での結びつきを強めてきており、産業の問題を考える上でプラットフォームを考えることが重要になってきています。

　こうして、経済学者の岡田羊祐氏が指摘するように、「デジタル経済では、グーグルやフェイスブック、アップル、アマゾンなどの支配的なプラットフォームが、データの集積と利用を通じて、**顕著な独占力を行使できる地位を確立しつつあるように見える**」（岡田 2019, p.170、強調は引用者）という状況にあります。この問題については、第5章で再び触れることにしましょう。

# 1.4 ｜ 実証とは何か：因果推論入門

　それでは、情報通信革命と相まって生じた、現代の経済学における一大潮流である「実証分析」について、具体的に概観してみましょう。以下では、上述のオカーシャ氏による説明（Okasha 2016, pp.26-30）に依拠しながら、「データを眺めているだけでは直接は見えてこない」という性質を持つ因果関係を、統計学的手法（statistical method）によって推論する方法のアイディアをざっくり見ていくことにします。因果関係をデータによって推論することが、現代の経済学で行われる「実証分析」のメインを占めています。

　まず**因果関係**（causal relationship）とは何を指すのかを説明しましょう。われわれが関心のある出来事の多くは、「これこれをしたことが原因となって、しかじかという結果が生じた」とまとめることができます。実証分析の文脈におけるもう少し正確な定義は、この後に与えますが、まず、このようなイメージを念頭に置いてください。

　では、ここから具体例に入っていきます。「赤味噌を日常的に摂取することは生活リズムを朝型にする」という仮説を検証するとしましょう（図1.3）。この分

**図1.3：因果関係の一例**

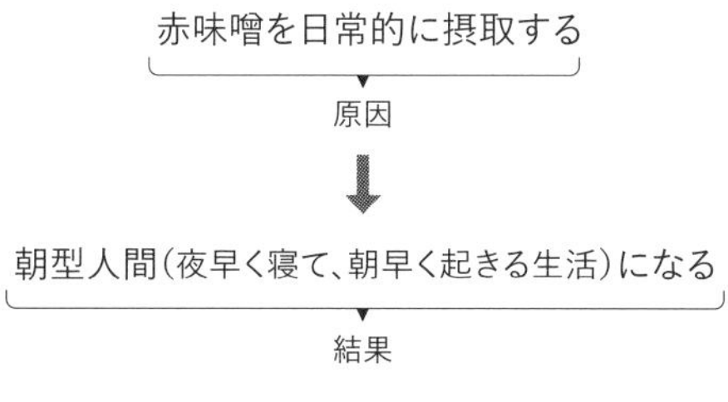

赤味噌を日常的に摂取する

原因

⬇

朝型人間(夜早く寝て、朝早く起きる生活)になる

結果

**表1.1：(架空の)データ**

| 個人ID | 年齢 | 一週間当たりの<br>赤味噌摂取日が<br>3日以上 | 毎日の<br>平均起床時刻 | 毎日の<br>平均就寝時刻 |
|---|---|---|---|---|
| 1 | 27 | 0 | 6：30 | 23：30 |
| 2 | 19 | 1 | 10：00 | 26：00 |
| 3 | 45 | 0 | 7：00 | 24：00 |
| 4 | 38 | 1 | 5：45 | 22：30 |
| ・ | ・ | ・ | ・ | ・ |
| ・ | ・ | ・ | ・ | ・ |
| ・ | ・ | ・ | ・ | ・ |
| 997 | 74 | 1 | 6：00 | 22：30 |
| 998 | 28 | 0 | 8：45 | 25：45 |
| 999 | 59 | 0 | 5：00 | 22：00 |
| 1000 | 67 | 1 | 9：00 | 25：00 |

析者は、表1.1で示されているようなデータを持っているものとします。

　この架空の例では、**観測単位** (unit of observation) は個人であり、各個人ごとに年齢、赤味噌摂取の状況、起床時刻、就寝時刻についての数値情報が記録されていると想定していますが、これは、前節で定義を述べたデータを具体例として説明するものとなっています。なお、広く研究のための提供が想定されるような場合、データの作成の際には、プライバシーに配慮して、表1.1のように、個人IDの番号の割り振りによって、個人の情報が記録されることになります。また、ここでは便宜的に、「1週間当たりの赤味噌摂取日が3日以上」かどうかで、個人の赤味噌摂取の状況をカテゴリーに分類していると考えましょう。具体的には、2日以下を「赤味噌を日常的に摂取していない」と見なして「0」とし、3日以上を「赤味噌の日常的摂取」と考えて1と記録しています。このようにして、年齢、赤味噌摂取の状況、起床時刻、就寝時刻は、各個人ごとに変動しますので、おのおのは**変数** (variable) と呼ばれます。特に、ここでの赤味噌摂取に関する変数のように、0か1のいずれかを取るような変数は**ダミー変数** (dummy variable) と呼ばれます。

　なお、このような区分けは絶対的なものではなく、例えば、4日以上かどうかで1を与えるという分類もあり得ます。ここでは、週に1日・2日程度だったらほぼ摂取していないと見なせるのではないかという分析者の主観が入っていると

言えるでしょう。可能な限りで、定義を変えても、分析結果が変わらないことを
確かめるのが良いのですが、同時に多くの可能性を逐一しらみつぶし的に考慮す
るのも徒労ですので、どのような定義を採用するかについて、ある程度の根拠を
説明できるようにしておくということが分析者には求められます。

　同様に「朝型」の度合いについても、例えば、7時を基準として「0」として、
それよりも早い時刻にはプラスの値を、それよりも遅い時刻にはマイナスの値を
割り振るという方法で、各個人の「朝型」の度合いを数値化します。このように
して、数値として表現された「朝型度」が変数として、各個人ごとに定められま
す。

　対して、年齢にはそういった心配はありません。ただし、場合によっては、
10代、20代、30代と分類しても良いかもしれませんし、そもそも、分析者に提
供されている時点で、そのような荒い分類しかなされていないかもしれません。

　このようにして構成されるデータ一式は、しばしば**サンプル**（sample）と呼ば
れます。そうして、サンプルを、赤味噌を日常的に摂取している人たちと、そう
でない人たちとに分けて、前者における「朝型」の人たちの割合が、後者よりも
大きければ、「赤味噌の日常的摂取」と「朝型であること」には、（正の）**相関**
（correlation）があると言われます。もう少し専門的には、対象とするサンプルに
おいて、赤味噌摂取の度合の変数Xと朝型度の変数Yという二つの変数の間に、
「一方の値が大きいほど、他方の値も大きくなる」という関係が見られるとき、
この二変数の間に「正の相関関係がある」と言います。それとは逆に、「一方の
値が大きいほど、他方の値も小さくなる」ということでしたら、「負の相関関係
がある」ということになります。

　しかしながら、このよう相関関係を見ているだけでは、「赤味噌の日常的摂取
は、朝型生活の度合いにどれだけ影響するのか」、すなわち、実際に赤味噌の日
常的摂取を多くするという変化が生じることが「原因」となって、朝型度に変化
が生じるという「結果」が生じたのかという**因果関係**についてははっきり分から
ないのです。ここで、変数という用語を使えば、「実証分析」が対象とする「因
果関係」とは、「変数Xが変化することによって、変数Yが変化する」ことと定
義されることになります（立森 2016, p.10を参照）。

　それでは、なぜ、相関関係が観察されたからといって、必ずしも因果関係を意
味するものではないのでしょうか。その理由は、もし赤味噌の摂取を欲する方向

性と朝型生活を促す方向性とが強く相関しているとしても、図1.4が示しているように、例えば年齢といったような他の要因が強く介在して、**見かけ上の強い相関**が生み出されているだけかもしれないからです。高齢者ほど赤味噌の味噌汁などを摂取する傾向にあり、そしてかつ早起きする傾向にある場合がこれに当てはまります。

### 図1.4：見せかけの因果関係

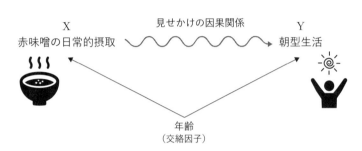

このような可能性を配慮するためには、サンプル全体を年齢が同程度の水準の個人別に分割して、それぞれにおいて、赤味噌摂取量と朝型度の相関を見れば良いでしょう。すなわち、異なるレベルの年齢の水準に対応して分割された各々の部分サンプル（subsample）において、赤味噌摂取量と朝型度の相関が弱まるようでしたら、年齢によってもたらされる部分が大きかったことを意味していますし、逆にもし、それぞれの部分サンプルにおいて、依然として赤味噌と朝型との間に相関が残っているとすれば、年齢の影響は弱いということになります。

このようにして、朝型生活の度合いに、赤味噌の日常的摂取それ自体がどれだけの大きさをもって影響するのかに焦点を絞るために、他の諸要因からの影響を除去しようとすることは、他の諸要因を**コントロールする**（control）と呼ばれ、また、このケースにおける「年齢」のような他の諸要因は**交絡因子**（confounding factors）あるいは**共変量**（covariates）と呼ばれます（大塚 2021, pp.182-183）。

しかしながら、多くの場合において、考えられうる交絡因子の全てがデータとして記録されているということは期待薄であり、そのような場合には、より正確に因果関係を推測すること、すなわち、赤味噌の日常的摂取それ自体が人をどれだけの度合いで朝型人間にするのか、その度合いの大きさ・小ささをできる限り

正確な値として推測しようとすることには困難が生じます。

　それを克服する方法としては、**ランダム化統制実験**（Randomized Controlled Trial; RCT）と呼ばれるものがあります。これは、典型的には新薬の開発で用いられる考え方の応用で、赤味噌の日常的摂取が行われていない地域に住んでいる個人から成る等質の二つのグループに対して、一方のグループには赤味噌の日常的摂取を行ってもらい、他方のグループには行ってもらわないようにして、両者間で朝型生活の個人の比率を比べるという方法です。

　ここで、「ランダム化」と言うのは、それぞれの個人が、この二つのグループ、すなわち、赤味噌を日常的に摂取するグループ（**処置群**; treatment group）と摂取しないグループ（**統制群**; control group）のどちらかに属するのかが、あたかも、個人ごとにサイコロを振って、奇数が出たら処置群に、偶数が出たら統制群に、といったようにランダムに振り分けられることによって、「赤味噌の日常的摂取」という「実験」以外の条件では、両グループを（なるべく）等質に保とうとすることを意味するものです。これは上で述べた、年齢などの交絡因子は全て「コントロールする」というアイディアに対応しています。また、データとして観測に含められる要因以外にも、データ化しにくい要素（**観察不能要素**; unobservablesと呼ばれます）についても、ランダム化によって、両グループ間で等質的になることが期待できます。

　このようにして、朝型生活に与え得る諸要因を両グループでなるべく同一に保つことによって、赤味噌の日常的摂取が朝型生活を引き起こすかどうかを、個別特殊的ではなく、集団全体の傾向として検証できるのです（図1.5）。なお、この例で考えたように、グループを二つに分けるような実験を行うことによって得られるデータは**実験データ**（experimental data）と呼ばれます。他方、実験とは関係なく、個人あるいは組織といった観察単位の属性（年齢など）や行動（赤味噌の摂取についてなど）が何らかの方法で観測・記録された結果として得られるデータは**観測データ**（observational data）と呼ばれます。

　以上のように、個別的でなく、統計学的手法に依拠しながら全体的に因果関係を探る方法は、**統計的因果推論**（statistical inference of causality）と呼ばれています（大塚 2021, p.180）。もし、赤味噌の日常的摂取が、社会や集団全体としてみれば朝型生活を促進する傾向があるとしても、個別の「あなた」は赤味噌を日常的に摂取していたとしても、かえって夜型生活になってしまったということもあり

### 図1.5：ランダム化統制実験(RCT)

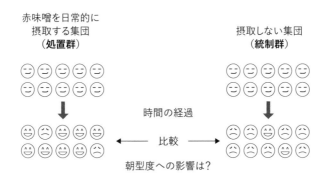

得ます。だからと言って、全体的に見れば「赤味噌は朝型生活を促進する」という知見には誤りがあったということにならない点には注意をしなくてはいけません[6]。

　「赤味噌の日常的摂取」それ自体の効果が、朝型生活をどれほど促進するのかという因果関係は、このようにして注意深く統計学的に検証されます。どれほどの効果なのかということを数値的にはっきりさせるためには、実地に赴き、データを用いて検証しなければなりません。これが、経済学などの社会科学で言う「実証的に因果関係を探る」ということの意味です。

　このように、データを用いて実証的に検証された因果関係のことは**エビデンス**(evidence) と呼ばれることがあります。英単語のevidenceと言えば「証拠」という訳が思い浮かぶでしょうが、ここでいう「エビデンス」とは、「統計的因果推論によって検出された」という特定化された意味を指します。もちろん、既に

---

6)　このように、統計学に依拠する場合は、殺人事件のような特定の個々のケースではなく、より全体的な状況における因果関係の推論が念頭にあります。このような因果関係は**一般因果** (general causation) と呼ばれ、他方、特定の原因と特定の結果についての因果関係は**単称因果** (singular causation) と呼ばれます。両者の違いについては、クタッチ (2019, p.3) が解説を与えています。なお、哲学の研究においては、後者の「単称因果」の方に関心が集中しており (クタッチ 2019, p.8)、例えば、哲学者の一ノ瀬正樹氏は、個別具体のケースにおける因果関係をどのように考えたら良いかに関しての試論を一般向けに解説しています (一ノ瀬 2018)。

見たように、帰納法の常として、これは因果関係の証明（proof）そのものではありませんが、因果関係を十分に根拠づけるものということになっているでしょう。

社会全体を対象にして、何がしかの改善を施そうとする公共政策（public policy）は社会全体に影響を与えます。従って、慎重に事に当たるためには、相関関係を因果関係と見積もってしまうような漠然とした印象論ではなく、エビデンスに基づいて公共政策を考えていくべきではないか？　このような世界的気運が近年、醸成されてきました。**エビデンスに基づいた政策形成**（Evidence-Based Policy Making; EBPM）とは、このようにRCTによるエビデンスに基づいて政策を立案すべし、という発想を指しています。

しかしながらRCTは、実験室のマウスをこのまま、実際の人間社会を対象にしてランダムな割り振りを行おうとすることであり、特に民主主義的先進国においては困難を伴います。現実の経済社会を対象とした実験を行う際には費用は多額なものとなりますし、倫理的観点から、いつでも実現可能とは言えないからです（市村 2010, p.297; 山口 2020, p.86; 大塚 2021, p.195）。そのような場合、研究者としては、あたかもランダムな割り振りがされたかのように見せなせる**疑似実験的**（quasi-experimental）な状況に着目することにより、何とかして実証的に因果関係を探ろうと努力します。例えば、赤味噌が定着していない地域に育ってきた高校生が、

(1) 赤味噌が定着している地域の大学に進学する

(2) 赤味噌が定着していない地域の大学に進学する

という二つの選択肢に直面しているものと想定みましょう。ほとんどの高校生は学力や分野への適性等で進学を決めるものと考えられ、潜在的に赤味噌を好むか好まないかといった要因が進学先に左右しているとは考えにくいものと思われます。このような想定においては、(1) の学生たちはあたかも処置群を構成し、(2) の学生たちはあたかも統制群を構成しているものと考えることができるのです。

例えば、**統合コントロール**（synthetic control）という手法では、このようにして構成された統制群とできるだけ均質になるような仮想的な処置群を、処置が施される前の期間のデータを用いて構成することによって、この仮想的処置群における処置の効果を対象群との比較で推定しようとします[7]。このように、観察データを用いる統計的因果推論においては、このような疑似的な処置群と統制群とができるだけ、RCTに近いものに担保されるにはどうしたら良いのかという

点に注意が向けられます[8]。

　以上、現代の経済学における実証分析の概略を説明しました。これは、図1.6の太線で囲まれている部分に対応しています。1980年代後半頃までは、こうした実験的な発想は、実行上の「難しさが強調されることが多かった」という状況にあり、経済学の実証分析を行う上では重きが置かれていませんでした（市村2010, p.295）。しかし、そのようなスタンスがガラリと変わったのが、1990年代以降で、経済学者のジョシュア・アングリスト（Joshua Angrist）氏とヨーン＝ステファン・ピシュケ（Jörn-Steffen Pischke）氏によって**信頼性革命**（The Credibility Revolution）と高らかに総括された状況なのです（Angrist and Pischke 2010）。ここでの「信頼性」とは、1990年代以前までの実証分析に比べ、より信頼のおける実証分析が展開されるようになってきた状況に対する研究者の自負が込められた表現です[9]。

### 図1.6：経済学における実証分析（及びその手法的基盤）

| | より現実的な世界 | より抽象化された世界 |
|---|---|---|
| 応用<br>（実践的内容） | 実証分析<br>（帰納的） | 理論分析<br>（演繹的） |
| 道具<br>（分析手段） | 計量経済学<br>（実証分析手法）<br>の開発 | 経済理論の開発 |

---

7)　専門的になりますが、Abadie（2021）は、統合コントロールについての概論を与えています。

8)　同様の問題意識から発する他の手法の入門的解説については、伊藤（2017）をご覧ください。更に因果関係推論について理解を深めたい読者は、そこで紹介されている教科書で学習を進めることをお薦めします。

9)　より詳細な解説としては、例えば川口（2021）があります。

# 1.5 │「実証」だけでは分からない二つの論点

さて、「赤味噌の日常的摂取」が「朝型生活」にどれだけ影響があるのか、その因果関係が統計的に理解できたとしても、次のような二つの疑問が生じます。

1.「赤味噌の日常的摂取」が「朝型生活」に影響を与える程度の背後にある**メカニズム**（mechanism）は一体どのようなものか？

2.「赤味噌の日常的摂取」が「朝型生活」に影響を与える程度が分かったとして、それをどのように**評価**（evaluation）したら良いのか？

まず一つ目の疑問点に関することですが、赤味噌が朝型生活を促すという因果関係の背後には、例えば、図1.7が模式的に示しているように、血圧のメカニズムが関係しているかもしれません。このようにしてメカニズムをより深く理解しようとすることは、例えば、今度は「紫味噌」となるものが開発された際、それが朝型生活にどう影響するかという点に関して、「共通する要因は？」という視点から考察することができるようになるでしょう。

**図1.7：メカニズムの理解**

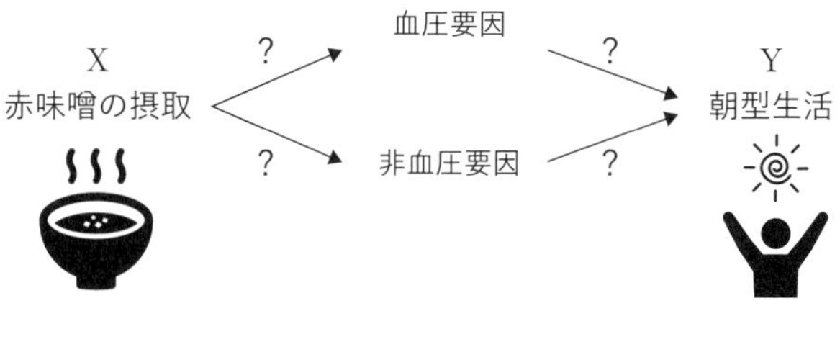

もちろん、「紫味噌」についても、上述したRCTで実証的に調べることも良いですが、時間とお金がかかり、また、「紫味噌」も含む少なからぬ例では、倫理的な問題があるかもしれません。そもそも、計量経済学者の市村英彦氏が述べるように、「あることの効果がどれくらいあるかといった類の社会実験を積み重ねたところで」、「それだけではいつまでたっても同様の実験を繰り返す必要がある。どのような時にどれくらいの効果が、どうしてあるのか、ということに対する理解にはつながらないからである」という問題点もあります（市村 2010, p.298）。

　代わって、個々のケースに共通するようなメカニズムを考えることで、データに依らずとも、ある程度の当たりを付けようとする態度もまた有効と言えるでしょう。次章で述べるように、経済学における「モデルで考える」という伝統とは、このように、**メカニズムを意識した発想法**なのです。もちろん、ここでの赤味噌と朝型生活の関係についてのメカニズムの解明は、経済学の役割ではなく医学の役割なのですが。

　このようなメカニズムのことを、哲学者のダグラス・クタッチ (Douglas Kutach) 氏は、因果関係に潜む「隠れた構造 (Hidden Structure)」と呼び (クタッチ 2019, p.66)、因果関係を考える際にメカニズムを考えることの有用性を、(1) 単なる「原因と結果」の指摘に留まらない、より詳細な形式で因果関係が特徴づけられることと同時に、(2) 異なる文脈における因果関係をも包含するような形式で提示されることの2点にまとめています。この指摘は、私たちの問題意識をサポートするものと言えるでしょう。

　更にクタッチ氏は、そもそも因果に関わらせてメカニズムを考えることは、科学者が「世界のふるまい」を解釈・説明するためには必須の営みであることを強調しています (クタッチ 2019, p.65)。同様にして、統計学者・計量経済学者の竹内啓氏は、科学とは、統計的方法から得られるような実証的知見を蓄積するに留まらず、「一定の"説明原理"にもとづいた理論体系」を持たなければならないことを主張しています (竹内 2013, p.105)。

　次に、2番目の疑問に移りましょう。上で述べたメカニズムを考えることの意味にとって重要な点は、「朝型生活を促進する」ことをどう評価したら良いのかという点に関わります。社会における全員が、一様に朝型生活をプラスに評価するのであれば、この発見に対する評価は一様となるでしょう。しかし「赤味噌を食べるくらいだったら、朝型にならなくてもいい、そこまで長生きしなくてもいい」という価値観の人もいるかもしれません (ここでは、「朝型⇒長生き」という因果関係を想定しており、それ自体もここでの指摘に当てはまってしまいますが、それはそれとして)。こういった満足や幸せの度合いを「効用 (utility)」「価値 (value)」あるいは「幸福度 (happiness)」と呼べば、その低下は決して無視されて良いものとは言えないのではないでしょうか。社会におけるこうした価値観の多様性に対する考慮はどのようにすれば可能になるのでしょうか？

　また例えば、社会の成員が一様に朝型生活を評価するとしても、赤味噌の消費

を増やすためにはどうしたら良いのでしょうか？　「赤味噌補助金」の導入が有効なのでしょうか？　そして、そういった補助金が導入されると、味噌の市場においては、赤味噌業者の生産 (production) や価格付け (pricing) はどのような影響を受け、その結果として、私たち消費者の赤味噌の消費はどのように変化するのでしょうか？　あるいは、そういったあからさまな金銭的な誘因ではなく、最近、一般にも浸透してきている**行動経済学** (Behavioral Economics) で言われている、ちょっとした誘因、例えば、赤味噌を買いたくなるような印象的キャッチコピーなどで政府が主導する方が効果的なのでしょうか？

　このような価値判断の指標は、(統計的方法による) 因果関係検出の実証的作業自体とは**独立**に設定／判断されなければなりませんし、背後にある人間行動や社会的環境など、一つ目の疑問点で述べた生理的メカニズムのみならず、人間行動、そしてその社会的帰結のメカニズムに対する考察も伴うことで、単なる人間の生理現象の解明に留まらず、社会の問題としての考察が可能になるのです。

　このことを示しているのが図1.8です。ここでの「生理的メカニズム」の部分に、例えば「新型コロナウィルス感染」を当てはめて考えれば、なぜ医学・疫学の問題と思われる新型コロナウィルスに関するような問題に、社会科学である経済学が貢献できる・すべきであるかは一目瞭然です。それは、新型コロナウィルスの感染には、飲食店の営業といった経済活動を中心とする人間行動、そしてその社会全体への影響といった側面と切り離されない関係にあるからなのです[10]。また、ここでの「生理的メカニズム」とは、また別の文脈では、「心理的メカニズム」と置き換える方がよいかもしれません。「効用」「価値」「幸福度」は、人間の内面とも深く関わっているからです。

　このように、経済理論では、消費者・労働者といった個人、あるいは、企業・政府といった組織に関する行動それ自体のみならず、それらの行動が社会全体にもたらす帰結にも配慮して考察がなされます。経済学における「モデルで考える」という伝統は、まさにこのためであり、前述のようにケインズが強調した経

---

10)　そのような経済学的な研究の累積を受け、2020年10月には、日本経済学会がまとめサイト（https://covid19.jeaweb.org/）で情報の提供を開始したことは、現代経済学による社会への貢献の一端を示した象徴的な出来事と言えるでしょう。同様に、日本応用経済学会も多岐にわたる議論を収めた焼田他（2021）を出版しています。

## 図1.8：背後にある人間行動や社会的環境

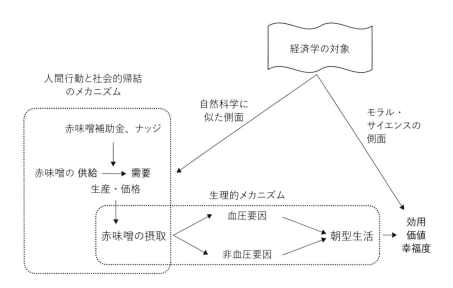

済学のモラル・サイエンスとしての側面、すなわち、「効率・公正・自由という複数の、質を異にする問題」（伊東 2006, p.44）が複雑に関係して来ざるをえないという経済学固有の性質はここに存するのです。

　同様に、経済学者の大竹文雄氏は、経済学的思考の本質として、前節までで説明した因果関係の理解に加えて、「社会におけるさまざまな現象を、人々のインセンティブを重視した意思決定メカニズムから考え直すこと」（大竹 2005, xiii）を挙げていますが、この指摘もまた、「モデルで考える」という伝統に根差したものと言えるでしょう。ややもすれば、個々人のインセンティブ、そして、それらの総体として社会で何が生じるのかをという問題を「ブラックボックス」にしてしまう統計的因果推論のみをもってしては、経済学はモラル・サイエンスには到達しえないのです。

　以上の議論を、本章最初の図1.1において示したものが図1.9となります。経済学の実証分析の側面については、現代において中心となっている「統計的因果推論」の概論的説明を与え、それを踏まえた上で、この節では、理論分析の有用性について、著者の考えるところを解説しました。経済学の実践において、実証と理論が両輪、あるいは、二本柱となるべき理論がお分かりいただけたでしょうか。

**図1.9：経済学の見取り図：実証と理論の二本柱**

|  | より現実的な世界 | より抽象化された世界 |
|---|---|---|
| 応用<br>（実践的内容） | 実証分析 | 理論分析 |
| 道具<br>（分析手段） | 計量経済学<br>（実証分析手法）<br>の開発 | 経済理論の開発 |

「はじめに」で示唆したように、経済学が現実での経営戦略あるいは公共政策策定の上で、次第にその重みを増してきているようになってきている方法論的な背景としては、経済学がその歴史の中において、この両者の側面を絶えず兼ね備えて進展してきたことが大きいと著者は考えています。

## ショートブレイク：経済学と日本語

　経済学を勉強していると、「限界費用」「合理的期待形成」「逆選択」…といったとっつきにくい用語が多く登場します。用語を見て学習意欲がなえてしまう人もいるかもしれません。でも、ご安心下さい。海外由来の学問とその訳語が難解なのは、昔の知識人にとっても同じだったようです。1934年（昭和9年）に出版された小説家の谷崎潤一郎（1886-1965）による『文章読本』からの一節をご紹介しましょう。

> 彼等（引用者注：我が国の科学者）は講義をするのにも、日本語の間へ非常に多くの原語を挟む。論文を発表するのにも、日本文でも書くが、同時に外国文で発表し、そうして外国文の方を標準とする。（中略）私はよく、中央公論や改造等の一流雑誌に経済学者の論文などが載っているのを見かけますが、あゝ云うものを読んで理解する読者が何人いるであろうかと、いつも疑問に打たれます。（中略）体裁は日本文でありますけれども、実は外国文の化け物であります。
>
> 　　　　　　　　　　　　　　　　　　（『文章読本』中公文庫版、p.70）

　確かに谷崎が指摘するように、経済学には分かりづらい訳語が頻出します。ただ、これは経済学固有の問題ではなく、明治以降の「学問」全般に当てはまることでしょう。更に、科学という名で等値されている自然科学と人文社会科学のそれぞれが対象とするものにおける非対称性もあります。この点に関して、福澤諭吉は、『福翁自伝』（1899年（明治32年））において、米国や欧州での体験をまとめて、

> 理化学、機械学のことにおいて、あるいはエレキトルのこと、蒸気のこと、印刷のこと、諸工業製作のことなどは、必ずしも一々聞かなくても宜しい
>
> 　　　　　　　　　　　　　　　　　　（『福翁自伝』岩波文庫版、p.160）

という状況だったのに対して、社会、政治、経済の仕組みについては理解する

ことが困難であったことを述べている点が象徴しています。

　すなわち、自然界の物質的な事柄については国や文化の違いはほとんど関係しない一方で、政治経済や社会の仕組み、そして、社会の中で何が問題と見なされるかといったことは、その国や文化の歴史的文脈について何らかの理解が必要とされるという点です。

　実際、「経済」という対象をどう捉えるかということについて、日本近代史研究者のテッサ・モーリス＝スズキ (Tessa Morris-Suzuki) 氏が述べるように、ヨーロッパ文化圏とアジア文化圏とで、次のような違いがあると考えられます。

> 「経済」という考え方は儒学の社会倫理の世界に起源をもっており、有徳者が統治をおこなう際の模範を示しているのであった。これに対してヨーロッパでの経済学は、ニュートン物理学の影響下にあって、客観的な科学として今日に至っている。
>
> （モーリス＝スズキ 1991, p.24）

　同様に、政治学者の丸山眞男 (1914-1996) も、評論家の加藤周一 (1919-2008) との対談において、日本における伝統にはない「社会や人間関係の客観的探究という考え方は数学的物理学からきているけど、ちっとも根づいていない。やっぱり道理の優越、修身の優越です」（丸山・加藤 1998, p.158）と指摘しています。

　もちろん本書で展開されている経済学は、モーリス＝スズキ氏の言うところの「ヨーロッパの経済学」のことです。日本人は経済学を学ぶことで谷崎の言う「外国文の化け物」を操る経済学者になるのです。

　とは言うものの、日本社会の問題を対象にするからと言って、「ヨーロッパでの経済学」の考え方は当てはまらない、あるいはそれを日本語で語ることは無意味であるということにはならないでしょう。現代に生きる私たちは、ともすれば、日本語の熟達と英語の習得とをトレードオフのように捉えてしまいがちです。しかし、日本人が英語を使うときに感じるもどかしさは、それが相対的な視野の獲得に結びつき得るという点に着目すれば、むしろ「強いられた二重言語者」であることには積極的な意味が見いだされるのかもしれません。

# 第2章 理論分析のレッスン
## ──価格差別をモデル化する

> 自然科学や工学の教育をうけた人びとには、自分たちの対象である「自然」
> は整然と秩序だっているという自負があり、それにひきかえ、混沌とした
> 「社会」をおなじ流儀で理解するなどということはとうてい不可能である、
> との見方をする人が案外と多い。いやむしろ、自然現象に対面するときはあ
> くまで冷静に振舞う〈科学者〉ほど、かえって人間社会を思考する際には、
> 過度なまでに情緒的に片寄る傾向が強いとさえ言えるのである。
>
> 佐和隆光『経済学とは何だろうか』（岩波新書、1982年、p.34）

　前章では、「モデルで考える」ことの意味とその意義について考えました。も
う少し具体的に述べますと、「モデルで考える」とは、「現実がどうなっているか
についての真面目な観察は置いておいて、素朴な現実観察や、過去の学者が考え
たことを出発点にして、経済に関する論理体系を構築し、議論する」ことであり、
図2.1が示すように、演繹的な議論として位置付けられます。

**図2.1：経済学における理論分析**

| | より現実的な世界 | より抽象化された世界 |
|---|---|---|
| 応用<br>（実践的内容） | 実証分析 | 理論分析 |
| 道具<br>（分析手段） | 計量経済学<br>（実証分析手法）<br>の開発 | 経済理論の開発 |

　推理小説で言えば、事件の現場には出かけず、部屋の中で人の話をよく聞くこ
とだけで、事件を解決しようという感じでしょうか。例えば、著者が好きな推理

小説の中では、化学者兼作家のアイザック・アシモフ（米 Isaac Asimov, 1920-1992）による短編集『黒後家蜘蛛の会』シリーズ（池央耿訳、創元推理文庫）が該当するでしょう。そこでは、貸し切りレストランで、ディナーテーブルを囲みながら、何人かが事件についての情報を出し合っていきます。彼らの議論は右顧左眄しながら膠着状態におちいってしまうのですが、脇で料理の給仕をしながら聞いている初老のウェイター（名前はヘンリー）が遠慮気味に議論に参入して、筋道立てながら犯人を解き明かすのです。

## 2.1 │ 経済モデルとは何か

　更に具体的に述べますと、「何が原因でどういう結果が生じるのか」という因果関係、すなわち、**メカニズム**——ストーリーとも言って良いでしょう——を主に数学的に表現しようとします。なぜ数学を使うのかと言うと、理由は主に二つあり、一つ目は曖昧さの排除ですが、二つ目としては、そもそも、経済学の対象は、「数と量」であることが多いので、数学的な表現に親和的と考えられるからです（竹内 2013）。

　そして、経済モデルでストーリーを表現するための仕掛けは、以下の二つにまとめられます。

(A) 意思決定主体は、おおむね、何らかの目的を持っているかのように行動を決めている（**最適化**（optimization））。

(B) そして、個々の意思決定主体がバラバラに最適化した結果として社会全体でどのような結果をもたらしているのか、そういった社会全体の実現状態を「**均衡**（equilibrium）」として把握する。

　まず（A）について見ましょう。ここでの「意思決定主体」とは、文脈に応じて、消費者という一個人であったり、同じ一個人であっても、また別の文脈であれば、労働者という側面からの一個人であったりします。あるいは、家族、企業、政府といった、それ自体は一個人が集まって形成されている集団を、あたかも一つの意思決定主体と見なす場合もあります。そうして、「消費者は自分の満足を最大化するように行動を決めている」「企業は自社の利潤を最大化するように行動を決めている」「政府は自国の国益を最大化するように行動を決めている」と

いったように、おおむね妥当な行動原則があって、そのもとで、何らかの原因が生じ、それに対応した行動が結果として生じている、という見方で、意思決定主体の行動を、統一的に把握しようとするのです。

以上を前提として、（B）で説明しているように、社会現象を「何だか良く分からないけど起きていること」と見るのではなく、「社会的・制度的制約、あるいは心理的・認知的制約のもとでの合理的行動（最適化）の帰結（均衡）」と考えるのです。特に、後者の心理的・認知的制約については、最近では、前章でも少し触れた行動経済学の分野で、重要性が認識されるようになってきています[1]。

こうして、意思決定主体の行動が何らかの意味で望ましいものではなく変更が望ましいものであるならば、行動それ自体を責めるのではなく、その背後にある制約の方に注目しようという、より具体的な方向性が見出されるようになります。このように、社会をモデルで考えることによって、計量経済学者の佐和隆光氏が本書冒頭で述べている意味での「過度なまでに情緒的に片寄る傾向」を避けることができるようになるでしょう。

以下では、モデルで考えることの具体例を見ていくことにします。

## 2.2 ｜ 学生料金をモデルで考える

図2.2に示されているような二つのグループを考えます。

**図2.2：二つのグループ**

社会人　　　　　　　　　　　　　学生

28　20　14　10　　　　22　14　12　8

---

1)　入門的な解説としては、大竹（2019）を、もう少し専門的な解説については、室岡（2019-2022）を参照してください。

この図で、各人の下に書かれている数字は、料金がこれ以下であったなら、映画を観たいなと思っている、各人ごとの基準値を示しています。例えば、「28」の人は、料金が28円以下であれば、映画を観ようとします。従って、料金が28円のときは、この「28」の人は映画館に入場しようとしますが、基準価格 (reservation price) が20円の人は、入場しようとはしません。なお、以下の議論では、2桁の数字を用いますが、映画という文脈で考えれば、ゼロが二つ付いて、4桁の数字 (例えば、28は2800) が省略されていると考えて、適宜、×100としてイメージをしてください。ここで、社会人の基準価格の平均は (28＋20＋14＋10)／4＝18円であるのに対して、学生の基準価格の平均が (22＋14＋12＋8)／4＝14円となっていて、平均的には、社会人の方が学生よりも高い基準価格を持っていることが分かります。

さて、多くの場合においては、あなたとあなた以外の誰かが、全く同じ商品や (映画などの) サービスを同じ売り手から購入した際には、あなたとあなた以外の誰かの支払う価格は同じですが、映画の場合のように、そうでないという場合も少なくありません。このようなときには、「**価格差別** (price discrimination) が行われている」(例えば「学生割引 (student discount) がある」) と言われます。

以下では、価格差別が、(1) 行われていない状況 (「同一料金レジーム」と呼びます) と、(2) 行われている状況 (「価格差別レジーム」と呼びます) とを比較して考えてみます。その際、消費者側の立場から、供給者側の立場から、そして、それらを合わせた「社会的」観点 (前の第2.1節で述べたポイント (B)) からという、三つの視点からの比較を考えます。

## 2.2.1　同一料金レジーム(価格差別が行われていない場合)

同一料金のもとでは、映画館 (供給者) の利潤は表2.1のようになります。なお、ここで、1観客あたりに映画館が負担しなければならない費用は4円としています。

まず、料金28円のときは、社会人グループの1人しか入場しようとはしません。このときの映画館の利潤は、(28－4)・1＝24円となっています。では料金を22円に下げてみた場合はどうでしょうか？　この場合は、社会人グループの1人と学生グループの1人の計2人が入場して、利潤は (22－4)×2＝36と増えています。1人当たりの**利潤マージン** (profit margin; 価格から費用を引いた粗利益)[2]は、28－4＝24円から、22－4＝18円と減ってしまいますが、入場者数の増加

**表2.1：映画館の料金設定と利潤**

| 料金 | 利潤 |
|------|------|
| 料金を28円と設定 | $(\underbrace{28}_{料金} - \underbrace{4}_{費用}) \times \underbrace{1}_{入場者数} = 24$ |
| 22円と設定 | $(22 - 4) \times 2 = 36$ |
| 20円と設定 | $(20 - 4) \times 3 = 48$ |
| 14円と設定 | $\mathbf{(14 - 4) \times 5 = 50}$ |
| 12円と設定 | $(12 - 4) \times 6 = 48$ |
| 10円と設定 | $(10 - 4) \times 7 = 42$ |
| 8円と設定 | $(8 - 4) \times 8 = 32$ |

による収入増がその減少分を上回っているのです。同様にして、料金を20円と設定すると、入場者は3人となり、利潤は更に増えて、$(20-4) \times 3 = 48$円となります。更に下げて14円にすると、社会人グループでは、追加でもう1人増えて計3人が、学生グループでも1人が増えて計2人が入場する結果、入場者は計5人となり、映画館の利潤は、$(14-4) \times 5 = 50$円となります。

　では、これが映画館にとってベストの状況と言えるでしょうか？　そこで、料金をもう一段下げて12円としてみましょう。そうしますと、社会人グループでは、新たな入場者はいないものの、学生グループでは1人が増えて、計3人が入場する結果、入場者は計6人となります。ここで映画館の利潤は50円よりは減って、$(12-4) \times 6 = 48$円となってしまいます。更に料金を下げても、表2.1が示しているように、利潤が50円よりも大きくなることはありません。従って、映画館にとってベストの料金は、結局14円であることが分かります。

　今の説明をやや異なる角度から説明してみましょう。まず、料金が20円のときの映画館の利潤は

$$(20 - 4) \times 3 = 48円$$

---

2）　ここでの「費用」とは、より正確には、第4章で解説される「限界費用」のことを指していますが、以下の内容の理解には差支えはありません。

でした。では料金を14円にしてみますと、利潤は50円に増えますが、これは、以下の図2.3のように、二つの部分に分解して理解できます。

### 図2.3：利潤変化の二つの要素（料金20円→14円）

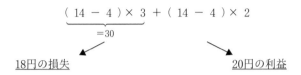

$$(14 - 4) \times 3 + (14 - 4) \times 2$$

=30

__18円の損失__　　　　　　　　　　　　　__20円の利益__

（20円以上の評価を持っている社会人からの利潤は、料金が14円になることで48円から30円に減る）　　　（しかし、14円の評価を持っている社会人1人と学生1人の計2人からの利潤）

　まず、料金が20円で入場していた観客は、14円になっても依然として入場してくれると考えられますが、この3人に対しては、料金低下に伴って、30円しか利潤が得られません。これは、料金が20円の場合の48円よりも低くなっています。ここだけ見ると48−30＝18円の損失です。しかし、この料金の値下げに伴って入場者数が2人増えています。この入場者数の増加に伴う利潤の増加は、(14−4)×2＝20円となっています。このように、料金引き下げによるマイナスの効果は18円であるのに対して、プラスの効果は20円ですので、トータルで、料金の引き下げは利潤を2円上げることになります。

　なお、ここでの説明は、経済学において頻出する**限界的変化**（marginal changes）という考え方に基づくものとなっています。日本語で「限界」と聞くと、「突破できない制約のようなもの」というイメージになりますが[3]、経済学で「限界」と言う場合には、「境界になるところでの動き」を思考実験的に考えるという意味合いを持っています。ここでは、映画館にとって望ましい価格を考える際に、まずは基準となる（境界となる）価格を考えた上で、そこから変化させるとどうな

---

　3）　例えば、作家の佐藤優氏は、「カネには限界効用がない」（佐藤 2011, p.129）という言い方をしていますが、これはまさに、「限界」が「突破できない制約のようなもの」という意味で使われています。佐藤氏の言わんとするところは、「カネから得られる効用は、カネの量をどんなに増やしても、限界（数学用語で言うところの上限）に達することはない」ということになるでしょう。

るかという「動き」を考えていることと対応しています。

同様に、今度は、料金14円から12円に引き下げの効果を考えてみましょう（図2.4）。まず、料金が14円のときに購入していた5人からの利潤は、50円から40円と、10円分減少しています。他方、学生グループからの観客1人が追加されることから生じる利潤の増加分は、8円分しかありません。従って、料金を14円から12円に低下させる場合は、マイナスの効果がプラスの効果を上回ってしまうので、これは、「料金を安くしすぎてしまった」という状況になっています。

**図2.4：利潤変化の二つの要素（料金14円→12円）**

$$\underbrace{(12-4)\times 5}_{=40} + (12-4)\times 1$$

10円の損失　　　8円の利益

このように、映画館は、料金の変更に伴うプラスの効果とマイナスの効果のバランスを取ることで、「料金 ＝ 14円」を選択し、その場合の映画館の利潤は50円となっていることが、ここでも確認されました（表2.1の太字部分）。

それでは、次に、観客（消費者）側に視点を移してみましょう。まず、料金が14円という状態で入場した個人の数は、社会人では3人、学生では2人の計5人となっています。次に、この同一料金のもとでの消費者の（差し引きの）満足度を基準価格マイナス支払った料金と考えますと、各人の満足度は、図2.5のように表されます。

**図2.5：同一料金のもとでの各人の満足度**

| 社会人 | | | | 学生 | | | |
|---|---|---|---|---|---|---|---|
| 28 | 20 | 14 | ~~10~~ **0** | 22 | 14 | ~~12~~ **0** | ~~8~~ **0** |
| −14 | −14 | −14 | | −14 | −14 | | |
| **＝14** | **＝6** | **＝0** | | **＝8** | **＝0** | | |

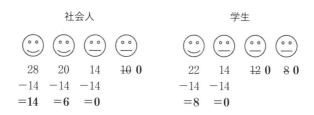

　ここで、基準価格が12円、10円、8円である個人は、料金が14円のもとでは映画を観ようとしませんので、満足度は0になります。従って、満足度を足し合わせると、社会人については、14＋6＝20円、学生については、8円となり、トータルで消費者の満足度は28円となっています。

　この「28円」を、経済学では**消費者余剰**（consumer surplus）と呼びます。これに、映画館の利潤は50円を足し合わせたものを、ここで考えている「社会」の利益という意味を込め、**社会厚生**（social welfare）と呼ぶと、その値は28＋50＝78円となっており、表2.2のようにまとめられます[4]。この二つの概念は、第4章において、より汎用性のある形式で提示されることになります。

**表2.2：映画館の料金設定と利潤（単一価格レジーム）**

| 料金 | 14 |
| --- | --- |
| 消費者余剰 | 28 |
| 映画館の利潤 | 50 |
| 合計（社会厚生） | 78 |

## 2.2.2　価格差別レジーム

　次に、価格差別が行われている状況を考えましょう。ここで映画館は、二つのグループに対して異なる料金を提示しています。例えば、社会人に対しては20円、学生に対しては14円と設定しているものとしましょう。すると、映画館の利潤は、

$$\underbrace{(20-4)\times 2}_{社会人} + \underbrace{(14-4)\times 2}_{学生} = 32+20 = 52円$$

となっています。この場合、各グループからは2人ずつ、計4人が映画館に入場しています。ここで、社会人からは32円、学生からは24円の利潤が得られてい

---

4）　英語のwelfareを「厚生」と訳したのは、経済学者の福田徳三（1874-1930）であると考えられています（牧野 2016, p.140）。

ることに注意してください。

　では、社会人、学生のそれぞれで料金を値下げして、14円、12円としてみた
場合は、映画館の利潤はどうなるでしょうか。図2.6のように、社会人に対して
は、マイナスの効果（マイナス12円）の方が、プラスの効果（プラス10円）を上回っ
ています。しかし、学生に対しては、プラスの効果（プラス8円）の方が、マイナ
スの効果（マイナス4円）を上回っています。

### 図2.6：価格差別レジームのもとでの利潤変化の二つの要素

社会人グループ（料金20円→14円）　　　　　　学生グループ（料金14円→12円）

$$\underbrace{( \ 14 \ - \ 4 \ ) \times 2}_{=20} + ( \ 14 \ - \ 4 \ ) \times 1 \qquad \underbrace{( \ 12 \ - \ 4 \ ) \times 2}_{=16} + ( \ 12 \ - \ 4 \ ) \times 1$$

　12円の損失　　　　10円の利益　　　　　　4円の損失　　　　　8円の利益

　このように考えることによって、映画館は

$$社会人に対しては、料金 ＝ 20円$$
$$学生に対しては、料金 ＝ 12円$$

のように料金を設定することが分かります。そして、その際の映画館の利潤は、

$$(20-4) \times 2 + (12-4) \times 3 ＝ 32 + 24 ＝ 56円$$

となります。

　ここで、この仮想的な例における価格差別レジームのもとでは、映画館は、学
生に対する料金を単一価格レジームの下での14円よりも低くする（12円）と同時
に、社会人に対しては、より高い料金（20円）を設定することができる点が、単
一価格レジームに比べての重要な違いとなっています。

　では続いて、価格差別のもとでの消費者の「満足度」を考えると、図2.7のよ
うに表されます。

### 図2.7：価格差別レジームのもとでの各人の満足度

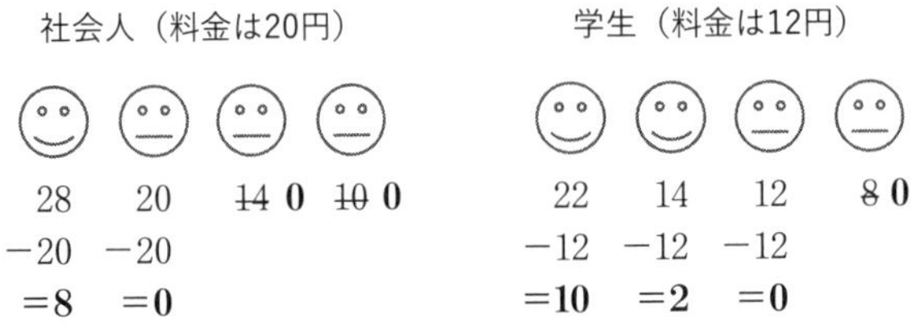

社会人（料金は20円）　　　　　　学生（料金は12円）

|  |  |  |  |  |  |  |  |
|---|---|---|---|---|---|---|---|
| ☺ | ☺ | ☺ | ☺ | ☺ | ☺ | ☺ | ☺ |

| 28 | 20 | ~~14~~ 0 | ~~10~~ 0 | 22 | 14 | 12 | ~~8~~ 0 |
|---|---|---|---|---|---|---|---|
| −20 | −20 |  |  | −12 | −12 | −12 |  |
| ＝8 | ＝0 |  |  | ＝10 | ＝2 | ＝0 |  |

　単一価格のときのように、満足度を足し合わせると、社会人については、8円、学生については、10＋2＝12円となり、トータルで消費者の満足度は20円と、単一価格のもとでの28円よりも減少となっています。以上の議論をまとめて、同一料金と価格差別を、利潤と満足度の視点から比較したものが、表2.3となります。

### 表2.3：同一料金レジームvs価格差別レジーム

|  | 同一料金レジーム | 価格差別レジーム |
|---|---|---|
| 料金 | 14 | 社会人：20　学生：12 |
| 消費者余剰 | 28　＞ | 20 |
|  | （社会人：20　＞　社会人：8） |  |
|  | （学生：8　＜　学生：12） |  |
| 映画館の利潤 | 50　＜ | 56 |
| 合計（社会厚生） | 78　＞ | 76 |

　この表から分かることは、映画館の利潤は、価格差別レジームでの方が高いということです。対して、消費者の全体的満足度は、同一料金レジームのときの方が高いことが分かります。このようにして、観客サイド（消費者サイド）と映画館サイド（企業サイド）の間に利害の対立が見られることが分かります。すなわち、モデルで考えることによって、企業は消費者の全体的利益を犠牲にして、より高い利潤を得ることが可能になっている、という価格差別の一端を理解できるのです。

　更に、モデルで考えることによって、社会的には、学生料金によって損失が発生していることも分かります。いわば、「搾取」（社会人に取っての価格は、価格レジームにおいては、単一価格レジームよりも高くなるので、このように表現しています）によって社会人の方の消費が萎縮してしまうという**萎縮効果**（contraction effects）が働いているのです。他方、学生側には、価格低下による**拡大効果**（expansion effects）によって消費者余剰は、価格差別レジームによって上昇していますので、利潤が上昇する企業とは、利害が一致しているということになります。

　通常、こういった学生料金は、企業が学生を慮り、利潤を犠牲にしてまで、安くしていると捉えられがちですが、この例が示していることは、価格差別の本質とは、社会人に対しては、（学生料金と比較して）料金を高くできるという**柔軟性**（flexibility）にあることが分かります（この論点は、第4・5章でも再登場します）。

　なお、以下で述べるように、より一般的な状況を考えても、通常は、単一価格レジームでの価格と比較して価格差別レジームでは、社会人にとっての価格は変化しないか上昇する、そして、学生に取っての価格は変化しないか下落するということが知られています。ただし、場合によっては、価格差別によって、社会人と学生にとっての価格が両方上がる、あるいは両方下がるということも起こりえます（Nahata, Ostaszewski and Sahoo 1990）。以下の「テクニカル・ノート」では、ここでの仮想例に即して一つのそうした例を見ています。

　このように、**モデルで考えることの有用性は、分析した結果がどれだけの汎用性を持つのか、そして、例外的なケースはどういった場合なのかについても視点を広げてくれる点**ということにもあります。

---

## テクニカル・ノート：価格差別によって学生料金が高くなる例

図2.8に示されているような二つのグループを考えます。

### 図2.8：二つのグループ

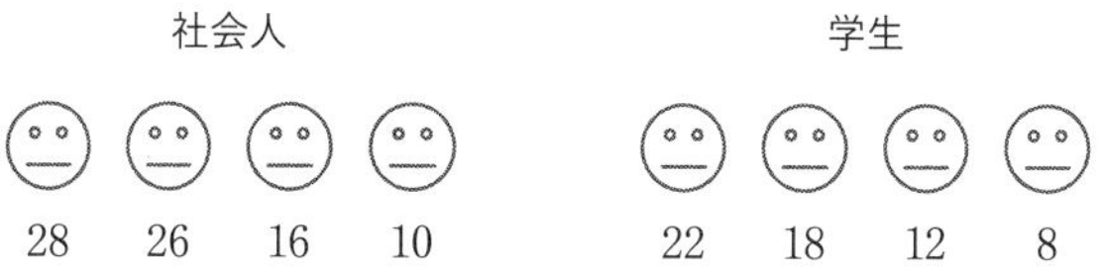

社会人　　　　　　　　　　　　　　　学生

😐　😐　😐　😐　　　　😐　😐　😐　😐

28　26　16　10　　　　22　18　12　8

　上の例とは変わって、社会人グループの基準価格の平均は18円から20円（＝（28＋26＋16＋10）／4）に、学生の基準価格の平均は14円から15円（＝（22＋18＋12＋8）／4）になっています。1人当たりの費用は、上と同様に1人当たり4円とします。すると、単一価格レジームにおいては、表2.4が示すように、価格は**16円**となります。

**表2.4：映画館の料金設定と利潤**（単一価格レジーム）

| 料金 | 利潤 |
|---|---|
| 料金を28円と設定 | （ 28 － 4 ）× 1 ＝ 24<br>　　料金　費用　入場者数 |
| 26円と設定 | （26－4）×2＝44 |
| 22円と設定 | （22－4）×3＝54 |
| 18円と設定 | （18－4）×4＝56 |
| 16円と設定 | **（16－4）×5＝60** |
| 12円と設定 | （12－4）×6＝48 |
| 10円と設定 | （10－4）×7＝42 |
| 8円と設定 | （8－4）×8＝32 |

　他方で、価格差別レジームでは、表2.5が示すように、社会人に対しては26円となっていますが、学生に対しても、価格は上昇して、18円となっています。

**表2.5：映画館の料金設定と利潤**（価格差別レジーム）

| 社会人 | 学生 |
|---|---|
| （28－4）×1＝24 | （22－4）×1＝18 |
| **（26－4）×2＝44** | **（18－4）×2＝28** |
| （16－4）×3＝36 | （12－4）×3＝24 |
| （10－4）×4＝24 | （8－4）×4＝16 |

　以上の結果をまとめると、表2.6のようになります。この状況においては、学生と映画館の利害は一致しない、すなわち、映画館側にとっては、価格差別レジームの方が利潤は高い一方で、学生側も、社会人側と同様に同一料金レジームを支持することになっています。

**表2.6：同一料金レジームvs価格差別レジーム**

|  | 同一料金レジーム | 価格差別レジーム |
|---|---|---|
| 料金 | 16 | 社会人：26　学生：18 |
| 消費者余剰 | 30　　　＞ | 6 |
|  | （社会人：22　＞　社会人：2） | |
|  | （学生：8　＞　学生：4） | |
| 映画館の利潤 | 60　　　＜ | 72 |
| 合計（社会厚生） | 90　　　＞ | 78 |

## 2.3 ｜ 因果関係としての解釈

　それでは視点を変えて、この文脈での「因果関係」の図式を考えてみることにしましょう。前章の1.4節では、図2.9のような例が挙げられていました。すなわち、「赤味噌を日常的に摂取しない」ことを基準点として、では、日常的に摂取するようになったことによって生活リズムに対してどのような影響があるのかということが、「因果関係」として捉えられていました。対して、ここでの文脈では、単一価格を基準として、もし価格差別が行われたときに、消費者の満足度や企業の利潤にどのような影響が及ぼされるかということが因果関係を構成しています。あるいは、逆に見れば、「映画館が価格差別をしている」ことが現状だとして、それとは異なる反実仮想（counterfactual）、すなわち「映画館に価格差別をさせない」という状況を想定すれば、図2.10のようになります。

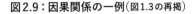

**図2.9：因果関係の一例**（図1.3の再掲）

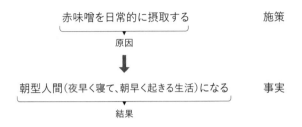

**図2.10：価値観も含めた因果関係の一例**

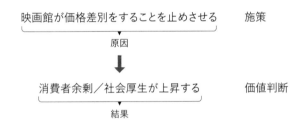

　この例では、価格差別がされないことによって、消費者の満足度と社会的利益が改善されるという結果になっていましたが、より一般的な状況を扱うには、経済学の入門書でお馴染みの**需要曲線**（demand curve）という概念を考える必要があります（図2.11）。ここで需要曲線は、映画料金を$p$とすれば、それに対応して、入場者数$Q$として決まるという関数関係を表しており、関数であることを明示的に示すために、$Q(p)$のように書かれます。別の見方をすれば、価格の変化が原因となって（図2.11の縦軸）、需要が変化する結果になる（横軸）という**因果関係**を示しているとも言えます。理論分析を行う際、大抵は、需要曲線は映画館が把握しているものと想定されます。

　意識的ではないにせよ、あるいは、これほど明確ではないにせよ、映画館の経営者は、このような関係をおおよそは把握していて、そのもとで、「高すぎず、安すぎず」のバランスを取りながら料金を決めているものと考えるわけです。実際のところは、図2.11のように正確な関数自体は把握していなくても、ある程度は、現場の感覚、あるいは、何らかのデータ分析の結果として、大まかに把握し

**図2.11：需要曲線の一例**

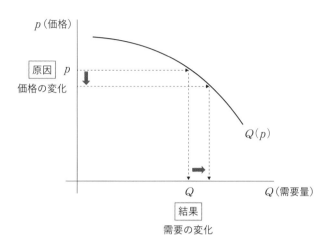

ていると考えることができるでしょう。

特に、実証分析においては、データを使って、このような需要曲線を**推定**（estimate）しようとします。ここで、計量経済学者の畠中道雄（1926–2016）による諧謔的な表現を借りるのであれば、経済分析を生業とする研究者が必死になって（つまり、時間を掛けて）推定しようとするものを、実際の行動主体は良く知っているものと想定することの「非現実性は顕著」ということになるでしょう（畠中 1996, p.179）。しかし、既に述べたように、当事者は、おおよそはこのような関係を知っているものと見なして考えることにするのです。

余談ですが、需要曲線が直線の場合であっても、「需要直線」とは呼ばずに、直線ではない多くのケースを含む意味合いを込めて、やはり「需要曲線」と呼ばれます。これは、第5章で登場する限界費用曲線についても同様です。なお、章末付録2.Aでは、関心のある読者のために、「需要曲線の推定のアイディア」を解説しています。

このようにモデルで考えることによって、価格差別の原理をより一般的な観点から考えることが可能となります。映画館にとっては、値段を上げたり下げたりするとき、社会人グループと学生グループとで、どれだけ観客が減る、あるいは増えるのか、その度合いがグループ間でどれほど異なっているのかということが、それぞれの料金がどのように決められるのかという点と関係していそうなことが

予想されます。価格の上げ下げに対して、どれだけ入場者数が減ったり増えたりするのかは、経済学では**需要の価格弾力性**（price elasticity of demand）という概念によって表現されます。

このように、より凡用性の高いモデルを設定することによって、価格差別によって、社会的には損失ではなく、利益が発生する場合があるのかどうかについて、包括的に考えることができるようになるのです。ざっくり言えば、社会的な利益が発生するためには、学生側の入場者数が学生料金導入によって拡大するという拡大効果が、社会人側の入場者数が「搾取」によって収縮してしまうという萎縮効果よりも十分に大きいことが必要であるということが、価格差別に関する研究では知られています[5]。

ここで3点ほど注意点があります。まず1点目は、映画館（企業）にとって、価格差別が可能な状況とは、「学生が社会人に転売（resale）をしない」という前提がなければならないということです。もし転売が可能とすると、社会人は、映画館から入場券を購入せずに、学生から転売してもらって、より安い値段で買おうとすることでしょう。例えば、学生料金が1200円、一般料金が2000円の場合、学生は転売を目的としてチケットを1200円で購入し、例えば、1800円で社会人に売ろうとすれば、社会人の方もまた、2000円よりも安い値段であるために、それに応じるものと考えられます。

これを防ぐためには、学生証を提示させた上で購入させ、それから入場をさせたり、あるいは、入場の際に、学生証の提示を再度求めるという方法を用いれば良いでしょう。もちろん、現実には、倫理的な制約のために、このような転売は頻繁には生じないものと思われますが、事業を行う人は、このような「抜け道」がないか、常に気を付けていた方が良いという教訓も得られます。

次に2点目としては、あまりにも価格差が激しいと、社会人は学生に対してさえ、不公平感を抱くかもしれないということです。その場合は、そもそも、映画産業に対する不信感が生じ、（ここでの簡単な例では手に余りますが）長期的には、社会人グループにおいて基準価格が下がってしまい、結局は、料金を学生並みに大幅に下げないといけなくなるという結果になるかもしれません。これは、既に触れた行動経済学の内容と関わる論点とも言えます。

---

5）花薗（2018, pp.131-133）の議論を参照してください。

　逆に言えば、実際に価格差別が行われている状況では、「消費者の**公平感**（fairness concerns）を刺激しない」ような考慮がされているとも考えられるでしょう（Okada 2014を参照）。このようにして、学生に対する割引とは、企業が利潤を犠牲にしている行為というよりは、むしろ、企業が大手を振って堂々と、より一層の利潤を高めることができるという技術的条件（転売不可能性）や社会的文脈（人々の公平感の許容範囲に収まる）によって可能になっている行為と捉えられるようになります。

　最後の3点目です。今までの説明では、考えている市場の中で映画館が一つ、つまり**独占者**（monopolist）であると暗黙に前提されていました。しかしながら、映画館が複数あるような状況では、映画館が自身の料金を上げてしまうことは他の映画館を利する、すなわち、自分のところに来てくれるような観客の一部がライバルの方に行ってしまうといった**競争的な**（competitive）状況を考えなければいけません。これを分析するためには更なる研究が必要となります。

◆**文献ノート**：現在、著者は、競争的な状況における価格差別の影響についての研究を行っているところです（Adachi 2022）。なお、これは、**不完全競争の経済学**（Economics of Imperfect Competition）の主要なトピックスの一つでもあります。現実の経済においては、少なくない産業や市場において、生産量や販売額の大半が特定の数社、極端な場合はほぼ一社によって占められていますが、前者を**寡占**（oligopoly）、後者を**独占**（monopoly）と呼び、ひとまとめにして「不完全競争」と呼ばれます。不完全競争と対比されるのが、**完全競争**（perfect competition）ですが、これは、どのミクロ経済学の教科書にも解説されていますので、本書では割愛しましょう。不完全競争の経済学は、本章だけでなく、第4・5章の内容とも関わっています。

## 2.4 ｜ モデルの拡張：グループ間の外部性の導入

　では次に、以上を踏まえた応用として、**グループ間の外部性**（cross-group externalities）という概念を導入して、価格差別の効果について考えてみたいと思います。以下の例で見るように、あるグループに属する消費者が抱く基準価格が、他のグループの中でどれだけの人が消費を行うのかにも影響されるという状況が、

「グループ間の外部性」と呼ばれるものです。とりわけ、他の人が多く使うようになればなるほど、自分にとっての価値（基準価格）も高くなっていくという効果は**ネットワーク外部性**（network effects）と総称され、以下で考えるのはそのような状況となっています。なお、ネットワーク外部性の概念は、第5章でのトピックであるプラットフォームとも関係していますので、その導入も兼ねています。

　上述の映画館の例においては、単一価格と価格差別とを比較すると、「後者の方が、消費者余剰は低い」という結果になっていました。しかし、グループ間の外部性を考慮した以下の例においては、**価格差別が行われている状況の方が、消費者余剰が高くなる**ことを確認できます。

　今度は映画ではなく、レポートや卒業論文などで使うソフトウェアを念頭に置いてみることにして、引き続き二つのグループを考えます。一方は、上と同様に学生グループですが、もう一方は教員グループです。図2.12が示しているように、学生が誰一人として、このソフトウェアを購入・利用していない場合、あるいは、1人か2人までしか使用していない場合は、教員4人が持っている基準価格はそれぞれ、28、20、14、10ですが、もし3人の学生が購入・使用しているとすると、それぞれ30、22、16、12に上昇するものとします。更には、4人の学生が購入・使用している場合は、それぞれ32、24、18、14となっています。ここでは、これらの数字を現実的に解釈するためには、ゼロを三つ付けてイメージすれば良いでしょうか[6]。

### 図2.12：教員の基準価格

（a）学生が0から2人使用している場合

28　　20　　14　　10

（b）学生3人が使用している場合

30　　22　　16　　12

（c）学生4人が使用している場合

32　　24　　18　　14

　通常、消費から得られる価値は、どれだけの人が消費しているのかといったことは関係ないものと想定されますが、ここでは、学生1人がこのソフトウェアを使ってくれると、教員の側の利便性が高まるという相互依存性があり、その結果、各教員の基準価格が上昇するものと考えています。図2.12の（b）と（c）は、ソフトウェアのこの利便性は、ソフトウェアを使う学生の数が増えるに応じて、高まっていくということを示しています。

　このような相互依存性は、学生グループ側も同様であり、ソフトウェアを使用している教員の数が増えるにつれて、基準価格が高まっていきます（図2.13）。以上のような学生と教員間の相互依存性が、**グループ間の外部性**と呼ばれるになります。なお、教員グループの上り幅が2円であるのに対して、学生グループの上り幅は1円となっているのは、教員側の方が、多くの学生がソフトウェアを使ってくることによる基準価格の増加の絶対値が高いという状況を表現しているものです。

### 図2.13：学生の基準価格

（a）教員が0から2人使用している場合

$$22 \quad 14 \quad 12 \quad 8$$

（b）教員3人が使用している場合

$$23 \quad 15 \quad 13 \quad 9$$

（c）教員4人が使用している場合

$$24 \quad 16 \quad 14 \quad 10$$

　ソフトウェアの費用は、上述の映画館での例のように、1人当たり4円とします。それではまず、同一価格のもとでソフトウェア販売業者がどのように価格付

---

6）　以前は、このようなソフトウェア販売における学割はそれほど見られるものではなかったので、ある一定の年代以上の読者にとってはピンとはこないかもしれませんが、現代の若い読者にとっては、身近なものと言えるのではないでしょうか。

**図2.14：同一料金のもとでの各人の満足度**

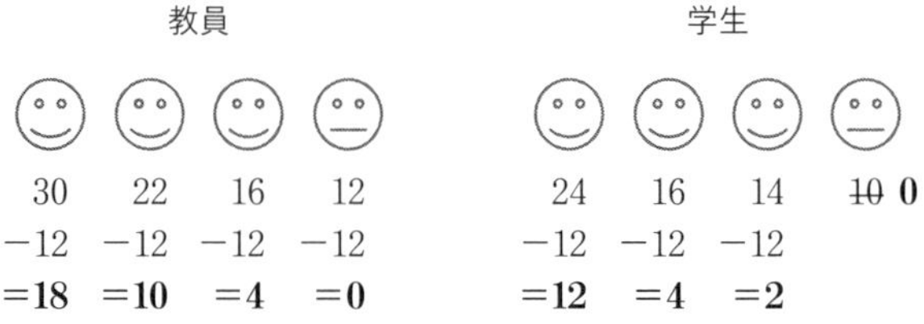

教員 学生

☺ ☺ ☺ ☺   ☺ ☺ ☺ ☺

| 30 | 22 | 16 | 12 | 24 | 16 | 14 | ~~10~~ 0 |
|---|---|---|---|---|---|---|---|
| −12 | −12 | −12 | −12 | −12 | −12 | −12 | |
| =18 | =10 | =4 | =0 | =12 | =4 | =2 | |

けをするかを考えます。この場合、企業は、学生と教員間の相互依存性を考慮します。詳細は後述の「テクニカル・ノート」で説明していますが、ソフトウェア会社は、それぞれのグループで何人に売れるようにするのが、最も利潤を高めてくれるのかを考えた結果、「**価格＝12円**」と設定し、その場合は、教員は4人全員が、学生は3人が購入することになります。そして、ソフトウェア販売業者の利潤は、

$$(12-4)\cdot 4 + (12-4)\cdot 3 = 32 + 24 = 56 円$$

となります。そして、教員と学生の満足度は、図2.14のようになり、したがって、満足度の総計は、

$$\underbrace{(30-12)+(22-12)+(16-12)+(12-12)}_{教員グループ} + \underbrace{(24-12)+(16-12)+(14-12)}_{学生グループ}$$

$$= 32 + 18 = 50 円$$

となっています。

　次に、価格差別のもとでの企業の価格付けを考えてみますと、今度は、教員に対しては**価格＝14円**に、学生に対しては**価格＝10円**にして、教員グループ、学生グループそれぞれにおいて4人全員に売れることになります。この場合、ソフトウェア販売業者の利潤は、

$$(14-4)\cdot 4 + (10-4)\cdot 4 = 40 + 24 = 64 円$$

となり、教員と学生の満足度は図2.15のようになっています。

### 図2.15：価格差別のもとでの各人の満足度

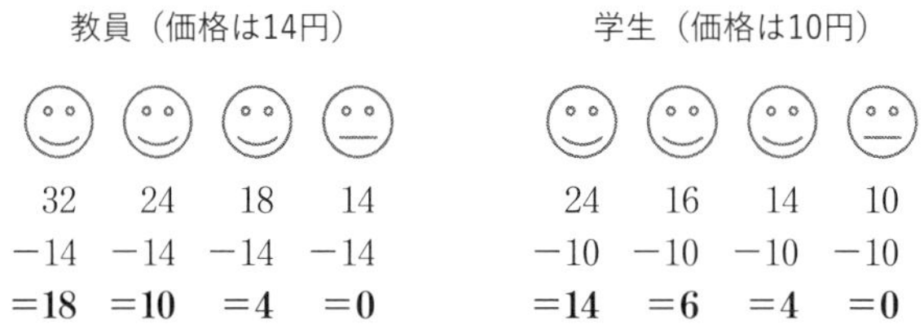

教員（価格は14円）　　　　　学生（価格は10円）

| 32 | 24 | 18 | 14 | | 24 | 16 | 14 | 10 |
| −14 | −14 | −14 | −14 | | −10 | −10 | −10 | −10 |
| =18 | =10 | =4 | =0 | | =14 | =6 | =4 | =0 |

したがって、満足度の総計は、

$$\underbrace{(32-14)+(24-14)+(18-14)+(14-14)}_{教員グループ}$$

$$+\underbrace{(24-10)+(16-10)+(14-10)+(10-10)}_{学生グループ}=32+24=56円$$

となります。

---

### テクニカル・ノート：価格付けの背後にある論理

　グループ間の外部性が存在する状況では、自分が属するグループではない別のグループで何人においてソフトウェアを使用しているのかということが、自分自身の基準価格に影響しているという状況であり、企業は、それを前提として価格を決めるものと考えます。表2.7は、教員と学生の購入人数のそれぞれの場合において、企業が最適に価格を決めた場合の利潤を示したものです。

　ここで、表の中の「―」は、そのような組み合わせが存在しえないことを意味しています。例えば、教員が4人購入、学生が2人購入という状況の下では、図2.16が示すような基準価格となっていますが、ここで、基準価格が10である教員も購入するために、同一価格は10（以下）になっていなければなりません。しかし、価格が10である場合は、基準価格が14や10である学生も購入を行うことになるので、ここでの仮定での「学生が2人購入」とは矛盾することになるのです。

**表2.7：同一料金レジームのもとでの企業の利潤**

|  |  | 0 | 1 | 2 | 3 | 4 |
|---|---|---|---|---|---|---|
|  |  | | | 学生 | | |
| 教員 | 0 | 0 | — | — | — | — |
|  | 1 | 24 | 36 | — | — | — |
|  | 2 | — | — | — | 40 | — |
|  | 3 | — | — | 50 | 54 | — |
|  | 4 | — | — | — | **56** | 48 |

**図2.16：教員が4人購入、学生が2人購入という状況**

| 教員の基準価格 | 28 | 20 | 14 | 10 |
|---|---|---|---|---|
| 学生の基準価格 | 24 | 16 | 14 | 10 |

教員が4人購入のためには価格が10（以下）になっていなければならないが、その場合、学生の購入者が3人以上になってしまい、矛盾。

　同一価格レジームのもとでは、価格が12円で設定され、教員が4人、学生が3人購入している状況で、企業の利潤は最も高くなっています。
　価格差別レジームに関しても同様に考えることができます。この場合の価格は、教員に対しては14円、学生に対しては10円となっています。表2.8は、教員が4人、学生が4人購入している場合に、企業の利潤は64と最も高くなることを示してます。

### 表2.8：価格差別レジームのもとでの企業の利潤

|  |  | 学生 | | | | |
|---|---|---|---|---|---|---|
|  |  | 0 | 1 | 2 | 3 | 4 |
| 教員 | 0 | 0 | 18 | 20 | 24 | 16 |
|  | 1 | 24 | 42 | 44 | 50 | 44 |
|  | 2 | 32 | 50 | 52 | 60 | 56 |
|  | 3 | 30 | 49 | 52 | 63 | 62 |
|  | 4 | 24 | 44 | 48 | 62 | **64** |

　以上の議論をまとめて、同一価格の状況と価格差別の状況を比較すると、表2.9のようになります。価格差別によって消費者側に利益が生じるのは、学生グループに対する価格（学生価格）を教員グループとは別に設定できることから生じる価格の低下によって、学生グループにおける満足度が高まることによります。ソフトウェア会社は教員向けの価格を高くしますが、学生の使用者数も増えることから、教員側の基準価格も上がっており、この例では、同一価格レジームと差

### 表2.9：グループ間の外部性が存在する状況における「利益」の内訳
#### （同一料金レジームvs価格差別レジーム）

|  | 同一料金レジーム | 価格差別レジーム |
|---|---|---|
| 料金 | 12 | 社会人：14　学生：10 |
| 消費者余剰 | 50　　　＜ | 56 |
|  | （教員：32　＝　教員：32） | |
|  | （学生：18　＜　学生：24） | |
| ソフトウェア会社の利潤 | 56　　　＜ | 64 |
| 合計（社会厚生） | 106　　　＜ | 120 |

別価格レジームとで、教員の消費者余剰は32と同じ値になっています。

　ここでは、映画館の例とは異なり、企業（ソフトウェア会社）の利潤が価格差別のときで高いことは変わりませんが、**消費者余剰についても価格差別のときの方で高い**ことが分かります。この理由としては、グループ間の外部性が存在する状況では、価格差別に、消費者の全体的利益をうまく調整する役割「**調整効果（coordination effect）**」が加わっているからです[7]。

**まとめ**：「学生料金」とは、「企業が学生のためを思い、損失を被ってまで、安い値段で提供してあげている慈善活動」ではなく、「企業が、**より高い**利益を得るために行っている通常の企業活動の一環」として理解できる。

# 2.5 ｜ ジェンダーに基づく価格差別？

　以上、属性に応じて異なった価格が提示されるという価格差別の例を通じて、「モデルで考える」ことの有用性を具体的に概観しました。企業側から見れば、消費者といってものっぺらぼうなのではなく、個々人の属性に応じてグループ分けすれば、高い価格でも買ってくれそうなグループ（高い基準価格を持っている人たち）、あまり高い価格では買ってくれなさそうなグループ（低い基準価格を持っている人たち）に区分けして把握することができるという視点が与えられることになります。

　例えば、図2.2における例では、社会人グループの平均基準価格は18円、学生グループの平均基準価格は14円となっています。もちろん、個々人に着目すれば、基準価格が10円の社会人がいると同時に、22円の学生がいるという「逆転」もありますが、グループとして見てみると、社会人の方が全体的には基準価格が高いと見なせます。企業としては、このような、消費者の違いを活用することで、全員にとって同じ価格を出すのではなく、異なる価格を提示することで、消費者全体から「搾取」し、利潤を高められるのであれば高めたいと考えることができ

---

7) 本節での知見は、著者が過去に行った研究（Adachi 2002, 2005）に基づいたものになっています。

るのです。

更には、類似のは発想として、ポイントカードを通じた購入履歴やクッキー情報の活用によって、消費者ごとに同じ商品の価格を異なるように設定することは、1.3節でも触れた情報通信革命の成果として、技術的には穂可能なものとは言えなくなってきています。

このように属性の違いを利用する**ターゲティング価格戦略**（targeted pricing strategy）は、「はじめに」でも触れたように、経済学的な知見のビジネスへの活用において関心を持たれてきています。しかし、既に述べた公平感、すなわち、「あなたと他の誰かが、全く同じ商品を全く同じ売り手から購入したにもかかわらず、あなたの支払う価格の方が高い」という問題が生じますし、また、個々人の閲覧履歴や購買履歴が企業によって「覗かれている」というプライバシーの問題も顕在化してきます[8]。こういった、いわば「非経済要因による制約」をも念頭に置いて問題を考えなければならないという点がモラル・サイエンスとしての経済学の特質です。

そのような一例として、本章の残りでは、別種の不公平性として、男女別保険料設定の問題を考えてみることにしましょう。自動車保険の文脈では、通常、女性ドライバーの方が、男性に比べて安全な運転を行うため、保険の基準価格は低くなっているものと想定されます。実際、2011年時点におけるヨーロッパの調査では、表2.10が示すように、ジェンダーによる運転の違いがより大きいと考えられる20歳時点においては、男性に対する自動車保険料は、女性に対するものよりも1.2〜1.6倍ほど高くなっていたことが分かります。

---

8)　このような問題を扱う**プライバシーの経済学**（Economics of Privacy）は、今後、産業組織論における有望な研究トピックと期待されます。入門的解説としては、宇野・園田・別所（2021）を参照してください。これもまた、本書が強調する、現代経済学におけるトピックスの多様性の表れでしょう。

**表2.10：男性は女性に比べて、自動車保険料はどれくらい高く設定されているか**

|  | 20歳 | 40歳 |
| --- | --- | --- |
| イギリス | 1.6 | 1.1 |
| イタリア | 1.3 | 1.0 |
| スペイン | 1.4 | 1.2 |
| ドイツ | 1.2 | 1.0 |
| フランス | 1.2 | 1.0 |

注：Insurance Europeのウェブページで掲載されている資料 "The Impact of a Ban on the Use of Gender in Insurance"（2011年12月；https://www.insuranceeurope.eu/impact-ban-use-gender-insurance）の表3.4に基づく。

　図2.17は、図2.2における「社会人」を「男性」に、「学生」を「女性」に置き換えたものです。そして、1人当たり費用も4円とすれば、映画館での例と全く同じモデルとなっていることが分かるでしょう。

**図2.17：二つのグループ**

　ジェンダーに基づく価格差別が行われている状況では、表2.3から女性の消費者余剰は12となっていますが、もしジェンダーに基づく価格差別が禁止されることになると、女性グループが支払う保険料は12円から14円と上昇し、消費者余剰は8となり、女性は全体として損を被ります。その意味で、ジェンダーに基づく価格差別が行われている状況においては、女性の方が「優遇」されているわけですが、このような状況は、**男女平等という観点からは不当である**と捉えられます。

　実際、2011年3月1日のEU司法裁判所の判決に基づいて、2012年12月22日以降、EU域内における生命・損害・医療保険など全ての保険契約における男女別保険料設定は禁止されましたが、元々のきっかけは、ベルギーの消費者団体が、

表2.12に示されているような当時の状況に対して、公平性への訴えを行ったことに端を発するものでした（*The Economist*の2011年3月3日付の記事 "Sex and Insurance"）。ちなみに、日本の状況は、金融庁「保険会社向けの総合的な監督指針 様式・参考資料編 新旧対照」[9]が示しているように、一方の保険料が他方のそれよりも1.5倍を超えない程度に、性差に基づく異なる保険料設定は許容されています。

　以上、本章では、価格差別の例を用いて、「経済モデルで考える」ことの有用性について考え、最後には、不公正と考えられるジェンダーに基づく価格差別の文脈に経済モデルからの洞察を当てはめてみました。男女別保険料設定という価格差別に伴う低料金から女性は恩恵を受けることがモデルで考えることで分かりますが、現実には、このような販売戦略は、公平性という観点からは問題がある行為と見なされます。以上を踏まえて、次章においては、こういった論点と関わってくる性差の問題（ジェンダー・ギャップ）を取り上げて、簡単な経済モデルを踏まえたデータ分析を紹介することにしましょう。

---

9）　金融庁のウェブページ内で掲載されている「保険会社向けの総合的な監督指針　様式・参考資料編　新旧対照表」https://www.fsa.go.jp/news/22/hoken/20110331-5/02.pdf を参照。

### 章末付録 2.A 需要曲線の推定のアイディア

　本書では扱いませんが、実証分析における大きなテーマの一つに**需要曲線の推定** (demand estimation) があります。関心のある読者のために、ここでは、ざっくりした説明を与えてみましょう。そのために、「サージカルマスク」という財を考えます。サージカルマスクについては、多くの消費者が、どこのメーカーが作っているのか、あるいは、どういう製品名なのかを気にしておらず、また、生産者の方も、ブランド化を行ったり、品質 (quality) を高めたりするなどして、自社の製品を独特のものにするような**製品差別化** (product differentiation) は行っていないと考えられます。このような財は、**同質財** (homogenous goods) と呼ばれます。

　他方、品質の良しあしやブランド化など、多様性が存在する財は**差別化財** (differentiated goods) と呼ばれます。私たちの日常生活では、同質財よりも差別化財の方が多いものと思われますが、同質財の方が説明のファースト・ステップとしては容易ですので、以下、この章末付録では、同質財のケースを念頭に置きます（差別化財のケースについての基礎的な解説は、北野2020や上武・遠山・若森・渡辺2021-2022をご覧ください）。

　では、日本におけるサージカルマスク（以下、「マスク」と省略）の需要曲線がどのように推定されるか、その考え方を見ていくことにしましょう。前章の1.4節で学んだように、まずは「単位」を定義しなければなりません。ここでは、「7枚入り1パック」を1単位と考えることにします。更には「期間」も考えなければなりません。1週間なのか1か月なのか、はたまた1年なのか。これは、どのような財を考えるのか、そして、データがどれだけの期間にまとまって集計されているのか、そしてそもそも、どういった問題設定に関心があるのかといった事柄を勘案して、分析者が決めなければなりません。ここでは、1週間ごとにデータが集計されているものとして、「1週間」を念頭に置くことにします。

　以下、架空の例で話を進めましょう。図2.A.1の上側の大きな楕円は、マスクの市場（日本）を表しています。ここで、期間は1週間ずつで考えることにしていますので、より正確には、週ごとに区切られた市場となっています。例えば、「2020年3月第4週」の市場、「2020年4月第1週（3月第5週も含む）」の市場……となります。そして、下側の小さな楕円は、各地域が抜き出されていることを示しています。例えば、地域1では、2020年3月第4週マスクの価格は343円、販売総数は3125単位

であり、地域2では357円、販売総数は8541単位であったとしています。このように抜き出される地域の数は全部でNとして、このような情報を記録したものが、表2.A.1に示されている（架空の）データとなります。なお、ここでの観測単位は地域であり、それぞれの地域の価格は、地域内におけるドラッグストアやスーパーなどの実売価格の平均価格を計算して持って来ているものと考えてください。

**図2.A.1：「2020年3月第4週」のマスクの市場**

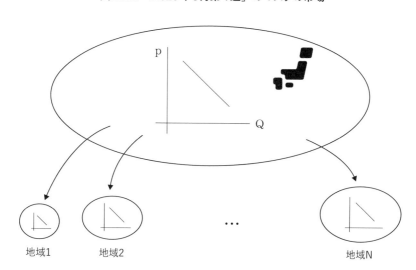

**表2.A.1：（架空の）データ**

| 地域ID | 価格 | 販売数 |
|---|---|---|
| 1 | 343 | 3125 |
| 2 | 357 | 8541 |
| . | . | . |
| . | . | . |
| . | . | . |
| N | 361 | 12591 |

　さて、この表2.A.1の価格と販売数を見ますと、価格が高い地域ほど、販売数が大きいことが見て取れます。あれっ、図2.11が示すように、「価格が低いほど、販売数が多くなる」というのが、経済学が教える需要の法則のはずではなかったか……。このようなことが生じているのは、図2.A.1の地域を示す楕円の大小で暗示されているように、地域ごとに人口の大小があるという単純な理由によるものです。例えば、二つの地域におけるマスクの価格が同じであっても、各地域のマスクの販売数は、人口が大きい地域の方が多いと考えられるでしょう。ただし、他の諸条件は二つの地域で似通っているとしています。例えば、人口は少なくても、別の要因（ウィルス感染クラスターの発生地域になってしまったなどの理由）で、マスクの需要が高いということもあるからです。なお、このような考え方は、第1章で触れたコントロールするという発想と同様であることにお気付きになるでしょうか。

　そこで、販売数そのものではなく、地域における**市場シェア**（market share）を考えることにします。ここでは、各地域における各個人は、1週間という時間単位において、マスクを1単位（＝7枚入り1パック）買うか、買わないかを決めていると想定します。現実には、ある個人が1単位買う一方で、他の個人は2単位買うということも生じ得ますが、分析のファースト・ステップとしては、このような簡単な状況がまず考察されてしかるべきでしょう。すると、地域1の人口そのものを分母にして、地域1の市場シェアは

$$\text{地域1の市場シェア} = \frac{\text{地域1における販売数}}{\text{地域1の人口}}$$

のように定義されることになります。例えば、地域1、地域2、地域Nの人口がそれぞれ3324人、9490人、14308人であったとすると、各地域の市場シェアは表2.A.2のようになります。

**表2.A.2：（架空の）データ（販売数を市場シェアに変換）**

| 地域ID | 価格 | 市場シェア |
|--------|------|------------|
| 1 | 343 | 0.94 |
| 2 | 357 | 0.90 |
| . | . | . |
| . | . | . |
| . | . | . |
| N | 361 | 0.88 |

**図2.A.2：各地域を観測単位とした価格と市場シェアの組み合わせのプロット**

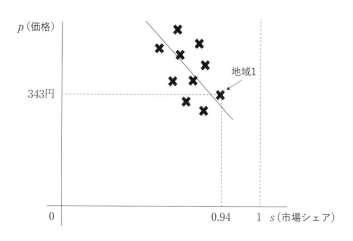

さて、このように販売数を市場シェアに置き換えて考えると、縦軸を価格 $p$ に、横軸を市場シェア $s$ に対応させた座標では、表2.A.2のデータは、図2.A.2のようにプロットされます。ここでは、全体的な傾向としては、図2.A.2における線のようになっているのではないかと考えるのが、需要曲線の推定の考え方です。詳細は、前出の北野（2020）や上武・遠山・若森・渡辺（2021-2022）に譲りますが、ここで、**ロジット需要**（logit demand）という形式を考えて、マスクを購入する人の市場シェアを $s$、他の選択肢を取る（第4章でも出てきますが、「外部オプション」（outside option）を取ると言います）人の市場シェアを $s_0$ とします。ここで0とは、他の選択肢を取る、

すなわち、買わないということは「0番目の選択肢を取っている」と見なせることから来ています。ここで、$s/s_0$の自然対数 (ln) を考えると、価格 $p$ が原因となる因果関係は

$$\ln \frac{s}{s_0} = \alpha - \beta p$$

のような形式で書かれることが知られています。これが、全地域の背後にある共通の構造であるところの、日本におけるマスクの需要を表していることになります。そして、各地域のデータを使うことによって、共通する $\alpha$ と $\beta$ を推定することが、「需要曲線を推定する」ということになります。その際は、地域rにおけるマスクの市場シェア、外部オプションの市場シェア、価格をそれぞれ $s_r$、$s_{0r}$、$p_r$ と書いて、全体的な共通構造からの乖離が、地域rの固有な要因 $\eta_r$ (上のように、感染クラスターが発生したなどといった地域固有の要因ですが、クラスターが発生したか否か自体は、価格から販売数 (市場シェア) という因果関係の理解には、さしあってはサイド・ストーリーですので、「地域 $r$ の固有な要因」という曖昧な概念に留めておいても問題ありません)、そして、更なる誤差的要素 $\varepsilon_r$ も加味して

$$\ln s_r - \ln s_{0r} = \alpha - \beta p_r + \eta_r + \varepsilon_r \tag{2.1}$$

という式を考え、統計的な手法で、$\alpha$ と $\beta$ の推定を行います ($\ln (s/s_0) = \ln s - \ln s_0$ であることを思い出してください)。言い換えれば、需要関数 (曲線) を推定することとは、このように経済理論的概念に基づいて、$\alpha$ と $\beta$ に当てはまる数値を、データ分析の手法で求める (推定する) ことと捉えられます。

　今までは、「2020年3月第4週」という一時点を念頭に置いていましたが、データが入手できるのであれば、複数時点を含めることで、観測単位数を増やして推定することが可能となります (この場合は、データ期間における「日本のマスク需要」を推定していることになります)。その場合、今までは、観測単位は地域rでしたら、今度は、時点 $t$ も含めて、地域rと時点tの組み合わせ (r,$t$) が観測単位となります。そして、式 (2.1) は

$$\ln s_{(r,t)} - \ln s_{0,(r,t)} = \alpha - \beta p_{(r,t)} + \eta_r + \mu_t + \varepsilon_{(r,t)}$$

として考えられることになります。ここで、$\mu_t$ は、(全地域共通の) 時間 $t$ 固有の要因を表しています。全地域共通として時間 $t$ 固有の要因を $\mu_t$ を入れるのではなく、

そもそも式 (2.1) における地域固有の要因 $\eta_r$ を時間にも依存させて考えても良いのではないかとも考えられますが、そうしますと、例えば地域数が100、時点数が8（2ヵ月に相当）とすると、$100 \times 8 = 800$ 個の異なる $\eta_{(r,t)}$ を想定しなければなりません。他方、地域間に共通の時間要因を導入すれば、$100 + 8 = 108$ 個の異なる $\eta_r$ と $\mu_t$ を考えれば良いだけになります。専門的な言い方では、$\eta_r$ と $\mu_t$ はそれぞれ、**地域固定効果**（regional fixed effects）、**時間固定効果**（time fixed effects）と呼ばれます。

例えば、2020年の3月・4月期から上述のようなデータを作成すれば、地域の大小を考慮したシェアで考えてみても、図2.A.3 (a) のようなプロットが見られるかもしれません。しかし、これは、「価格が上がれば需要が減る」という需要の法則とは真逆を示す「大発見」なのではなく、単に同図 (b) が示すように、価格以外の「その他の諸要因」、例えば、新型コロナウィルスの感染拡大といった要因によるものでしょう。以上が、価格以外の外的な要因をコントロールした上で、価格と数量（市場シェア）の因果関係を探る「需要曲線の推定」についてのざっくりした説明を終わります。

このようにして、「理論と現実とのズレ、すなわち前提された理論によって説明されない変動を適切に処理すること」によって、「一つの理論体系があてはまると想定される事象を多数集めて集団を構成し、集団全体に共通の部分を理論的に説明されるべき必然的な事実として、個々の事象の変動は偶然的なものとして処理することは、きわめて有効な方法」となります（竹内 2013, p.107）。

ちなみに、前章で紹介したRCTによっても、需要曲線は推定することができます。詳しくは、伊藤 (2017) の第6章をご覧ください。そこでは、タクシー（Uber）の需要曲線を推定する研究を紹介されています。

データ分析の主な目的の一つは、経済理論のレベルでは数値としては定まっていない $\alpha$ と $\beta$ を、データを用いて推し量る、より専門的に言えば、推定することにあります。このような推定の対象は**パラメータ**（parameter）と呼ばれます。実は、前章の赤味噌の例では、赤味噌による朝型生活への影響を考えた際、具体的には「赤味噌の一日当たりの摂取を1%増やすことは、起床時間を $\tau$（タウ）分早める」と具体化したときの $\tau$ がパラメータとなっているのです。

以下の諸章の章末付録においては、それぞれの経済モデルにおいて、何がパラメータなのかを明らかにするようにしています。

### 図2.A.3：マスクの市場

(a)

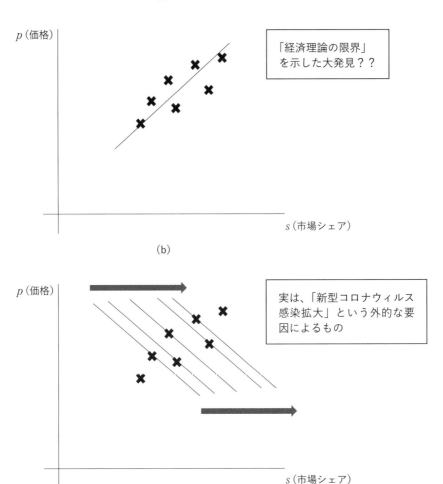

「経済理論の限界」
を示した大発見？？

(b)

実は、「新型コロナウィルス
感染拡大」という外的な要
因によるもの

# 第3章 実証分析のレッスン
## ──起業におけるジェンダー・ギャップの背景を探る

> 男女平等なしに、女の解放はない。しかし平等は、解放の必要条件であって、
> 十分条件ではない。十分条件は、男女平等のなかでの、今日、男の文化とし
> てあらわれているところの、あらゆる差別構造の代りに、新しい非差別構造
> の文化を、実現することであろう。（中略）女だけの解放はあり得ない、あり
> 得るのは、男女の解放である。
> 　　加藤周一「現代の女の問題」(1985年、『加藤周一自選集7』(岩波書店、2010
> 年) 所収)

　現在、世界的に、国連の男女共同参画キャンペーン "HeForShe" に代表され
るように、様々な文脈における**ジェンダー・ギャップ**(gender gap; 性差) が解消
され、人々がより平等に経済的・社会的機会を享受するための取り組みが積極的
に行われています。これは、人々がよりインクルーシブ(包括的) に平等で経済
的・社会的機会を享受するための世界的な取り組みです。前章では、そのような
動きの一環として、男女別保険料設定の解消の動きについて見ました。
　本章では、このジェンダー・ギャップの問題を、「スタートアップ」という経
済活動の面から考えてみたいと思います。新たなビジネス機会を創造する「ス
タートアップ活動」は、長期的経済成長の源泉であることは広く認識されていま
すが、果たして、このような場面におけるジェンダー・ギャップはどのようなも
のとして捉えられるのでしょうか。近年のアメリカ合衆国を対象として、起業活
動 (スタートアップ活動) におけるジェンダー・ギャップに注目し、その背景的要
因を探ります。

## 3.1 │ 起業におけるジェンダー・ギャップ

　以下においては、スタートアップ活動を、従来から強調されていた**独立起業**

（Entrepreneurship；アントレプレナーシップ）のみならず、**社内起業**（Intrapreneur-ship；イントラプレナーシップ）も含めた上で実証分析が展開されます。前者の独立起業においては、1人の個人、あるいは少数メンバーのグループが、スタートアップの責任の大半を負うため、成功したときには大きな報酬を見込めますが、失敗したときには、多大の損失を負担しなければならないという危険性を伴います。他方、後者の社内起業では、失敗時には、将来の昇進の可能性に響くといったマイナス要因はあるものの、独立起業とは異なって、大きな金銭的な負担は伴わないものと考えられます。ただし、成功時の利益の多くは、社内起業を行った個人あるいはグループの属する組織の方に還元するものと思われます。

　なお、「起業家」あるいは「起業」という言葉からは、ビル・ゲイツ（Bill Gates, マイクロソフト）、ジェフ・ベゾス（Jeff Bezos, アマゾン）、あるいはマーク・ザッカーバーグ（Mark Zuckerberg, フェイスブック）といった著名な人物が想像されるでしょう（日本での例は読者の皆さんに任せることにします）。そうした起業家たちによる起業行為は、革新的で、雇用を創出し、市場競争を促進させ、そして経済成長を促進させるものと捉えられます。そしてここで挙げた人名は、第1章で触れた「情報通信革命」の立役者たちでもあります。

　しかし、以下で考える「起業家」や「起業」は、そういった「花形」のものに限らず、社会全体で捉えた場合のものです。経済学者のスコット・シェーン（Scott Shane）氏は、定評ある辞書（メリアム＝ウェブスター・オンライン辞書）の定義から、起業とは、「リスクを前提としながら、ビジネスや事業を組織し、マネジメントを行う活動」のことを指し、起業家とは、「このような活動にたずさわる人間」としています（シェーン 2011, p.16）。このような分類においては、個人業務請負（independent contracting）も起業（より正確には、独立起業）に含めることができるでしょう。

　このようにして、特定の業種に偏らない、経済全体を見渡した場合の起業行為を想定し、そこでのジェンダー・ギャップを考えるものとします。実際、シェーン氏は、毎年アメリカで生まれるビジネスのうち、「政府がハイテクであると定義する産業に分類されるのは、わずか7％にすぎない」ことを指摘しています（シェーン 2011, p.57）。

　まず始めに、2005年時点でのアメリカを全体的に縮約したデータ（詳細は次の3.2節で説明）を見てみますと、表3.1が示しているように、企業に雇用されている

労働者の中では、「起業の予定なし」は、ほぼ男女同率で、人口における男女比を反映していますが、「独立起業を予定」と「社内起業を予定」の双方において、女性の比率は低いことが分かります。

**表3.1：起業活動におけるジェンダー・ギャップ**

| | 起業の予定なし | 独立起業を予定 | 社内起業を予定 |
|---|---|---|---|
| 女性の占める比率 (%) | 51.2 | 35.6 | 29.6 |

注：Adachi and Hisada（2017, p.454）の表2に基づいて作成。

◆**文献ノート：**関連する研究として、Kacperczyk（2013）は、1980年から2005年の期間に及ぶファンドマネージャーのデータを用いることで、女性は、社内に留まることで育児休業制度などが付随する社内起業の方を、独立起業よりも選択しやすいことを見出しており、この起業形態におけるジェンダー・ギャップは、リスク選択におけるジェンダー・ギャップの違いを反映しているものではないと主張しています。対して、Adachi and Hisada（2017）のデータは、ファンドマネージャーのような特定の業種に偏らないデータとなっており、個人が雇用されている企業の従業員規模がコントロールされたものとなっています（「コントロールする」とは、第1章や第2章で使った意味と同じものです）。

　また、ジェンダー・ギャップを扱ったものではありませんが、川上（2019）は、インターネット調査によるデータを用いて、企業規模ごとに、日本における社内起業の実態について分析しています。その分析結果としては、大きな企業ほど、社内起業に必要性を見出し、かつ、社内起業を行っているという傾向があることが見出されると同時に、企業規模にかかわらず、有望な事業の見極めや人材の配置に関する問題が社内起業を阻害する大きな要因であることも指摘されています。このことからも、社内起業の問題を考える際には、企業規模を考慮することが必要であることが示唆され、以下の研究内容もそれに従ったものになっています。

　このようなジェンダー・ギャップは、どのような要素と関係していると考えられるでしょうか。以下では、それをデータから探っていくことになります。

## 3.2 │ ジェンダー・ギャップに関するデータ

本章の元になっている久田貴紀氏との共同研究（Adachi and Hisada 2017）で用いたデータについて説明しましょう。主たるデータは、アメリカ合衆国・ミシガン大学の社会調査研究センターが提供している「起業動態パネル調査（第2期）（Panel Study of Entrepreneurial Dynamics Ⅱ; PSED Ⅱ）」です。このPSED Ⅱは、事業創出に携わる個人（nascent entrepreneurs）を多期間（2005年から2010年まで1年おき）にわたって追跡し、全米を全体としてカバーすることを目的として構築されたデータです。なお、余談となりますが、PSED Ⅱでは簡単にダウンロードできますし[1]、また、秘匿部分の利用に関する申請の諸手続きもスムーズに行うことができました。データに基づく実証分析を定着させていくためには、こういったデータ利用に伴うユーザー・フレンドリーな環境という下支えがあってこそと言えるでしょう。

本章の内容は、この調査での2005〜2006年時点における起業への準備状態に関するデータに依拠しています。この時点で企業に働いていた13724人の中で、「独立起業を準備中」の個人と「社内起業を準備中」の個人とを判定するために、以下の二つの設問が用いられました。

質問 (1)「あなたは現在、起業を準備していますか？」

質問 (2)「あなたは現在、あなたの雇い主のために、起業を準備していますか？」

表3.2は、これら二つの質問を用いて、どのようにしてある個人を「起業の予定なし」、「独立起業を予定」、「社内起業を予定」に分類したかを示しています。このような分類を行うことで、表3.1で示される情報が得られることになります。ここで、質問 (1) にYesと答え、質問 (2) にNoと答えている個人を「独立起業の予定」とすることには特に異論はないでしょう（表3.2の右上の枠）。

しかし、「社内起業の予定」と分類する個人には、質問 (2) でYesと答えているのであれば、たとえ質問 (1) でNoと答えていたとしても、「社内起業の予定」として含めることにしています（表3.2の左下の枠）。これは、社内起業の場合は、

---

1) 　同調査のウェブページhttp://www.psed.isr.umich.edu/psed/home を参照。

**表3.2：社内起業と独立起業の違いをどう分類するか**

| | | 質問（2） | |
| --- | --- | --- | --- |
| | | Yes | No |
| 質問（1） | Yes | 社内起業を予定 | 独立起業を予定 |
| | No | 社内起業を予定 | 起業の予定なし |

社内事業の一環という性質から、起業という側面は独立起業よりも弱いと考えられることから、質問（1）に対してはNoと答えたとしても、質問（2）が続いて、「自分の雇用主のための事業」と明確に問われることで、Yesと答える可能性を考慮するからです。もちろん、両方の質問に対してYesと答えている場合は、「社内起業を予定」となります（表3.2の左上の枠）。

　なお、PSID IIでデータとして記録されている個人の属性としては、その個人が勤めている企業に関しての情報はありません。そこで、上述の共同研究（Adachi and Hisada 2017）では、2005年の人口調査（Current Population Survey; CPS）からの情報を組み合わせる**データ・フュージョン**（data fusion）の手法で対応しています。すなわち、PSED IIにおける個人の属性と似たような属性を持つCPSにおける個人を、確率的な振り分けで組み合わせる（マッチさせる）ことで、CPSにおいて記録されている企業の従業員規模を、PSED IIにおいて記録されている個人の情報と一緒に使おうとするのです。

　なお、個人がどの州に居住しているのかという情報については、PSED IIの一般公開用のバージョンでは秘匿とされています。しかし、以下で説明しますが、著者たちの研究においては、州ごとに、個人の破産の際に家屋等の差し押さえ免除の上限額（homestead exemption）が異なるというアメリカ特有の制度的状況を活用するために、個人がどの州に居住しているかという秘匿情報も用いたものとなっています。

　表3.3は例示として、幾つかの例を挙げています。まず、免除が全くないという州は、全米でデラウェア州とメリーランド州の二つで、個人の破産に厳しく対応する州です。また、逆に、上限がなく、個人の破産に対して寛大に対処する州

も複数あり、表3.3ではその例として、フロリダ州を載せています。なお、これらの上限額は、アメリカの建国・州の拡大という歴史的な経緯が影響する部分が大きく、また、上限額改訂の頻度や度合いについても、各州でバラバラであり、今、ここで注目している起業活動とは関係のない要因で、いわばランダムに決まっているものと考えられます。例えば、マサチューセッツ州は50万ドルと比較的高い設定ですが、ニューヨーク州はずっと低くて2万ドル、対してカリフォルニア州はそれよりも高くて7万5000ドルとなっています。

**表3.3：個人破産に際して、家屋等の差し押さえ免除額の上限**（2005年時点の一部の州の例示）

| 州名 | 上限額（ドル） |
|---|---|
| カリフォルニア | 75,000 |
| デラウェア | 0 |
| ワシントン特別区 | 36,900 |
| フロリダ | 無制限 |
| メリーランド | 0 |
| マサチューセッツ | 500,000 |
| ニューヨーク | 20,000 |

注：Adachi and Hisada（2017, pp.480-481）の表13に基づいて作成。

その他、データの欠損（ある項目についての情報に不備がある）といった理由で、データに含めない個人を除く作業を経て、最終的に以下の分析で使われるデータには、「起業の予定なし」は10,480人、「独立起業を予定」は322人、「社内起業を予定」を予定は311人と、計1万1,113人が含められています（念の為に書いておきますと、データにおける観測単位は個人です）。

まず、表3.4が示しているように、女性か男性かにかかわらず、「起業の予定なし」は9割以上と大多数を占めています。この表では、男女のそれぞれで、「起業の予定なし」、「独立起業の予定なし」、「社内起業の予定」に属する個人の割合を示しており、表3.1は、この表で示されている情報をベースにしていました。「起業の予定なし」は、女性と男性のそれぞれで9割以上を占めているものの、女性の値は96％と、男性の91％よりも高く、表3.1で見たジェンダー・ギャップ

**表3.4：データから見られるジェンダー・ギャップ**

|  | 女性 | 男性 |
|---|---|---|
| 起業の予定なし | 95.8% | 91.4% |
| 独立起業の予定 | 2.3% | 4.1% |
| 社内起業の予定 | 1.9% | 4.5% |

注：Adachi and Hisada (2017, p.454) の表2に基づいて作成。

をここでも確認できます。

　次に、表3.5は、家族属性についての男女比較です。まず女性の方が男性に比べて、既婚率は低いことが分かります。同様に、同居人数と家計所得についても、女性の方が低いという結果になっていますが、「11歳の以下の子どもがいる」については、統計的に有意な差は見られませんでした。

**表3.5：家庭内環境（家族属性に関するジェンダー・ギャップ）**

|  | 女性 | 男性 |
|---|---|---|
| 既婚 | 58.4%*** | 61.4% |
| 11歳以下の子どもがいる | 34.3% | 35.5% |
| 家計人数 | 2.96人*** | 3.06人 |

注：Adachi and Hisada (2017, p.455) の表3に基づいて作成。ここで "***" は、統計的に見て男性の数値と有意味に（「有意」と言います）異なっていることを示し、星の数を一つから三つまでで、その程度を表します（"*"、"**"、"***"はそれぞれ、「有意水準10%、5%、1%で異なる」とするのが慣習です）。本書の以下の部分でも同様ですが、明示的な比較対象がない場合は、有意に0と異なるかどうかを示しています（詳細は、統計学の教科書をご参照ください）。

　最後に表3.6は、労働属性についての男女比較です。まず、フルタイムで働く男性の比率は、88%となっており、女性の78%よりも高くなっていることが分かります。その裏返しとして、パートタイムで働く女性の比率は高くなっています。また、女性は、男性と比べて、100人以上、999人以下の規模の企業で働いている人の比率が高くなっていることも分かります。

　なお、表では示していませんが、学歴についてのジェンダー・ギャップですが、男性の37.3%が大卒（学士号保有）であるのに対し、女性のそれは42.9%となって

おり、統計的にも有意な差が認められます。これは、上述のシェーン氏が、起業
におけるジェンダー・ギャップは、「女性は男性よりも人的資本（マネジメントの
経験や教育）がない」からとする俗説に対して、「少なくともアメリカでは、高校
も大学も卒業している割合は、男性より女性のほうが高い」と指摘している内容
とも合致しているものです（シェーン 2011, p.175）。

**表3.6：家族外環境（労働属性に関するジェンダー・ギャップ）**

|  | 女性 | 男性 |
|---|---|---|
| 勤務形態 |  |  |
| フルタイム | 77.9%*** | 88.1% |
| パートタイム | 22.1%*** | 11.9% |
| 企業規模 |  |  |
| 99人以下 | 43.0% | 44.4% |
| 100人以上、999人以下 | 19.7%*** | 17.3% |
| 1000人以上 | 37.3% | 38.3% |

注：Adachi and Hisada（2017, p.455）の表3に基づいて作成。

　ちなみに、日本の状況ですが、OECDの『図表でみる教育2019年版』[2]によれ
ば、短大も含めた高等教育修了率は、2018年時点の25～34歳人口においては、
男性58%、女性64%と女性が6パーセントポイント上回っていますが、同じ
OECDの『図表でみる教育2018年版』[3]で指摘されているように、高等教育修了
率では女性が男性を上回るものの、男性に比べて、短期高等教育課程（短期大学）
に入学する傾向が高く、初回入学の女性の43%が短期過程を選んでいることが
指摘されています（男性のそれは28%）。OECDの発表では、このジェンダー・
ギャップの考えられる原因として、専攻分野の選択が関係する可能性に言及され

---

[2]　日本語での概要はhttps://www.oecd.org/education/education-at-a-glance/EAG20
19_CN_JPN-Japanese.pdfw を参照してください。
[3]　日本語の要約はhttps://www.oecd.emb-japan.go.jp/files/000398872.pdf で読むこと
ができます。

ていますが、この問題については、科学史研究者の隠岐さや香氏によっても指摘がなされています（隠岐 2018, 第4章）。

## 3.3 ｜ 起業のモデルを考える

　それでは、以上のようなデータの背後に潜む人間行動を暴き、起業におけるジェンダー・ギャップを考えるために、経済モデルを導入します。ここでは、第2章で見たような、意思決定主体の最適化を想定します。具体的には、図3.1で示されているような意思決定プロセスによって、個人は、「通常業務の継続（起業の予定なし）」、「社内起業」、「独立起業」のどれかを選んでいるものとします。その結果として、表3.1や表3.4で示されたような観察結果が生じるものとして、そのような結果がどのような要因と関係しているのかを探ろうとするのです。

**図3.1：個人 $i$ による行動選択のモデル**

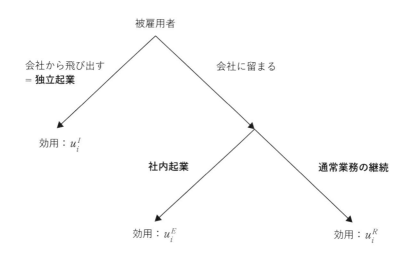

　この図3.1においては、まず、起業に勤める個人は、「独立起業の道を選ぶ」か、「会社に留まる」かを選びます。そして、もし「会社に留まる」のであれば、更に、「社内起業に従事する」か、「通常業務を継続する」かを選ぶものとします。

現実には、社内起業については、自分だけの決定ではないとも考えられますが、以下では、私たちが関心ある、ジェンダー・ギャップの問題に焦点を合わせるために、個々人の意思決定の問題に還元されるものと考えています。具体的には、この個人は、$u_i^I$、$u_i^F$、そして、$u_i^R$の大小を比較し、最も高い効用を与える選択肢を選んでいると考えるのです。なお、章末付録3.Aにおいて、モデルの詳細について説明しています。

このように、本章が前提とする行動選択のモデルにおいては、独立起業が組織外の活動であり、社内起業が組織内の活動であるという違いに注目しています。それに対して、経済学者のサイモン・パーカー（Simon Parker）氏による先行研究（Parker 2011）においては、独立起業・社内起業の双方を合わせた起業と、それ以外の行動（企業における通常業務や求職状態など）との違いは強調されますが、上述のような独立起業と社内起業との違いは考慮されていません（図3.2）。ここでパーカー氏は、家庭内環境の違いは、起業するかしないかの選択には関わるものの、一旦、起業することにしたら、それが独立起業なのか社内起業なのかの選択には、家庭内環境の違いは影響しないものと想定しています。

しかしながら、このような想定においては、家庭内環境が、独立起業と社内起業の選択の違いにどのような影響をもたらすかについては、分析することができません。ただし、図3.1で示されている行動選択のモデルにおいて念頭に置かれ

**図3.2：Parker（2011）が想定する行動選択のモデル**

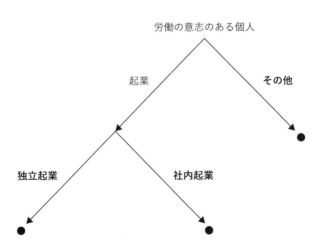

る対象は、企業で働いている被雇用者となってしまい、パーカー氏の分析のように、被雇用者以外の、失業者等を含んだ労働者一般ではないことに注意してください。

このように、図3.1と図3.2で示しているフレームワークには、それぞれに特徴があり、従って、両者は補完的な視点であると言えるでしょう。

なお、以上の議論は、「企業はどのようにして生まれるか？」という興味深い論点とも関わってきます。例えば、経済学者のダニエル・スパルバー（Daniel Spulber）氏は、「起業家とは、消費者の中で、企業を創業した者のことを指す」という定義を与えており、これは、一般の人々のみならず、多くの経済学者に持たれているイメージでしょう（Spulber 2009, p.153）。そのような定義の背後に置いては、図3.3左のように、起業と企業が一体のものと捉えられています。すなわち、現実認識として、起業家になることが即、企業を作ることと捉えられているということになります。これは、図3.2の行動様式と類似しています。

他方、シェーン氏が著書（シェーン 2011）で示している見方においては、図3.3右のように、起業家になることとは、継続的で自律的な主体を「作り出す」というよりは、独立したプロジェクトを行うような主体に「なる」ことと捉えられていると考えられるでしょう。そして、そのようなプロジェクトの中から少数が、

### 図3.3：いかにして企業（firm）が生まれるか

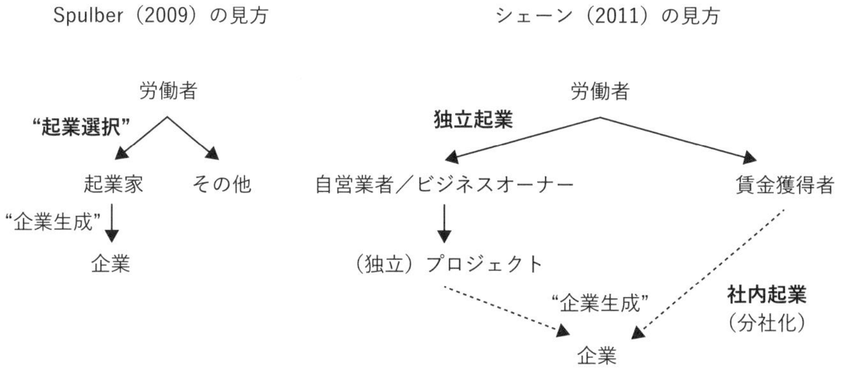

ジョーン・ロビンソン

継続的で、それ自体（起業家自身を離れても）自律的な主体となるような「企業」になると捉えることができるでしょう。そのように企業を捉えると、企業には社内起業を基軸とする分社化（spin-off）によっても生じることを含めることができます。

　実際、イギリスの経済学者ジョーン・ロビンソン（Joan Robinson, 1903-1983）は1953年の時点で、

　現代においては、新しい産業は、小規模の新企業というよりも、既存の産業において独占的・寡占的な位置を占める大企業によって始められることも多い（Robinson 1953, p.584, 引用者訳）

という見方を示しています。ここでは、スパルバー氏の見方とは違って、**起業行為**（entrepreneurial choice）と**企業生成**（firm formation）とは異なるものであると考えられています。

## 3.4 ｜ 分析結果：パートタイム労働がカギ

　パーカー氏とは異なり、私たちは、独立起業か社内起業なのかという選択に関して、個人の家族属性が持ち得る役割が考慮されるようなフレームワークを考えてきました。女性は子どもがいることによって、（そもそも男性と比べれば子どもの有無を問わず低いと予想はされるものの）独立起業に携わる確率を上げる方向に作用し、社内起業に携わる確率については下げる方向に作用するという仮説を考えることができます。これは、全体的に見れば、独立起業は、比較的時間の融通が利くと考えられるのに対し、社内起業は、時間の縛りがかかるコミットメント（責任的関与）が比較的要請されると考えられるからです。

　しかしながら、幾つかの角度から実証分析を行った結果、以下で説明するように、子どもの有無や婚姻状態、そして家族の人数といった家族属性自体は、独立

起業及び社内起業のいずれにおいてもジェンダー・ギャップを説明する強い要因とはなっていないことが判明しました。その検討作業を進めていく過程において、より重要な役割を果たしているのは、むしろ、個人の労働実態に関わる属性の方であることが見出されたのです。

　より具体的に言えば、パートタイム労働に関わるジェンダー・ギャップです。表3.6で見たように、女性がパートタイムで働く比率は、男性よりも高いですが、このパートタイムにおけるジェンダー・ギャップが、独立起業と社内起業に対して逆の効果を持っていることが発見されました。すなわち、女性がパートタイムに従事することは、独立起業におけるジェンダー・ギャップを縮める方向に働く一方、社内起業におけるジェンダー・ギャップを広げる方向に働くことが見いだされたのです。なお、ここで用いられている分析手法である「キタガワ＝オアハカ＝ブラインダー分解 (Kitagawa-Oaxaca-Blinder Decomposition)」については、章末付録3.Bで解説しています。

　図3.4は、ここで考えている分析を模式的に示したものです。そして、具体的な分析結果を表しているものが表3.7となります。まず、独立起業については、データを用いた推定から予測される男性平均の確率3.6％と女性平均の確率2.2％のギャップは1.4％ポイントですが（なお、表3.7で、実際に観察されたデータをそのまま用いた場合の男性平均の確率は4.1％、女性のそれは2.3％ですが、ここでは予測値に基づいて議論されます）、これは、属性要因としては－0.2％ポイントに、非属性要因としては1.6％ポイントに分解されます（図3.5）。

**図3.4：モデルとデータを用いて、ジェンダー・ギャップを要因分解**

男性の起業確率 － 女性の起業確率
起業に関するジェンダー・ギャップ

＝　男女の属性の平均差から説明される部分
属性要因（特に、家族属性と労働属性に着目）

＋　非属性要因

## 表3.7：ジェンダー・ギャップの要因分解の結果

|  | 独立起業 | 社内起業 |
|---|---|---|
| 男性平均 (%) | 3.56 | 3.41 |
| 女性平均 (%) | 2.16 | 0.94 |
| ジェンダー・ギャップ | 1.40 | 2.46 |
| (%ポイント) | | |
| 属性要因 (%ポイント) | − 0.15 | 0.14 |
| 非属性要因 (%ポイント) | 1.55 | 2.33 |
|  | | |
| 属性要因の内訳 (%) | | |
| 1. 家族属性 | 1.00 | − 0.11 |
| 既婚か否か | (− 1.82) | (− 0.40) |
| 11歳以下の子どもがいるか否か | (0.83) | (0.26) |
| 家計人数 | (1.99) | (0.03) |
| 2. 労働属性 | − 3.49 | 4.52 |
| パートタイムか否か | **(− 4.03)** | **(4.45)** |
| 企業規模が99人以下 | (0.51) | (0.07) |
| 企業規模が1000人以上 | (0.03) | (0.00) |
| 3. 年齢 | 2.25 | 1.55 |
| 4. 教育水準 | 0.89 | 0.02 |
| 5. その他の変数 | − 11.48 | − 0.33 |
| 1から5の総計 | − 10.83 | 5.65 |

注：Adachi and Hisada (2017, pp.477-478) の表11に基づいて作成。

　この属性要因は、ジェンダー・ギャップの1.4%ポイントのうち10.8%だけネガティブに、つまり、ジェンダー・ギャップを狭める方向に寄与していることを意味しています。更にこの−10.8%の内訳においては、家族属性の部分は1.0%ポイントであるのに対し、雇用属性の部分は−3.5%ポイントと、絶対値として後者の方が大きくなっています。

**図3.5：独立起業におけるジェンダー・ギャップの要因分解**

$$\underbrace{男性の起業確率－女性の起業確率}_{起業に関するジェンダー・ギャップ} \qquad 1.4\%$$

$$= \underbrace{男女の属性の平均差から説明される部分}_{属性要因（特に、家族属性と労働属性に着目）} \qquad -0.2\%$$

$$+ \quad 非属性要因 \qquad\qquad\qquad 1.6\%$$

　次に、社内起業について見てみると、図3.6が示すように、予測される平均選択確率の男女差からであるジェンダー・ギャップは、属性要因の0.1%ポイントと、非属性要因の2.3%ポイントに分解されてます。この属性要因の部分は、ジェンダー・ギャップの2.5%ポイントのうち5.7%だけをポジティブに、つまり、ジェンダー・ギャップを広げる方向に寄与していることを意味しています。

**図3.6：社内起業におけるジェンダー・ギャップの要因分解**

$$\underbrace{男性の起業確率－女性の起業確率}_{社内起業に関するジェンダー差} \qquad 2.5\%$$

$$= \underbrace{男女の属性の平均差から説明される部分}_{特に、家族属性と労働属性に着目} \qquad 0.1\%$$

$$+ \quad 非属性要因 \qquad\qquad\qquad 2.3\%$$

注：四捨五入による丸め誤差のために、0.1 ＋ 2.3 ＝ 2.4 ≠ 2.5になっている。

## 3.5 ｜ パートタイム労働をどう位置付けるのか？

　以上から、まず、データで観測される属性部分で説明できる部分はそれほど大きくないことが分かりますが、それを念頭に置くと、子どもの有無などの家族属性は、独立起業及び社内起業のいずれにおいてもジェンダー差を説明する強い要

因ではない一方、雇用属性の方がより関係していることが分かります。

　より具体的に見ますと、女性がパートタイムで働く比率は男性よりも高いという、「男性－女性」という差で見ると負に表れるという、パートタイムの部分でのジェンダー・ギャップは、独立起業と社内起業とで逆の関係があります（表3.7の太線部分）。すなわち、

　　(1) パートタイムにおける「女性の％＞男性の％」と、独立起業における「男性の％＞女性の％」は負の相関がある一方、

　　(2) パートタイムにおける「女性の％＞男性の％」と、社内起業における「男性の％＞女性の％」は、正の相関がある

が分かりました。

　これらのことは、パートタイムにおけるジェンダー・ギャップが縮小することは、

　　(1′) 一方では、独立起業におけるジェンダー・ギャップは**拡大**するが、

　　(2′) 他方では、社内起業におけるジェンダー・ギャップを**縮小**する

ことを意味しています。すなわち、パートタイムにおける男女の差が縮まることは、組織内における男女の差が減ることと関係ある一方で、組織外における独立起業における男女の差が大きくなることと関係しているのです。

　これは、もし、男女が全体として同じような割合でパートタイムに従事したとしても、**男性にとっては、女性に比べて、パートタイムであることが独立起業の選択を大きく後押しする**ことを意味しています。本章で度々登場したシェーン氏による著書（シェーン 2011）の第3章では、「パートタイムで働いているほど起業する傾向が見られる」ことが指摘されていますが、以上の結果が示すことは、ジェンダー・ギャップに焦点を当てれば、ジェンダー間でパートタイムに従事することの意味合いは異なり、男性にとっては、（一時的な）充電期間・準備期間と考えられるのに対し、女性にとっては、その要素が小さいと考えられると言えるということになります。

　従って、社内起業におけるジェンダー・ギャップの是正の際には、女性に対してフルタイムの従業を促すことが重要である一方、独立起業におけるジェンダー・ギャップの是正に対しては、パートタイムの活用によって所得を確保しながらも独立起業への準備に費やすことできるという環境が、ジェンダーにかかわらず確保されるように整備されることが望まれるということになります。ここで

求められているスタンスは、本章の冒頭で引用した加藤周一（既にショートブレイクで登場）による1985年というかなり早い段階での指摘を踏まえれば、「ジェンダー・ギャップの解消は男女双方にとっての解放に他ならない」というものになるでしょう[4]。

　なお、本章での内容は、データが比較的入手しやすいアメリカ合衆国を対象としているために、我が国を始めとして他国にその知見を適用することには留保が伴うことには注意が必要です。とりわけ、個人の家族属性は、独立起業・社内起業のジェンダー差を強く説明しないという本研究の結果は、社会的に保育環境が比較的整備されていると考えられるアメリカ合衆国の状況に依存しているとも考えられ、我が国を対象として同様の分析を行った場合は、家族属性が重要との分析結果が得られる可能性は少なくないかもしれません。

　例えば、自営業を選択している女性に関して、子どもの有無と獲得所得の関係について指摘する研究があります（Okamuro and Ikeuchi 2017）。また、我が国の労働環境の文脈では、正規雇用・非正規雇用の区別が関係するとも考えられるでしょう。これらに関連して、経済学者の神林龍氏は、

> 自営就業との関連で男女間の就業行動のちがいを考える上では、**副業的な就業**をどのように位置づけるかが重要である（神林 2018, p.325、強調は引用者）

との見方を示しており、本章で提示された分析の内容は、日本の文脈、とりわけ、情報通信革命（第1・5章参照）を前提として、2020年初頭から本書脱稿時点の2021年8月現在においても継続中である新型コロナウィルス感染症対策下、そしてそれ以降にも想定される働き方の変革への動きを念頭に置いても、一定の含意を有しているものと考えられます[5]。

**まとめ：**独立起業を選ぶかどうかに当たって、パートタイムで働いていることの意味合いは、男女によって異なっている。

---

　4)　経済学者の大湾秀雄氏は、「働き方改革のターゲットは、女性ではなく、実は男性です」（大湾 2017, p.117）として、主に人事担当者や経営層に対し、人事データを活用して、社内のジェンダー・ギャップをデータ分析によって把握することで、問題解決を図ることを提唱しています（大湾 2017, 第3・4章）。

# 3.6 ｜ 社会における交渉的側面

　さて、以上の分析結果では、家族属性については、起業におけるジェンダー・ギャップとの関係は強くないとされましたが、これは、そもそもデータが、家庭内の詳細な状況を十分に捉えていないからという可能性も無視はできません。しかしながら、データが十分になくても、人間の行動や社会的帰結について何らかの分析を行いたい際に有益となるのが、前章で説明した経済モデルです。例えば、家庭における夫婦間の取り決めは、続く第4章で説明する「ナッシュ交渉」の考えに沿って考えることが可能です。

　以下、本書では、そのような「**交渉モデル**（bargaining model）」の応用の広さを見ていただくために、

　（1）プラットフォームの運営事業者と出店事業者との関係（第5章）

　（2）自民党を主体とする政権下における内閣の組閣（第6・7章）

という一見、全く関係のない二つのテーマが、実は「交渉モデル」という共通の切り口から把握されることを見ていきたいと思います。

---

　5）　経済学者の川上淳之氏は、趣味に近い非金銭的動機に基づくものから、ワーキング・プアが必要に迫られて従事する金銭的動機によるものまで、副業（side business）の多様性を指摘し、後者のワーキング・プアへの支援の代替策として「自助」としての副業が強調されることは「決して望ましいとはいえない」（川上 2021, p.296）と注意を促した上で、副業が本業に対して正のフィードバックを持つことや、副業を持つことによって主観的幸福度が向上するといった側面があることを指摘しています。

### 章末付録 **3.A モデルの詳細**

　図3.1における個人$i$が独立起業から得る効用$u_i^I$と、社内起業から得る効用$u_i^E$は、具体的にはそれぞれ、

$$u_i^I = \alpha_0 + \alpha_1 \cdot \text{female}_i + \mathbf{x}_i^{\text{T}} \boldsymbol{\alpha} + \varepsilon_i^I$$
$$u_i^E = \beta_0 + \beta_1 \cdot \text{female}_i + \mathbf{z}_i^{\text{T}} \boldsymbol{\beta} + \varepsilon_i^E$$

という式で与えられます。以下で、この意味を説明しましょう。なお、$u_i^I$、$u_i^E$、そして$u_i^R$という三つの選択肢の比較問題は、それぞれの値の絶対的な大きさそのものよりも、お互いの大小が重要であることから、$u_i^R$をゼロと基準化して比較しあうという問題だと考えることにします。

　両方の式の右辺には、$\text{female}_i$という変数があります。「変数」という意味は、第1章で説明しましたが、ここでは、$i$はそれぞれの個人の（数字化された）「名前」であり、それぞれの名前に応じて、ジェンダーが決まっているという関係性になっています。より具体的には、個人$i$が女性である場合には1、男性である場合には0の値を取るものとすれば、これは、第1章で定義した「ダミー変数」となっていることが分かるでしょう（なお、この研究で用いたデータにおいては、個人は女性か男性かのいずれかに分かれて分類されています）。そして、$\alpha_1$は、女性であることが効用に対してどれほどの寄与があるかを示している係数です。この$\alpha_1$が正の値であれば、女性であること自体は、男性であることと比較すれば、独立起業を選択する場合の効用を高めるということになりますし、もし負であれば、その逆であることを意味しています。

　次に、$\mathbf{x}_i^{\text{T}}$と$\mathbf{z}_i^{\text{T}}$は、それ以外でデータにある、表3.5と表3.6でも説明したような変数をまとめた**ベクトル**（vector）で、右肩のTは、転置（transpose）を意味しています（T乗という意味ではありません）。例えば、ベクトル$\mathbf{x}_i$が、

$$\mathbf{x}_i = \begin{pmatrix} \text{既婚} \\ \text{同居人数} \\ \text{フルタイム} \end{pmatrix}$$

であるものとしましょう（このような形式を、**列ベクトル**（column vector）と言います）。このとき、その転置は、

$$\mathbf{x}_i^{\mathrm{T}} = (\text{既婚} \quad \text{同居人数} \quad \text{フルタイム})$$

となります（これは、**行ベクトル**（row vector）と呼ばれます）。これは、三つの変数を記録しているもので、個人 $i$ が、既婚で、家計人数が3、パートタイム労働者の場合は、実際の数値としては、

$$\mathbf{x}_i = \begin{pmatrix} 1 \\ 3 \\ 0 \end{pmatrix}$$

となっており、$\mathbf{x}_i^{\mathrm{T}} \boldsymbol{\alpha}$ は、

$$\mathbf{x}_i^{\mathrm{T}} \boldsymbol{\alpha} = (1 \quad 3 \quad 0) \begin{pmatrix} \alpha_1 \\ \alpha_2 \\ \alpha_3 \end{pmatrix}$$
$$= 1 \cdot \alpha_1 + 3 \cdot \alpha_2 + 0 \cdot \alpha_3$$
$$= \alpha_1 + 3\alpha_2$$

という値を取ります。このように、転置は、ベクトル同士の「掛け算」（高校数学の「内積」に対応）を行うための便法となっています[6]。なお、ベクトルは、ベクトルであることを明示的にするために、ここでのように、太文字で表記されることが少なからずあります。啓蒙書としての性格も持つ本書では、ベクトルは原則的に太文字を用いて表記していますが、研究書や論文では必ずしもそうとは限らず、文脈で判断することが求められます。

　そして最後に、$\varepsilon_i^I$ と $\varepsilon_i^F$ は、個人 $i$ には分かっているものの、分析者の視点からは見ることのできない、**観察不能要素**をまとめて変数と見なしている部分です。

　ここで技術的な点として、与えられたデータから、$(\alpha_0, \alpha_1, \boldsymbol{\alpha}, \beta_0, \beta_1, \boldsymbol{\beta})$ といったパラメータの推定値を一つの値として得るためには、$\mathbf{x}_i$ と $\mathbf{z}_i$ は変数の構成として異なったものとなっていなければなりません（こういったことは**識別**（identification）を考えると言われ、ここでの条件は**除外制約**（exclusion restriction）と呼ばれます）。この変数の構成の違いを考える際、本章冒頭で述べた、独立起業と社内起業の違いが考慮されることになります。

---

6）転置 $x_i'$ のように、右肩に "′" を付けて表されることも多くあります。

　ここでは、独立起業の方の効用に関わる$\mathbf{x}_i$は、$\mathbf{z}_i$として考慮されている諸要素に加えて、表3.3で説明した、州ごとに異なる個人破産時の差し押さえ免除額、そして、州ごとの家屋資産の中位点(メディアン)の情報を用いることにします。こういった金融面での環境の違いは、独立起業とは関係するものと考えられますが、社内起業にあまり関係しないものと考えられるからです。独立起業を選ぶ際には、資金の調達を自力でまかなったり、事業の失敗に対しては、責任を負ったりしなければなりません。他方、社内起業においては、事業の失敗は、将来の昇進にはマイナスといった要因はありますが、金銭的な負担を個人が負う程度は大きくないものと考えられます。

　この点に関し、アメリカの経済学者フランク・ナイト(Frank Knight, 1885-1972)が、独立起業に特徴的な点として、ある程度の予測ができるリスク(risk)とは異なり、事業の成功・失敗に関わる「本源的な不確実性(uncertainty)」が関わっている点を強調したことは良く知られています(Knight 1921)。

**章末付録** 3.B キタガワ＝オアハカ＝ブラインダー分解

　ここでは、キタガワ＝オアハカ＝ブラインダー分解の具体的な内容を説明しましょう[7]。上述したパラメータ（$\alpha_0, \alpha_1, \boldsymbol{\alpha}, \beta_0, \beta_1, \boldsymbol{\beta}$）が推定されたものとして、$\overline{\mathrm{Pr}}_m$ を男性（male）が独立起業を選択する平均的な予測確率を表すものとし、同様に、$\overline{\mathrm{Pr}}_f$ を女性（female）が独立起業を選択する平均的な予測確率を表しているものとします。そうしますと、$\overline{\mathrm{Pr}}_m - \overline{\mathrm{Pr}}_f$ は、独立起業の選択に関するジェンダー・ギャップを表していることになり、これは以下のように「属性要因によるギャップ」部分と「非属性要因によるギャップ」部分に分解されて表現できることが知られています（Fairlie 1999, 2005）。

$$\underbrace{\overline{\mathrm{Pr}}_m - \overline{\mathrm{Pr}}_f}_{\substack{\text{独立起業選択における}\\\text{ジェンダー・ギャップ}}} \ = \ \underbrace{\overline{\mathrm{Pr}}\left(\mathbf{x}_m^{\mathrm{T}} \hat{\boldsymbol{\alpha}}_f\right) - \overline{\mathrm{Pr}}\left(\mathbf{x}_f^{\mathrm{T}} \hat{\boldsymbol{\alpha}}_f\right)}_{\text{属性要因}} \ + \ \underbrace{\overline{\mathrm{Pr}}\left(\mathbf{x}_m^{\mathrm{T}} \hat{\boldsymbol{\alpha}}_m\right) - \overline{\mathrm{Pr}}\left(\mathbf{x}_m^{\mathrm{T}} \hat{\boldsymbol{\alpha}}_f\right)}_{\text{非属性要因}}$$

　ここで、右辺の第1項及び第4項の $\overline{\mathrm{Pr}}\left(\mathbf{x}_m^{\mathrm{T}} \hat{\boldsymbol{\alpha}}_f\right)$ は、男性から成る部分サンプルにおいて、各個人 $i$ の属性 $\mathbf{x}_i$ に掛けられるパラメータ部分が、男性から成る部分サンプルのみを使って推定された $\hat{\boldsymbol{\alpha}}_m$ ではなく、女性から成る部分サンプルのみで推定された $\hat{\boldsymbol{\alpha}}_f$ に置き換わった上での男性平均の独立起業選択確率を表しています（なお $\mathbf{x}_m$ は、特定の個人の属性を表すものではなく、男性（male）の属性をシンボル的に表記したもので、$\mathbf{x}_f$ も同様に、女性（female）の属性の表記です）。

　他方、右辺第2項の $\overline{\mathrm{Pr}}\left(\mathbf{x}_f^{\mathrm{T}} \hat{\boldsymbol{\alpha}}_f\right)$ は、女性サンプルにおける、女性平均の独立起業選択確率そのものを表しています。従って、$\overline{\mathrm{Pr}}\left(\mathbf{x}_m^{\mathrm{T}} \hat{\boldsymbol{\alpha}}_f\right) - \overline{\mathrm{Pr}}\left(\mathbf{x}_f^{\mathrm{T}} \hat{\boldsymbol{\alpha}}_f\right)$ は、パラメータ部分は $\hat{\boldsymbol{\alpha}}_f$ と共通として、属性部分が男性なのか女性なのかによって異なっているという意味で、属性要因によるギャップを表しているものとなります。

　逆に、右辺第3項と第4項の $\overline{\mathrm{Pr}}\left(\mathbf{x}_m^{\mathrm{T}} \hat{\boldsymbol{\alpha}}_m\right) - \overline{\mathrm{Pr}}\left(\mathbf{x}_m^{\mathrm{T}} \hat{\boldsymbol{\alpha}}_f\right)$ は、属性部分を $\mathbf{x}_m$ で共通にして、パラメータ部分が $\hat{\boldsymbol{\alpha}}_m$ と $\hat{\boldsymbol{\alpha}}_f$ のように男性か女性かで異なっているものですので、非属性要因によるギャップを表しているものとされます。

---

7）　この手法に関しては、山本（2015, pp.65-7）も（「ワハカ分解」として）基本的な解説を与えています。なお、Fortin, Lemieux, and Firpo（2011）は、このような要因分解分析（Decomposition Analysis）からの実証結果に対しては、第1章で説明した統計的因果推論のような因果関係の解釈を与えることはできないことを説明しています。

　同様にして、社内起業におけるジェンダー・ギャップに関しても、属性要因と非属性要因とに分解して考えることができます。

◆**モデルのパラメータ：**この経済モデルにおけるパラメータは章末付録3.Aで登場している（$\alpha_0, \alpha_1, \boldsymbol{\alpha}, \beta_0, \beta_1, \boldsymbol{\beta}$）ですが（ここでは、$\varepsilon_i^I$ と $\varepsilon_i^E$ という誤差項の確率分布に関するパラメータは除いて考えています）、それらの推定値を提示することよりも、キタガワ＝オアハカ＝ブラインダー分解の結果を提示することの方が、より興味深いために、その議論を紹介しています。実際のパラメータの推定値については、Adachi and Hisada（2017）の表4に提示されています。

## コーヒーブレイク：経済学界・舞台ウラ事情

　経済学を始め多くの科学は、人間や世界の事実に及ぶものです。ただし、事実に関する経験や観察にどこまで依拠するかは、科学ごとに、あるいは同じ科学においても、研究者ごとにバリエーションがあるでしょう。

　第1章で説明したように、経験や観察を用いない判断は、現代の経済学の二本柱の一つ、モデル分析（理論的分析）に対応しています。現実との関連性をそれほどは意識せず、経済モデルを組み立て、その面白さ、洞察の深さを以って、間接的にではあるが現実理解に迫ろうというやり方です。差し詰め、部屋の中で本を読む、イラストを描く、数学の問題を解くといったインドア系といったところでしょうか。

　他方、もう一つの柱がデータ分析（実証的分析）で、経験や観察、もう少し専門っぽく言えば、観測データや実験データを用いる手法です。こちらは現実との関わり方がもう少し直接的です。花や昆虫を採集する、景色をデッサンしに出掛ける、望遠鏡で天体を観察するといったアウトドア系と対応させられるでしょう。

　哲学者のウィリアム・ジェイムズ（米 William James, 1842-1910）は、著書『プラグマティズム』（1907年）において、各哲学者の気質が、「人々にそれぞれの哲学を択（えら）ばしめる」（岩波文庫版（2010年改版）p.43, 桝田啓三郎訳）と指摘していますが、経済学においても、各々の研究者は、それぞれの興味・関心そして気質に応じて、理論的分析、実証分析にどちらかに特化したり、あるいは、テーマに応じて両者を使い分けたり、はたまたあるいは、両者を組み合わせたりと多種多様な方法で経済の問題に迫っています。

### 査読制とは

　では、そうした経済学の研究成果はどのような方法で評価されているのでしょうか。「はじめに」でも少し触れましたが、現代においては**査読制（レフェリー制）**という方法で研究が評価されています。査読制とは、学術誌の編集者（通常は、関連分野の研究者）が、掲載を希望して投稿されてきた研究論文の原稿の審査を複数の専門家（レフェリー）に依頼し（編集者自身が審査することもありま

す）、掲載可否のアドバイスを求めるというものです。

審査のコメントは投稿者に返されることが多く、通常、投稿者に対してレフェリーの匿名が保持されますから、投稿者は、編集者からの掲載不可の通知とともに、レフェリーからの辛辣なコメントを見せつけられて、落胆してしまうことが少なくありません。

この過程は悲喜こもごもです。興味深いエピソードに事欠かず、例えば、経済学者のプレストン・マカフィー（Preston McAfee）氏が学術雑誌の編集を回顧して書いたエッセイでは、ノーベル経済学賞受賞者による投稿論文に対して、「この投稿者はまだ若いだろうからあまり厳しいことを言いたくないが、この論文には全く重要な点が含まれていない」と書いてきたレフェリーのエピソードが紹介されています（McAfee 2010, p.5）。

この逸話は、「たとえ過去にどのような評価を得ていたとしても、今、何を書いているのかに対しての評価は、それとは全く別物であるべき」という、学術における（理想主義的ながらも）反権威主義的な側面を、査読制が保証していることを示すものでしょう。

ただし、経済学者のジョージ・アカロフ（George Akerlof）氏が指摘するように、学術雑誌の編集者やレフェリーに良い印象を与えようとする結果として、(1) 論文の著者が、内容よりも技巧的な点（例えば、データ分析で言えば、第1章で説明した統計的因果推論における細かな論点に技巧を凝らそうとすることや、モデル分析で言えば、必要以上に数学的な優雅さを競おうとする点など）に力を入れようとする弊害、そして、(2) 編集者やレフェリーが論文の投稿者に対して、必要以上にそういった要求をしがちであるという弊害も否定できません（Akerlof 2020）。

特に北米の経済学業界においては、評判の高い学術雑誌への論文掲載が、若手助教が准教授になるための終身在職権（テニュア）獲得を左右し、のみならず、終身在職権を持っているシニアの研究者も、昇給、転職、研究費獲得といった動機から、このような「論文掲載ゲーム」を主戦場とする結果、アカロフ氏の指摘する二つの弊害が制度的に定着してしまっていると言えるでしょう。もちろん、日本もその例外ではありません。

更にこの結果として、科学哲学者のアレックス・ローゼンバーグ（Alex Rosenberg）氏も指摘しているように、研究者の関心が、「個人的な出世、評価、実質的見返り、社会的地位」に向かい、「公平無私な真理の探究とは一切関連

のないもの」になっているという側面が強化されていると言えるかもしれません (ローゼンバーグ 2011, p.343)。例えば、バイアスのかかった基準に基づく「学者の格付けリスト」なるものへリスト入りしよう、あるいはそこでのランクアップを狙おうとすること自体が、研究の動機付けを与えてしまうという**倒錯的な事態**がそれです (いかなる「客観的」基準も主観的バイアスから無謬ということはありえません)。まさに、学術における権威主義的側面です。

## 「研究者＝歌人」説

　しかしながら、この点に関して本書の著者は、実のところ、研究者の動機付け自体を詮索することは無意味であると考えています。その点を補強してくれる興味深いエピソードを紹介しましょう。

　近世文学史研究者の鈴木健一氏は、「『古今和歌集』を頂点とし、すぐれた作品を収録し権威ともなった二十一の勅撰和歌集が、和歌史に及ぼした影響はきわめて大きかった」とした上で、「勅撰和歌集に選ばれるほどのすぐれた歌をいかに詠むかということを目標に、歌人たちは日々研鑽を積み重ねてきた」と述べています (鈴木 2018, pp.215–216)。和歌集と言えば、幽玄優美の世界が想像されますが、実際の作者の創作動機は、極めて世俗的な部分も無視できなかったと言えるのでしょう。それにもかかわらず、後世の私たちには豊かな世界を残されているのです。所詮は人間のやっていることです。過去の歌人が属していた業界も、現代の研究者の属する業界も似たような構造を持っているのです (表CB.1)。

### 表CB.1：歌人と研究者の類似性

| 古代・中世の歌人の世界 | 現代の研究者界隈 |
| --- | --- |
| 歌を詠む | 論文を書く |
| 勅撰和歌集 | 評判の高い学術雑誌 |

　話を査読制に戻しますと、結局、ウィンストン・チャーチル (英 Winston Churchill, 1874–1965) の顰みに倣えば、「査読制は最悪の評価制度である。ただし、査読制以外の今まで試みられてきたあらゆる評価制度を除けば」というこ

とになるでしょうか。放送作家の永六輔 (1933-2016) が、「叱ってくれる人がいなくなったら、探してでも見つけなさい」と言っていますが (永 1994, p.20)、ともすれば、「センセイ、センセイ」と言われてしまいがちな研究者を叱ってくれるのは学術誌のレフェリーぐらいでしょう。

ヴァージニア・ウルフ

さて、このように厳しいチェックを経た研究成果とは言え、多くの人々に知られる研究はほんの一握りです。しかし研究者は、イギリスの小説家・批評家ヴァージニア・ウルフ (Virginia Woolf, 1882-1941) による小説『灯台へ』(1927年) に登場する画家、リリー・ブリスコウが覚悟しているように、たとえ、自分の絵が、「屋根ウラ部屋に掛けられる」だけに終わったとしても絵を描き続けなければならない、すなわち、自分の研究がたとえ誰からも顧みられなかろうとも研究し続けなければならないのです。

## 研究者の本分とは

「社会貢献」や「啓蒙」が研究者に期待される時代です。そうした中で自分の研究だけに没頭している研究者は得てして、「象牙の塔に引きこもっていて世の中の役に立っていない」などと批判されることも多いかもしれません。もちろん、アカロフ氏が警鐘を鳴らしているように、査読制のみを盲信することは慎むべきです。しかしながら、研究者同士の厳しい相互評価に揉まれることによって地道に学術に貢献し、それによって深められた己の見識をこそ、教育の現場に活かし、そして社会にも広く還元する。こういった態度を研究者の本懐とすべきなのです。本書自体も、そのような研究成果の幾ばくかを社会に広く還元しようとする試みにほかなりません。

最後は、ルネ・デカルト (仏 René Descartes, 1596-1650) の『方法序説』(1637年) における、次の言葉で締めくくることにしましょう。

自分の発見したことがどんなにささやかでも、すべてを忠実に公衆に伝え、すぐれた精神の持ち主がさらに先に進むように促すことだ。その際、各自

がその性向と能力に従い、必要な実験に協力し、知り得たすべてを公衆に
伝えるのである。先の者が到達した地点から後の者が始め、こうして多く
の人の生涯と業績を合わせて、われわれ全体で、**各人が別々になしうるよ
りもはるかに遠くまで進むことができる**ようにするのである（岩波文庫版
(1997年版) pp.83−84、谷川多佳子訳、強調は引用者）。

**II**

中級篇

　この中級編では、ミクロ経済学の中でも、より進んだ内容である交渉理論を取り上げます。通常、ゲーム理論の一つのテーマとして触れられる程度であまり深く扱われませんが、人間社会における駆け引きの側面を鋭く描写した理論と言えます。そして、交渉の問題は、経済に限定されるだけのものではなく、社会や政治の世界でも幅広く見られる現象とも言えるでしょう。その意味では、ミクロ経済学の応用可能性の広がりを感じさせる理論です。まず第4章では、交渉理論の基本を説明します。そして続く第5章では、具体的な分析対象として、プラットフォーム企業と取引業者との交渉についてのモデルを提示します。なおこれは、データを用いない理論分析になっています。最後に、日本の独禁法で言う「優越的地位の濫用」についての経済学的な解釈についても触れています。

# 第4章 交渉理論入門

> これより後、今われらが演じつつあるこの情景が、いかに多くの時代にわたって、いかに繰り返し演じ続けられることになろうか、いまだ生まれざる国々において、いまだ知られざる言葉によって。
> ウィリアム・シェイクスピア『ジュリアス・シーザー』3幕1場でのキャシアスの台詞（安西徹雄訳、光文社古典新訳文庫、2007年）

　以後、本書においては、社会における交渉的な側面について考えていきます。交渉とは、「主に、話し合いによって物事を取り決めること」です。小売業者と卸売・製造業者、あるいはフリーランサーと発注業者との取引などに関わる交渉は、日々の経済活動で生じているでしょう。本章の基本的解説に続く次章では、現代の経済活動においてますます重要性を高めているプラットフォームを念頭に置いて、プラットフォームの運営事業者と出店事業者との交渉について考えます。

　この他、マンションや車などの購入者と販売業者との価格交渉などは、一人ひとりの個人にとっては頻繁ではないものの、社会のあちこちで日々生じていますし、企業間の合併や提携の際の条件に関する交渉なども頻繁に生じる経済的問題です。そういった経済問題以外でも、身近なところでは前章で示唆したように家庭内から、そして大きくは国家間の外交に至るまで、話し合いによる問題解決は、社会のあらゆる場面で登場します[1]。　最終の第III部「上級篇」では、自民党の派閥同士が、組閣の際に、ある種の話し合いに擬せられる駆け引きを通じて、閣僚ポストの配分が決まる様相を「交渉」と捉えて、データとモデルを掛け合わせた分析を提示します。

　このように、政治の問題が登場するのは突飛なことではありません。交渉の問題は、社会における「分配」の問題、すなわち、社会的な成果をどう分け合うのか、誰がどれだけを得てどれだけを負担するのか、といったことに関わっており、より広い視野で捉えれば、こういった政治的問題は、社会において何がどれだけ

生まれるのかという経済的問題とも密接に関係していると考えられるからです。まさに、本書の「はじめに」冒頭のアウレリウス帝治世下のローマ帝国の頃から、いや、本章冒頭でのウィリアム・シェイクスピア（英 William Shakespeare, 1564-1613）を借りれば、それ以前の世界の各所で、人類の歴史と共に存在し続けて来た問題なのです[2]。

　本書の以下の部分では、交渉理論を軸としたトピックスが展開されますが、本章ではその導入として、ゲーム理論における二つの基本的フレームワークである非協力ゲーム理論と協力ゲーム理論の対比を、交渉理論との関係で整理しましょう。ただし、ゲーム理論自体に深入りすることは、本書の目的からは外れることになりますので、ゲーム理論を全体的に勉強したい読者は、入門的教科書として、ミクロ経済学との関係を意識した梶井厚志・松井彰彦『ミクロ経済学　戦略的アプローチ』（梶井・松井2000）、包括的な内容を持つ岡田章『ゲーム理論・入門』（岡田2017）、あるいは、**マッチング理論**（Matching Theory）など、より現代的なトピックスも扱っている栗野盛光『ゲーム理論とマッチング』（栗野 2019）を読むことをお薦めします。

## 4.1 ｜ 交渉理論とゲーム理論

　ゲーム理論においては、政治学や経済学の応用において頻繁に用いられる**非協**

---

1)　前章で言及した家庭内交渉に関しては、例えば、Ogasawara and Komura（2022）は、女性に対する男性の数が上昇した第二次世界大戦後の日本を対象に、夫婦が家庭内交渉を通じて、子どもを何人持とうとするのかを決めるという問題を分析しています。あるいは最近の国際関係論においては、**国家間の戦争**に関しても、「経済学、特にそのゲーム理論の影響を受け、交渉理論（バーゲニング・セオリー）という立場で説明することが増えている」（砂原・稗田・多胡 2015, p.172）という状況になっています。更なる詳細は、砂原・稗田・多胡（2015）の第10章「安全保障と平和」、浅古（2018）の第11章「戦争——なぜ戦争が起こるのか」、多胡（2020）の第2章「戦争の条件」や、岡田（2020）の第6章「紛争と平和——なぜ紛争はなくならないのだろうか」などを参照してください。

2)　やや牽強付会ですが、このように、経済問題に「政治的」要素を関わらせて考えようとするスタンスは、ミクロ経済学の価格理論に、権力や地位といった社会的関係を組み入れようと格闘した社会学者・経済学者の高田保馬（1883-1972）による「勢力説」の精神に沿ったものとも言えるでしょう（青山 1981; 林 1989 第10章参照）。

力ゲーム理論（non-cooperative game theory）と並列して、**協力ゲーム理論**（cooperative game theory）と呼ばれる枠組みもあることは、皆さんもご存知かもしれません。この対比的ネーミングは、「非協力的状況を分析するのが非協力ゲーム理論で、協力的状況を分析するのが協力ゲーム理論」と想起させがちですが、やや不正確なものでしょう。と言うのは、この二つの枠組みは、どのような状況を分析するかについての違いではなく、どのような視点から状況を分析しようとするかの違いを反映するものだからです。

　まず協力ゲーム理論は、各意思決定主体たる「プレーヤー（player）」が協力や交渉の場に同意して居合わせているものと見なし、ではそこでどのような分配が生じるのであろうかに関する予測について焦点を当てる点にその特徴があります（Osborne and Rubinstein 1994, pp. 255-6; グレーヴァ 2011, pp. 4-5）。

　他方、非協力ゲーム理論では、各プレーヤーはゲームの「ルール（rule）」に従い、己が「利得（payoff）」を最大化すべく行動する様相を明示的に記述することに力点が置かれます。プレーヤーと利得とが明確化されることは、協力ゲーム理論と共通ですが、非協力ゲームの特徴は、ゲームのルールを明確化することにあります。

　ここでルールの内容は主に2点あります。どのプレーヤーがどのタイミングで行動をするのかという時間構造（time structure; 時間が流れず全プレーヤーの行動が同時決定的に決められる場合も含む）、そして、誰が何を知っているのか、あるいは時間の流れともに誰が何を知っていくことになるのかといった「情報構造（information structure）」になります。

　そのことにより、現実の現象を見据え、これを抽象的に

（1）プレーヤー

（2）ルール（時間構造と情報構造）

（3）各プレーヤーの利得

という三つの構成要素からなるゲームとして記述し、各プレーヤーが一人残らず非協力的に己が利得を最大化している「落ち着き先」、すなわち、均衡（定式者の名前を付けて**ナッシュ均衡**（Nash Equilibrium）と呼ばれる）を分析する、というスタンスが、非協力ゲーム理論によって経済問題や広く社会問題を分析する際には貫かれることとなります。

　さて、ここで交渉問題に関してですが、アメリカの経済学者ジョン・マクミラ

ン（John McMillan, 1951-2007）は、交渉には礼儀作法や人間心理といった要素はあるものの、「交渉で何が起こるのかということは、ある程度まで科学的分析できる」として、利益の分配問題を対象とする交渉問題を科学的な分析対象にすることがゲーム理論によって可能になることを強調しています（マクミラン 1995, p.62）。

　現代の経済学においては、主に非協力ゲーム的アプローチが用いられますが、実のところ、交渉問題のゲーム理論的分析については、数学者のジョン・ナッシュ（米 John Nash, 1928-2015）の定式化（Nash 1950）を端緒とする、協力ゲーム理論的アプローチと共に、ゲーム理論研究者のアリエル・ルービンシュタイン（Ariel Rubinstein）氏による革新的研究（Rubinstein 1982）を嚆矢とする非協力ゲーム的アプローチが併存しており、両者の幸福な邂逅（かいこう）が見出されます[3]。

　以下ではまず、協力ゲーム理論による交渉問題の分析のエッセンスを解説しましょう。「交渉」といっても、そのプロセスはケース・バイ・ケースで、取り付く島もない対象のように見えるかもしれません。それを次節のように一般的なお膳立てで考える点にナッシュの慧眼があります。ちなみに、この概念を提示した論文（Nash 1950）は、上で述べたナッシュ均衡の概念を提示した論文（Nash 1951）と同一著者の手からなる別論文です。その後、4.3節において非協力ゲーム理論による考え方を見ることにします。

## 4.2 ｜ 交渉のモデル化(1)：ナッシュ交渉解

　2人のプレーヤー1と2が、1億円を分け合うという交渉をしている仮想的状況を考えます。これらの2人でどのような具体的な交渉が展開されるのか、その詳細は置いておき、最終的にどのような分配の結果が生じるのかを考えるのが**ナッシュ交渉解**（Nash Bargaining Solution）と呼ばれる概念です。まずプレーヤー1とプレーヤー2が合意によって最終的に得られる配分をそれぞれ$v_1$, $v_2$と書きます。ここでは、$v_1$と$v_2$を金額（単位は億円）とし、各プレーヤーは金額そのものから効

---

[3]　交渉問題における協力ゲーム的アプローチと非協力ゲーム的の関係性は、Binmore, Rubinstein, and Wolinsky（1986）によって初めて明らかにされました。

用を得ているものとします。まず、$v_1 + v_2 \leq 1$が成立していなければなりません。ここで、もし、両者の交渉が合意に至らなかった場合は、それぞれのプレーヤーは、交渉から得られるのとは別の何らかの代替的機会から利益を得ることは可能とします。この代替的機会を**外部オプション**（outside option）と呼び、プレーヤー1とプレーヤー2がそこから得ることのできる利得は$\underline{v}_1, \underline{v}_2$であるとします。これらを決裂利得と呼びます。

このような設定のもと、協力ゲーム理論における「ナッシュ交渉解」は、

$$v_1^* = 0.5 + \frac{\underline{v}_1 - \underline{v}_2}{2}$$

$$v_2^* = 0.5 + \frac{\underline{v}_2 - \underline{v}_1}{2}$$

という分配を予測します。これを図示したものが図4.1となります[4]。

**図4.1：ナッシュ交渉解**

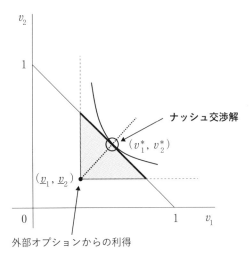

---

[4]　この図4.1では、$v_1$と$v_2$の取りうる範囲はそれぞれ、$0 \leq v_1 \leq 1$, $0 \leq v_2 \leq 1$ですが、実際は、それぞれのプレーヤーの合意の下での利得は、決裂利得より低いことが強制されない、すなわち、$v_1 \geq \underline{v}_1$, $v_2 \geq \underline{v}_2$であるので、二つの点線と太線部分に囲まれた三角形の境界及び内部が、$(v_1, v_2)$が存在する範囲であり、ナッシュ交渉解は、$(v_1^*, v_2^*)$と予測されるということになります。

---

### テクニカル・ノート：ナッシュ交渉解の導出について

交渉合意の配分 $(v_1, v_2)$ がもっともらしい幾つかの基準（「公理（axiom）」と呼ばれる）を満たしていることと、$(v_1, v_2)$ が次の**条件付き最適化問題**（constrained optimization problem）

$$\max_{(v1, v2)} (v_1 - \underline{v}_1)(v_2 - \underline{v}_2)$$

$$\text{subject to } v_1 \geq \underline{v}_1,\ v_2 \geq \underline{v}_2,\ v_1 + v_2 \leq 1$$

の解であることとは同値であることが知られており[5]、これが上で求めた「ナッシュ均衡解」の $(v_1^*, v_2^*)$ です[6]。

プレーヤー1にとって、交渉が成立しなかった場合と比較して、交渉が成立したことから生じる純便益は $v_1 - \underline{v}_1$ で、プレーヤー2にとっても同様に、$v_2 - \underline{v}_2$ となりますので、上の条件付き最適化問題では、2人のプレーヤーの純利益の積が最大化されるように、利益の $v_1$ と $v_2$ が決められる、ただし、総計が1を上回らないように、$v_1 + v_2 \leq 1$ という制約を満たしながら、ということを意味しています。

---

上の式 (4.1) で、プレーヤー1の外部オプション利得 $\underline{v}_1$ が $\underline{v}_2$ より大きければ、プレーヤー1の利得 $v_1^*$ は大きく、同様に、プレーヤー2の外部オプション利得 $\underline{v}_2, \underline{v}_1$ より大きければ、プレーヤー2の利得 $v_2^*$ は大きくなります。このようにして、**交渉力**（bargaining power）の源泉は、外部オプションに求められることが分かります。

---

[5] 例えば、赤羽根（2002）の第2章やMcCarty and Meirowitz（2008）の第10章などを参照してください。

[6] なお、一般的に、

$$\max_x f(x)$$

$$\text{subject to } g(x) \geq 0$$

と書いて、「$g(x) \geq 0$ という制約のもと（subject to）、関数 $f(x)$ を $x$ に関して最大化（max）する」ことを意味するので、ここでもそれに従っています。

　以上のようなモデル化によって、それなしでは把握することが困難な「交渉力」という概念が明確に意味付けられます。もしこのようなモデルを考えるのでなければ、「交渉力の強い立場にいたのでうまく交渉できた」（マクミラン 1995, p.63）という循環論的説明で満足せざるをえないかもしれません。対してマクミランは、ここでの説明と同様に、「代替的機会が交渉力の源泉である」（p.67）と明確に答えています。言い換えれば、もし仮に交渉が決裂した場合に、自分が得られる代替的選択肢の価値が高ければ高いほど、あるいは、相手のとっての代替的選択肢の価値が低ければ低いほど、自らにとってより望ましい結果が交渉から得られるのです。

　この予測は、プレーヤー$i=1, 2$の利得$v_i^*$が平等配分である0.5よりも大きいか小さいかは、交渉決裂時に自分が得られる外部オプション利得$\underline{v}_i$が相手のそれ$\underline{v}_j, j \neq i$、よりも大きいかによってのみで決定されることを意味しています。また、$v_i^*$の水準自体は、（$\underline{v}_j, j \neq i$の値は固定して）$\underline{v}_1$が$\Delta \underline{v}_1$だけ増加すれば、$v_i^*$の増加分$\Delta v_i^*$は$\Delta \underline{v}_1／2$というように、比例的に（ただし1より小さい0.5掛けで）増加することも分かります。

　以上から、自らの代替的な選択肢（外部オプション）の価値が増すにつれて、交渉からの利益は大きくなりますので、そのような代替的な選択肢を改善するような投資的活動は利益に結びつくことも分かります。また、交渉力は、交渉相手の代替的な選択肢の価値に反比例しますので、交渉相手の代替的な選択肢は何なのかを知ろうとすることは重要であることも分かります。なお、本書で扱うモデルの範疇では、交渉は決裂せずに、必ず合意がなされているという結果が帰結されることになっています[7]。

　しかしながら、両プレーヤーの決裂利得が等しい、すなわち、$\underline{v}_1 = \underline{v}_2$であるときには、交渉合意時の利得も$v_1^* = v_2^* = 0.5$と平等配分になる結果になっています。例えば、交渉決裂時には双方ともゼロ円しかもらえない、すなわち、$\underline{v}_1 = \underline{v}_2 = 0$のときがそうです。しかしたとえ交渉決裂時には双方がゼロ円しかもらえないという両者対称の状況であっても、どちらかがどちらかよりもより多く

---

　7）　非協力ゲーム理論の枠組みにおいて、ゲームのルールにおける時間構造や情報構造を工夫して構成することによって、「決裂」が均衡において生じるような定式化がMcCarty and Meirowitz (2008) の第10章で紹介されています。

を得ていることを想像するのは突飛と言うよりもむしろ自然であり、交渉の巧みさの違いなどの要因が挙げられます（Muthoo 1999, p.35）。すなわち、上記の枠組みでは、決裂利得のペア $(\underline{v}_1, \underline{v}_2)$ だけに因果関係における原因部分の多くを負わせ過ぎなのです。

この問題に対処するための考え方として、**一般化された交渉問題**（generalized bargaining problem）の定式化があり、その解は、

$$v_1^* = \lambda + (1-\lambda)\, \underline{v}_1 - \lambda\, \underline{v}_2$$
$$v_2^* = 1 - \lambda + \lambda\, \underline{v}_2 - (1-\lambda)\, \underline{v}_1$$

として与えられます。ここで、$\lambda$ は（プレーヤー1の）**交渉ウェイト**（bargaining weight）と呼ばれるものであり（ただし、$0 \leq \lambda \leq 1$）、プレーヤー1がプレーヤー2と比較して、どれだけ交渉を有利に進める能力を持ち合わせているかに関する相対的な能力を示していると解釈されます。$\lambda = 1 / 2$のとき、すなわち、プレーヤー1とプレーヤー2の交渉力に違いがない場合は、式 (4.1) における $(v_1^*, v_2^*)$ と一致することが分かります。なお、章末付録4.Aでは、発展的な話題を取り上げていますので、ご関心のある読者はご覧ください。

---

### テクニカル・ノート：一般化された交渉問題における 解の導出について

上のテクニカル・ノートでの説明と同様に、一般化された交渉問題の解は、

$$\max_{(v_1, v_2)} (v_1 - \underline{v}_1)^{\lambda} (v_2 - \underline{v}_2)^{1-\lambda}$$
$$\text{subject to } v_1 \geq \underline{v}_1,\ v_2 \geq \underline{v}_2,\ v_1 + v_2 \leq 1$$

という条件付き最適化問題を解くことによって求めることができます。

---

ここで、今までの議論を、第1章で述べた因果関係の図式に当てはめると、図4.2のようになっています。

**図4.2：協力ゲーム理論的交渉モデルにおける因果関係**

　なお、前章の終わりで示唆した家庭内交渉においては、「決裂」とは離婚や関係解消に対応し、そのような場合でも、失うものが少ない、すなわち、決裂利得が高い方の個人が、家庭内における獲得利得を高めることができるという意味合いになります。また、心理戦とも言える話し合い能力を交渉ウェイトと関係させられるようにすることも、この枠組みで可能となります。

　そのようにして、夫婦は決裂（離婚）を回避しながら、交渉を行っているものだと想定するのがここでの考えですが、実際に決裂も生じるような可能性を含めて考えたい場合には、先の注7で挙げた文献、あるいは、その前の注1で触れている交渉理論の国家間戦争への適用例が参考になります。

## 4.3 ｜ 交渉のモデル化(2)：ルービンシュタインの定式化

　さて、ルービンシュタイン氏は、前節の交渉ゲームを、「配分ペアの一方のプレーヤーからの提示の後、他方のプレーヤーによる受諾か拒絶かの選択が行なわれ、もし受諾の場合は提示された配分ペアで決まるが、もし拒絶がなされた場合は、役割を変えて、今度は拒絶したプレーヤーが配分ペアを提案し…」というルールを持つ非協力ゲームとして捉えました (Rubinstein 1982)。

　そして、このような時間を流れるゲームにおいて複数生じる不自然なナッシュ均衡を排除する概念である**部分ゲーム完全均衡** (subgame perfect equilibrium) を適用して予測される (唯一の) 配分ペアは、上記のナッシュ交渉解において、決裂利得を $\underline{v}_1 = \underline{v}_2 = 0$ と基準化し、交渉ウェイトを以下で説明する「忍耐強さ」

として解釈されたものと一致することを示したのです[8]。なお、この部分ゲーム完全均衡においては、交渉は最初の提案が受諾されることになります[9]。

より具体的には、プレーヤー1、プレーヤー2の**時間割引ファクター**（time discount factor）をそれぞれ $\delta_1$, $\delta_2$ とします（ただし、$0 \leq \delta_1 < 1$, $0 \leq \delta_2 < 1$）。これは、プレーヤー$i$は交渉ラウンドにおける次期の1円を、現時点では、$\delta_i \cdot 1 = \delta_i < 1$円と割り引いて評価すると考えることを意味します。すると、プレーヤー1が最初の提案を行なうというルールのとき、配分ペアは、

$$v_1^* = \frac{1 - \delta_2}{1 - \delta_1 \delta_2}$$

$$v_2^* = \frac{\delta_2 (1 - \delta_1)}{1 - \delta_1 \delta_2}$$

と求められることが知られています[10]。

この合意の背後にある直感的メカニズムは、プレーヤー1がプレーヤー2に対して提案している

$$\frac{\delta_2 (1 - \delta_1)}{1 - \delta_1 \delta_2}$$

という額は、プレーヤー2がそれを断って次期の交渉ステージに移動したとしたときに得られる（割り引いて評価された）最大額そのものであり、プレーヤー1は、プレーヤー2が断りきれないギリギリの水準にまで提示してくるというものになっています。

このことから、たとえ両プレーヤーの（$\delta_i$の大きさで表現される）「忍耐強さ」が同じであっても、プレーヤー1は**先手の利益**（first-mover advantage）を得ているのではないかと直感されます。

---

8) 「部分ゲーム完全均衡」の入門的解説は、本章冒頭で紹介した梶井・松井（2000）、岡田（2017）、栗野（2019）など、入門的教科書をご参照ください。ただし本書においては、その正確な定義を知らなくても差し支えないような記述としています。

9) Rubinstein（1982）の設定においては、提示を受けたプレーヤーが提示を拒絶した場合は、次に自分自身が提案者になって提示を行なうという状況が、拒絶が続く限り、永久に終わらないという「ルール」になっており、Nash（1950）の設定のような明示的な拒絶点は組み込まれていません。

10) 導出の詳細に関しては、岡崎（1999）の第7章、岡田（2021）の第8章、あるいはMcCarty and Meirowitz（2008）の第10章などを参照してください。

そこで、両プレーヤーの時間割引ファクターを $\delta_1 = \delta_2$ のように同じ値であるものとして、それを新しく $\delta$ として表すと、

$$v_1^* = \frac{1}{1+\delta}$$

$$v_2^* = \frac{\delta}{1+\delta}$$

(4.2)

となり、確かに $v_1^* > v_2^*$ であることが分かります[11]。

このようにして、マクミランが述べるように、「忍耐力は美徳であるばかりでなく、合意から多くを搾り取る力でもある」（マクミラン 1995, p.81）ことが分かるのです。また同様に、マクミランが示唆するように、忍耐強さは、心理的要因のみならず、物理的な遅延費用を反映しているとも考えられるでしょう（マクミラン 1995, p.85）。すなわち、遅延費用が大きい場合は、「忍耐強くなれない」ということで、割引ファクターが低いこととして解釈することも可能ということです[12]。ここでも、因果関係に着目すると、図4.3のように表されます。

**図4.3：非協力ゲーム理論的交渉モデルにおける因果関係**

---

11) 逆に、両プレーヤーの「忍耐強さ」が異なることを許したままにして、プレーヤー2の割引ファクターを $\delta_2 = \delta_1 + \eta$ と表記します。そうすると、

$$\eta > \frac{(1-\delta_1)^2}{2-\delta_1}$$

となる位にプレーヤー2がプレーヤー1に比して十分に我慢強いのであれば、$v_2^* > v_1^*$、すなわち、後手のプレーヤー2の利得が先手のプレーヤー1の利得を上回るという見方もできます。

12) ただし、本来は、このような「心理的」要素を、行動主体が服する環境的要因に安易に「埋め込んで」解釈することには慎重であるべきことには注意を促しておきます。

　以上をまとめますと、4.2節の一般化された交渉問題の設定（協力ゲーム）においては、交渉ウェイトの差によってプレーヤーの利得が変わりうることを示されますが、そもそもの交渉ウェイトの源泉に関しては不問のままです。他方、ルービンシュタイン流の非協力ゲームの設定（Rubinstein 1982）においては、交渉ウェイトは忍耐強さという意思決定主体の心理的要因と結びつけられることによって明確な解釈が付せられます。ルールの特定化によって、交渉ウェイトとは別に「先手か後手か」という順番もまた利得の大小に影響を与えることが分かりました。

　この節で紹介した考え方は、第III部「上級篇」での議論の前提となるもので、そこで再び登場します。

## 4.4 │ 効率性と公平性のトレードオフ

　それではここで、本章で導入した交渉理論の考え方を、第2章で考察した価格付けの問題と合わせて考えてみることにしましょう。なお、この節の内容は、次の第5章への準備ともなっています。

　第2章では1人、2人、3人の購買という例で考えましたが、ここでは、2.3節の図2.11で示唆した通り、より包括的に考えるために**需要曲線**を用います。更に、需要面（demand side）のみならず、供給面（supply side）の構造も考える必要があります。

**図4.4：限界費用とは何か**

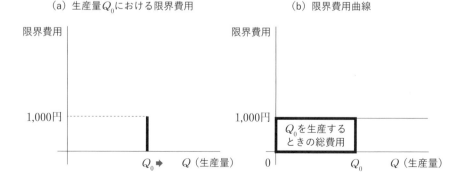

（a）生産量$Q_0$における限界費用　　　　（b）限界費用曲線

　そこでまず、産業における**限界費用曲線**（marginal cost curve）という**概念**を導入しましょう。図4.4 (a) では、産業全体での生産量が$Q_0$で与えられています。ここで、$Q_0$から1単位生産を増やしたものとしましょう。そうしますと、現在$Q_0$を生産している総費用に加えて、**追加的／限界的**（marginal）に費用の増分が発生します。この図では、その値は1000円であり、これが、生産量$Q_0$における限界費用となります。

　こうして、特定の$Q_0$のみならず、他の生産量でも、同様に限界費用を考えることができて、それらをつなぎ合わせたものが限界費用曲線となるのです（図4.4 (b)）。このような思考法は、第2章において説明をした「限界的変化」に関する議論で既に先取りをされていたことに気付かれるでしょう。

　ここでの例では、どのような生産量の場合でも、限界費用は一定の1000円で、従って、限界費用曲線は水平の直線となっています。もちろん、右上がりや右下がりの例も考えることは可能ですが、生産量の大小にかかわらず限界費用が同一であるケースは、現実的にもっともらしいだけではなく、本質を見落とさずに簡便な議論を行うために有用です。なお、生産量が$Q_0$のときの総費用は、限界費用を0から$Q_0$まで足し合わせたものになりますから、図4.4 (b) の太線で囲まれた部分が、総費用（total costs）に対応しています（ただし、生産量にかかわらず発生する一定の固定費用（fixed costs）がある場合は、それも追加されます）。

　さて、第2章で登場した「需要曲線」と、ここでの「限界費用曲線」とを同じ図に描出したいわけですが、そのために、第2章での「基準価格」の考え方を当てはめます。すなわち、需要曲線は、価格$p$が与えられると需要量$Q(p)$が決まるという意味を持つのみならず、$Q(p)$の量が需要される背後には、支払価格$p$よりも高い消費価値が伴っていると考えるのです。具体的には、図4.5での$\tilde{Q}$という値には、支払価格$p$よりも高い消費価値$\tilde{v}$が対応していると想定します。そうしますと、この$\tilde{Q}$での消費は、価格支配分を差し引くと、$\tilde{v} - p$の**純便益**（net benefit）を生んでいるものと捉えられます。

**図4.5：需要曲線の別解釈**

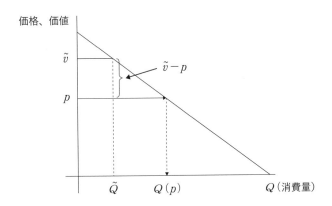

**図4.6：価格 $p$ のもとでの消費者余剰**

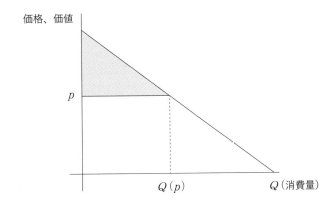

そのように考えますと、価格 $p$ のもとでは純便益の総計は、0から需要量 $Q(p)$ までの純便益を足し合わしたものとなり、図4.6におけるグレーの部分になります。これが**消費者余剰**（consumer surplus）と呼ばれるものです。と書きますと、消費者余剰という概念は既に第2章で登場していたことを思い出されるでしょう。映画館の例では、消費者が学生3人、社会人あるいは教員が3人という限定されたケースでしたが、ここで考えているケースは、それよりも包括的な状況を考えている点が違いとなります。

　それでは、需要曲線と限界費用曲線を同一の図に描いて理解するための準備ができました。図4.7において、限界費用は一定値を取り、その値を$c≥0$と置いてあります。もし価格が$p$であったとすると、そのときの需要量＝生産量は、$Q(p)$で、そのときの企業の総収入は$p×Q(p)$になりますが、図4.4 (b) で見たように、総費用は$c×Q(p)$になりますので、収入から費用を差し引いた利潤は、図で$(p-c)×Q(p)$に対応する四角形の部分に対応します。ここで、$p-c$の部分は、限界費用に対する上乗せ部分で、利潤マージンと呼ばれます（この概念も既に第2章で登場していました）。この企業利潤は生産者余剰 (producer surplus) とも呼ばれ、これに消費者余剰を加えたものが、既に第2章で導入したように、社会厚生となります。

## 図4.7：社会厚生と死荷重（デッドウェイト・ロス）

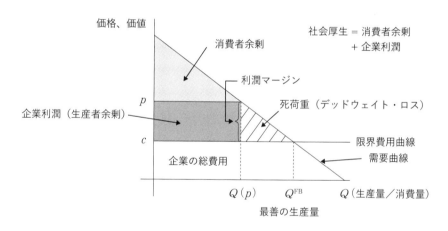

　この例においては、消費の価値が限界費用を上回っている限りにおいては、生産量を高めることが社会的に見て望ましく、ちょうど、需要曲線と限界費用曲線が交わる所に対応する$Q^{FB}$まで生産することが最善です（FBはfirst-best（最善）を意味しています）。逆に、生産量が$Q^{FB}$を超えてしまうと、限界費用に見合わない、低い価値しか生まない消費が行われていることになり、これもまた無駄になりますので、結局、少なすぎず、多すぎずの$Q^{FB}$が最善の生産量であることが分かります。

この$Q^{FB}$に比べますと、価格$p$での生産量$Q(p)$は、最善の生産量よりも過少という意味で、**非効率的** (inefficient) なものとなっています。そして、生産水準が$Q(p)$という過少なものであることによって、最善の生産量の場合には生じたはずの社会的価値が生じていない部分を表しているのが、図4.7で斜線で表されている三角形の部分であり、経済学では、死荷重あるいは**デッドウェイト・ロス** (deadweight loss) と呼ばれているものです。

さて、「価格$p$が一体どのような水準に決まるものと考えられるのか」を分析するのが、第2章で紹介した「不完全競争の経済学」と呼ばれる体系の基本的事項になりますが、本書ではその点についての展開は行いません。以下、本章の残りでは、次章の内容への橋渡しを行うこととします。

### 図4.8：「硬直的な価格付け」対「柔軟な価格付け」

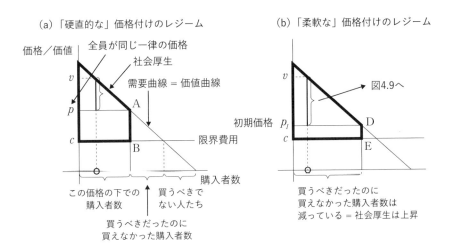

(a)「硬直的な」価格付けのレジーム

(b)「柔軟な」価格付けのレジーム

図4.8 (a) では、消費者全員が同じ価格を提示されているという意味で「**硬直的な**」価格付けが行われている場合の状況が図示されています。ここで、〇の部分に位置する消費者の支払い後の満足度は$v-p$で表されており、この硬直的な価格付けのもとでは、企業の利潤は、図4.8 (a) の長方形$p$AB$c$の面積に等しくなっています。

ところが、企業は、以下のように、個々人の支払額が異なるような柔軟な価格

付けを行うことで、より多くの利潤を得られることが分かります。

　まず、図4.8（b）のように、初期価格あるいは入場料として$p_I$を設定します。そうしますと、○の部分に位置する消費者の支払い後の満足度は硬直的な価格付けよりも高く（$v-p_I>v-p$）、このままでは、企業の利潤は長方形$p_1\mathrm{DE}c$の面積と対応するものとなって、硬直的な価格付けの際の$p\mathrm{AB}c$よりも低くなってしまいます。

　しかしながら、消費者は、入場しただけでは消費ができず、また、消費したからと言って、それですぐに退出するというわけでもないという状況を想定してみることにしましょう。そうしますと、各消費者と企業は、あたかも交渉のフェーズに入っているものと考えることができます。これを表しているのが図4.9です。つまり、消費者の余剰部分$v-p_I$を消費者が全部享受できるというのではなくて、企業がいくらかをもぎ取ろうとしようとする状況を模式的に示したものです。ここで、企業がもぎ取ろうとする程度は、その交渉ウェイト$\lambda$（ただし、前の第4.2節で述べたように、$0\leq\lambda\leq1$）によって表されています。$\lambda$が1に近付くほど、企業は多くをもぎ取ることができるという状況に対応しています。

### 図4.9：取引の利益が、どのように分けられているか？

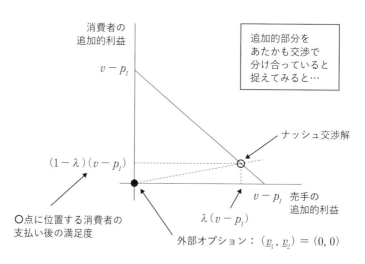

実際には、「交渉」という言葉からイメージされる交渉を文字通り行っている

というよりは、企業が、あまり本質的ではないような付加的なサービスなどの提供を通じて、消費者から追加的な利益を得ようとする様々な企業戦略を、交渉ゲームの視点から把握できることを示したものとも言えます。

ここでは、$p_I$ は $p$ よりも低いにもかかわらず、消費者にとっての最終的な満足度 $(1-\lambda)(v-p_I)$ は、一律価格での満足度 $v-p$ よりも下がっていることになります。その結果、企業にとって得られる利潤は、結局のところ、初期価格から得られる利潤に付け加えられる部分と合わせれば、「硬直的な」価格付けよりも望ましいものになります。ここで、太線で囲まれた社会厚生の部分は、柔軟な価格付け（図4.8 (a)）の方が、硬直的な価格付け（図4.8 (b)）よりも大きくなっている、すなわち、より効率的であることが分かります。以上の議論は、次のようにまとめられます。

**まとめ：**硬直的な価格付けから柔軟な価格付けに移行することによって、社会全体で得られる便益は増加するが（効率性の上昇）、その増加以上の利益を企業側が獲得し、従って、消費者側は結局、硬直的な価格付けよりも損をしてしまうという公平性と相反する結果が生じるようになる。

以上の議論は、経済学において**二部料金**（two-part tariff）と呼ばれているもの（例えば、花薗 2018, pp.58-60を参照）を、交渉ゲームという視点から解釈したものとなっています。ここで「二部」というのは、消費者が企業に払う料金が、初期価格の $p_I$ だけでなく、追加の $\lambda(v-p_I)$ も加わって二つの部分からなっていることを指しています。次章では、以上の議論を土台として、現代の産業事情を特徴付けるプラットフォームの問題を、経済モデルで考えてみることにしましょう。

### 章末付録 4.A 部分識別について

　本文中の一般化された交渉問題の設定において、両プレーヤーは、自他の交渉力の相対的差異 $\lambda$、そして、決裂利得のペア $(\underline{v}_1, \underline{v}_2)$ を知った上で交渉に臨み、（交渉の過程の詳細は不問にして）結果的に交渉は合意して、$(v_1^*, v_2^*)$ という利得ペアがもたらされます。逆に分析者の立場からしてみれば、結果の $(v_1^*, v_2^*)$ が観察され（常に $v_1^* + v_2^* = 1$ なので、$v_1^*$ か $v_2^*$ のどちらかを知れば、残りは自動的に分かりますが）、更に $(\underline{v}_1, \underline{v}_2)$ が観察されるのであれば、それらのデータから、交渉ウェイトは

$$\lambda = \frac{v_1^* - \underline{v}_1}{1 - \underline{v}_1 - \underline{v}_2}$$

として求められることになります。

**図4.A.1：（同じ $(v_1^*, v_2^*)$ に対して）異なる $(\underline{v}_1, \lambda)$ の可能性**

(a)「$\underline{v}_1$ は高く、$\lambda$ は低い」　　　　(b)「$\underline{v}_1$ は低く、$\lambda$ は高い」

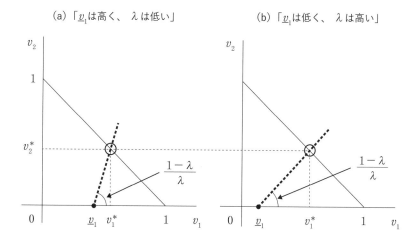

　しかし、もし分析者が $(\underline{v}_1, \underline{v}_2)$ に関してのデータを持ち合わせていなかったとしたらどうなるでしょうか？　仮にプレーヤー2の交渉決裂時の利得はゼロ、すなわち、$\underline{v}_2 = 0$ であることが事前の状況予測等から研究者が判断できたとしても、もし、プレーヤー1の交渉決裂時の利得 $\underline{v}_1$ に関して、研究者が何らの情報をも有していない場合、$\lambda$ の予測はどうなるのでしょうか？　ここで図4.A.1の (a) と (b) はそれ

ぞれ一つの可能性を示しています。それぞれにおいて、$(v_1^*, v_2^*)$ の値は同じですが、この一つの観測値に対して、

$$\lambda = \frac{v_1^* - \underline{v}_1}{1 - \underline{v}_1}$$

の値を一意に決めることができません。図4.A.1 (a) は、$\underline{v}_1$が比較的高く、$\lambda$が比較的低い状況を表しています。他方、図4.A.1 (b) は、$\underline{v}_1$が比較的低く、$\lambda$が比較的高い状況に対応しています。しかしながら$\underline{v}_1$と$\lambda$がそれぞれ取りうる範囲は知ることはできます。もしプレーヤーが交渉決裂時においても、金額を支払わされることがないのであれば、$0 \le \underline{v}_1 \le v_1^*$であり、また同時に$0 \le \lambda \le v_1^*$となります。ここで、$\lambda$と$\underline{v}_1$の関数関係

$$\lambda = f(\underline{v}_1) \equiv \frac{(v_1^* - \underline{v}_1)}{(1 - \underline{v}_1)}$$

において、関数$f$は減少かつ凹であることが（第5章の章末付録5.Aで登場する微分を使うことによって）確かめられるので、$(\underline{v}_1, \lambda)$のペアが取りうる範囲は，図4.A.2の太線のような形状となります。

**図4.A.2：（同じ $(v_1^*, v_2^*)$ に対して）$(\underline{v}_1, \lambda)$ の取りうる範囲**

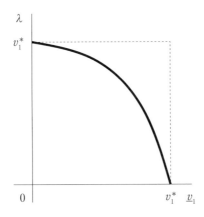

このモデルにおけるパラメータは$(\lambda, \underline{v}_1, \underline{v}_2)$ですが、ここで見たように、ある一

つの観測対象が持つデータの情報からでは各パラメータ $\lambda$、$\underline{v}_1$、$\underline{v}_2$ をそれぞれ一意に **識別**（identification）する構造が欠けている場合、当該の構造を所与として、パラメータの取りうる範囲がどのように定められるのか。これに関しては、**部分識別**（partial identification）の理論が整えられつつあり、今後の研究において活用されていくことが期待されます。部分識別に関する邦語解説文献としては、著者の知る限り、読みやすい一般向け解説としてマンスキー（2020）を、ややテクニカルな解説として、渡辺（2015）と奥村（2018）を参照するとよいでしょう。また、英文のサーベイ（展望論文）としては、Tamer（2010）やHo and Rosen（2017）などがあります。以上の議論は、本書の第7章で扱うような、交渉モデルの推定において部分識別の理論の適用可能性を示すものとなります。

**◆ モデルのパラメータ**：4.2節におけるモデルのパラメータは、交渉ウェイト $\lambda$、そして外部オプション（$\underline{v}_1, \underline{v}_2$）となり、4.3節におけるモデルのパラメータは、両プレーヤーにとって共通な時間割引ファクター $\delta$ となります。第6章と第7章においては各プレーヤー $i$ が自民党の一派閥と対応させられることになります。更にそこでは3人以上のプレーヤーの存在する交渉ゲームが考察され、そこでは各大臣の重要性もパラメータとして表現されることになり、データ分析における推定の対象となります。

# 第5章 プラットフォームの経済学
## ──企業間取引の交渉モデル

> 特に十九世紀中葉以後の非常に大きな問題は、経済力、いわば経済的な独占
> とかそういったものの力が巨大になってきて、それが国家権力と絡み合い、
> 狭い意味の政治権力と並び、むしろそれ以上に巨大な支配力を民衆の生活の
> 上に張るようになってきたわけで、（中略）**非常に巨大になった経済的独占**
> **体の支配力をいかにコントロールし、社会的な責任をもった生産機構を、い**
> **かにつくるか**ということを考えなくては、田中（耕太郎；引用者注）先生の
> 言われた人間の道徳生活の確立という問題も解決されないのではないかと思
> うのです。
>
> 　　1949年に行われた猪木正道、田中耕太郎、丸山眞男による鼎談「現代
> 　　社会における大衆」（平石直昭（編）『丸山眞男座談セレクション（上）』
> 　　岩波現代文庫、2014年、pp.37-76所収）における丸山眞男の発言（強調
> 　　は引用者）

　前章では、取引関係における「交渉的な側面」という視点の導入のために、最
終消費者と小売等の販売業者との売買関係を考えましたが、企業間（事業者間）の
取引関係の方がより複雑で、交渉的な側面が強いと考えられるでしょう。企業間
の関係は、business-to-businessを簡略して、B2B関係とも呼ばれます[1]。

　第1章で述べたように、現代社会においてはプラットフォーム企業の存在感が
増していますが、そういったデジタルプラットフォームの運営事業者と、その利
用事業者（出店者など）との取引関係もその例外ではありません。

　本章では、プラットフォームという文脈におけるB2Bの取引関係に関して、
**交渉**（bargaining）という要素を明示的に考慮することによって、経済理論的な視
点を提示することを目的とします。

---

　1)　英語のtoが、2を意味するtwoと同じ発音であることから来る表記です。

## 5.1 | プラットフォーム・ビジネスと両面市場

　情報通信革命は、現代経済学のデータサイエンスという側面に影響を与えたのみならず（第1章参照）、社会的には、消費者や事業者にとっての選択肢を飛躍的に拡大させてきました。消費者としての私たちは、毎日欠かすことなく、スマホやPCで検索をし、地図を調べたり、モノやサービスを購入していますし、メッセージ機能やSNS（ソーシャル・ネットワーキング・サービス）を使って、他の人たちとの情報交換に勤しんでいます。同時に企業側にとっては、消費者へのアクセスが容易になっているというメリットがあります。このように、リアルあるいはバーチャルな「場」において、消費者と企業が結びつくことのできる機能は一般に**プラットフォーム**（platform）と呼ばれ、これを運営する事業者は、「プラットフォーム事業者」と呼ばれます（小田切 2019, p.276）。

　プラットフォームは、消費者と企業という異なった属性に分類される二者が、両方に分かれて対面すると擬せられるというような構造、すなわち、**両面市場**（two-sided market）とも呼ばれるような特徴を持つ点が重要であり、この側面に注目して、**両面的プラットフォーム**（two-sided platforms）という言い方もされます。例えば、「アマゾンのようなeコマースの場合は、プラットフォームの両側に消費者と出品者がそれぞれ連なっており、出品者がプラットフォームを介して消費者に商品を提供するという」という意味で、両面市場という構造になっています（杉本 2019, p.123）。他にも、Uber Eats、Airbnb、Netflix、メルカリなどといった例が挙げられるでしょう。

　表5.1には、このような性質を持つものと考えられる他の例を挙げています。例えば、新聞、雑誌、テレビ・ラジオといった伝統的なメディア（レガシーメディア）も、読者（消費者）と広告主（出店企業）が出会う「場」という観点から、プラットフォーム企業の一種と見ることができます。更には、取引における通貨（currency）それ自体も含められるかもしれません（大浜 2016, p.189）。

　これらの例においては、消費者サイドの個々の消費者は、どれだけ多くの事業者が出店しているかによってプラットフォーム利用の満足度は異なると想定されます。同様に、利用事業者サイドの個々の事業者も、どれだけ他の事業者がいるのかということのみならず、どれだけ多くの消費者がプラットフォームを利用し

**表5.1：「両面的プラットフォーム」のその他の例**

| | |
|---|---|
| 伝統的ビジネス | 新聞、雑誌、テレビ、ラジオ、クレジット・カード、ショッピング・モール、パソコンのOS、テレビ・ゲーム |
| インターネット・ビジネス | ブログ（特に有名人）<br>SNS（Instagram、Twitter、Facebook、LINEなど）<br>スマートフォン、電子書籍、ネットゲーム、ストリーミング・サービス（iTunes、Netflixなど）、仲介型ビジネス（Uber、Airbnb、メルカリなど） |

ているのかによって自身がプラットフォームを利用する際の便益は影響を受けるでしょう。

　このような外部からの影響、すなわち、外部性が各サイド内ではなくサイド間で働くという要素が大きい場合、そういった外部性はサイド間ネットワーク外部性（cross-side network externalities）あるいは**間接的ネットワーク外部性**（indirect network externalities）と呼ばれます（図5.1）[2]。

　このような間接的ネットワーク外部性のゆえに、プラットフォーム運営事業は、供給の大半が特定の数社によってしか担われないという状況、すなわち、**寡占化しやすい**という傾向にあります。なぜならば、同業ライバル他社に比べて大きなシェアを持ち始めたプラットフォーム企業には、間接的ネットワーク外部性を通じて、更に新たな消費者や出店者を獲得するのに相応しい魅力が、多くのシェアを獲得している事実だけからも生じるようになるからです（大木 2018, p.17; 大橋 2021, pp.276-281; Eeckhout 2021, pp.47-51）。

　このようにして、21世紀になってから、本章冒頭での丸山眞男（ショートブレイクで登場済）が1949年時点で危惧していた事態が、情報通信革命の進展と共に、新たな文脈において顕在化してきたのです。

　それに伴い、公正取引委員会の前委員長・杉本和行氏が述べるように、「オンラインショッピングモールやアプリストアを中心に多数の中小企業者がデジタ

---

2）　より広く、ネットワーク外部性一般については、既に第2章の2.4節で解説しました。

**図5.1：間接的ネットワーク外部性**

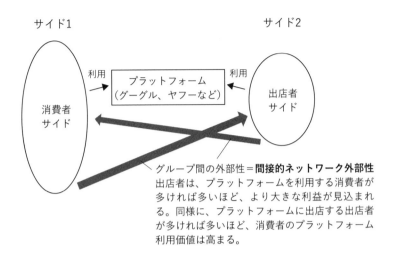

ル・プラットフォームを利用して商品・役務を提供することができ、市場へのアクセスについての多大なメリットを享受」するようになってきている一方で、「公正取引委員会による実態調査によれば、契約ルールの一方的押し付け、取引条件の一方的な不利益変更、過剰コスト負担、不承認やアカウント停止等に関する不合理性、データへのアクセス制限等取引慣行に関する懸念が表明されている」という現状があります（杉本 2019, p.137）。これは、**B2Bサイドの取引に特有な交渉的要素にまつわって生じてくる問題**と見なすことができるでしょう。

## 5.2 │ 事業者間(B2B) 取引の交渉モデル

このような両面市場を経済学はどのように分析するのでしょうか？ 学説史的に言えば、21世紀に入ってから、経済学者のジャン・ティロール (Jean Tirole) 氏とジャン゠シャルル・ロシェ (Jean-Charles Rochet) 氏のチームによる研究 (Rochet and Tirole 2003) と、マーク・アームストロング (Mark Armstrong) 氏による研究 (Armstrong 2006) とが、ほぼ同時期に、それぞれ独立に確立されたものとして、「両面市場の経済学」は産声を上げました（依田 2011, p.48）。

　しかしながら著者の知る限り、両面市場の文脈において、上述のようなB2B
サイドの交渉的要素を明示的に考慮した研究は、マーク・トレンブリィ（Mark
Tremblay）氏と著者による研究（Adachi and Tremblay 2020）以前には存在してい
ませんでした。前章で登場したジョン・マクミランは「部品供給者と製品加工業
者、あるいはメーカーと流通業者の間の取引では、取引価格はたいていの場合交
渉によって決定される」と述べていますが（マクミラン1995, p.91）、プラット
フォームにおけるB2B関係においても交渉的要素は重要なものと考えられるで
しょう。

　そこで以下では、著者たちの研究の一端を紹介することで、両面市場における
交渉という側面に経済理論的な視点を与えることにします。そうすることで、
「優越的地位の濫用」規制といった競争政策的課題に関して、その背景の構造的
な理解を促されることが期待されるのです。

　プラットフォームを介した両面市場は、図5.2のように模式化されています。
すなわち、一般消費者は、出店事業者の財を購入する際にプラットフォームを介
して取引を行っています。通常の小売販売では、小売業者が卸売業者から財を購
入した上で消費者に販売することになりますが、ここでは、プラットフォーム運
営事業者（以下、適宜「プラットフォーム」や「プラットフォーム企業」とも表現します）
は、出店事業者から財を購入しているのではなく、出店事業者からの参加を待ち
受けていることになります。一般消費者群を「サイド1」と呼び、出店事業者群
を「サイド2」と呼ぶことにしましょう。ここで、潜在的な全消費者数 $N_1$ のうち、
プラットフォームを利用している消費者数を $n_1$、潜在的な全企業数 $N_2$ のうち、
実際に出店している企業数を $n_2$ と表します。

　なお、ここで考えているモデルにおいては、消費者全体の番号付け（インデッ
クスと言います）は、1, 2, 3, …, $n_1$ という離散的な値を取るのではなく、前章での
需要関数のように、0から $N_1$ までの連続的な値を取ると考えます。このように
考えることによって、経済モデルが数学的に扱いやすくなるのです。より具体的
には、0から $N_1$ までの区間に、消費者が均一に分布しているものと想定されて
います。そして、そのような潜在的な消費者全体の中で、実際にプラットフォー
ムを使用する消費者は、0から $n_1$ の区間に位置している消費者群であるとします。
出店企業側についても同様で、今までの議論の $N_1$ や $n_1$ をそれぞれ $N_2$ や $n_2$ に置
き換えて考えてください。

### 図5.2：プラットフォームを介した両面市場

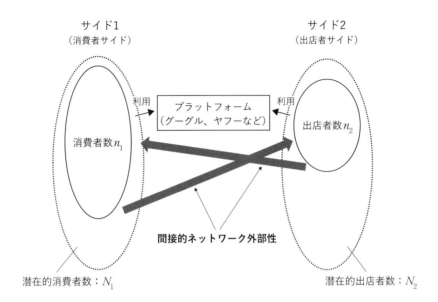

この前提で、消費者のインデックスを $\theta_1$ で表します。上での説明の通り、$\theta_1$ は0から $N_1$ までの値を取ることができて、例えば、$\theta_1 = 0.1$ とすれば、0.1に位置する消費者のことを指します。その上で、消費者 $\theta_1$ がプラットフォームを利用すると決めた場合の効用 $u_1(\theta_1)$ は、

$$u_1(\theta_1) = \alpha_1(\theta_1)\, n_2 - p_1 \tag{5.1}$$

と表されるとし、プラットフォームを利用しない場合の効用はゼロと考えます。

まず重要な点は、サイド1の消費者のプラットフォーム利用価値は、サイド2からの出店企業がどれくらいいるのか（すなわち、$n_2$ がどれくらいの大きさなのか）から影響を受けることです。それを表しているのが式 (5.1) の右辺第1項の $\alpha_1(\theta_1)\, n_2$ です。これによってサイド2からサイド1への「間接的ネットワーク外部性」を表現することができます。この項は、プラットフォームを利用する消費者全員にとって共通ということではなく、消費者ごとに異なるように考えられています。それを表しているのが $\alpha_1(\theta_1)$ であり、$\theta_1$ が大きくなるほど $\alpha_1(\theta_1)$ は小さくなっていく（数学の用語で言えば、$\alpha_1$ は減少関数である）とされています。ですので、$\theta_1$

＝0に位置する消費者は、消費者全員の中で、「間接的ネットワーク外部性」からの利益を最も高く評価するものと捉えられます。そして、全消費者にとって、$n_2$が大きければ大きいほど、すなわち、出店企業数が大きければ大きいほど、（$\alpha_1(\theta_1)$ が正の値に位置するとすれば）$\alpha_1(\theta_1) n_2$の値は大きくなります。これが、「間接的ネットワーク外部性」の意味するところです。

　なお、第2項の$p_1$は（全消費者一律の）プラットフォーム利用料であり、これは、プラットフォームから提示される「加入料」を意味するものです。

　以下では、プラットフォーム企業は、対出店事業者に対する取引様式として、**固定価格レジーム**（rigidity）か**交渉レジーム**（flexibility）かのどちらかを予め選択するものと想定し、その選択がどのような原因で決まるのかという因果関係に関して、経済モデルで考えるという視点からの考察を行います。ここでの固定価格レジームは、前章での「硬直的な価格付け」に対応しており、同様に、交渉レジームは、「柔軟な価格付け」に対応しています。
そのような設定の下、各出店事業者の名称（インデックス）も上と同様に$\theta_2$とすると、出店企業 $\theta_2$の利得は、固定価格レジームのもとでは、プラットフォームに出店する場合は

$$u_2(\theta_2) = \alpha_2(\theta_2) n_1 - p_2 \tag{5.2}$$

と書けて、出店しない場合の利得はゼロを基準とします。これは、消費者の効用と同様の表現であり、$p_2$は各出店事業者がプラットフォーム運営事業者に払う（全出店者一律の）利用料を表します。そして、式 (5.2) の右辺第1項の$\alpha_2(\theta_2) n_1$によって、サイド1からサイド2への間接的ネットワーク外部性を表します。消費者の場合と同様、$\theta_2$が大きくなるほど$\alpha_2(\theta_2)$ は小さくなっていく（$\alpha_2$は減少関数である）とされています。従って、$\theta_2 = 0$に位置する出店企業が、全出店企業の中で、間接的ネットワーク外部性からの利益を最も高く評価しています。

　対して交渉レジームの場合は、プラットフォームに出店することの利得は

$$u_2(\theta_2) = \alpha_2(\theta_2) n_1 - p_2 - w(\theta_2) \tag{5.3}$$

となります。この式 (5.3) の第3項で追加的に減じられている部分、すなわち$w$ $(\theta_2)$ が、交渉によって決まってくる部分です（同様に、出店しない場合の利得はゼロです）。

　なお、この定式化では、消費者と出店事業者との取引メカニズムの詳細に関するモデル化は明示的に行っておらず、あくまで、消費者とプラットフォームとの関係、及び、出店企業とプラットフォームとの関係に焦点を当てるために簡潔なモデル化を行っていることに注意してください。

　次にプラットフォーム企業の利潤は、固定価格レジームのもとでは

$$\Pi^S = n_1 (p_1 - c_1) + n_2 (p_2 - c_2)$$

となります。右肩の$S$は、Standardの$S$を意味していますが、これには、固定価格レジームが標準的 (Standard) なものであるという意味合いが込められています。ここで$c_1 (\geq 0)$は、サイド1にいる消費者が新しく追加的に参加してくることによってプラットフォーム企業に発生する費用の追加分 (第4章で導入した限界費用の概念です) を表しており、簡単化のために、消費者の数$n_1$にかかわらず一定と仮定されています。同様に、$c_2 (\geq 0)$は、サイド2にいる事業者が一社追加されることに伴う、プラットフォームにとっての限界費用を表し、これも事業者の数$n_2$にかかわらず一定と仮定されます。

　他方、交渉レジームのもとでのプラットフォーム企業の利潤は、

$$\Pi^B = n_1 (p_1 - c_1) + n_2 (p_2 - c_2) + \int_0^{n_2} w (\theta_2) \, d\theta_2 - F \qquad (5.4)$$

と表されます (右肩の$B$はBargaining (交渉) の$B$です)。式 (5.4) の第1項の$n_1 (p_1 - c_1)$は消費者サイドから得られる利潤の部分、第2項の$n_2 (p_2 - c_2)$は、全部で$n_2$社の企業に「出店許可」を与えることから得られる利潤を示しています。そして最後の第3項は、0から$n_2$までの各出店企業$\theta_2$との交渉から得られる追加分の金銭的利益を表します[3]。最後の固定費用$F \geq 0$は、交渉レジームに伴って発生するコストを表現しています。これは、交渉が、5.4節で説明する「優越的地位の濫用」と見なされるような行為を誘発してしまうという法的リスクから生じ得るような種々のコストも含めて捉えていることを意味します。

　以上を前提とすると、交渉レジームにおいては、前章での議論と同様に、プラットフォーム企業は、全出店者共通の出店料$p_2$を低く設定することによって

---

3)　ここで$\int$は積分記号を意味しており、$\int_0^{n_2}$は、0から$n_2$までを連続的に足し合わせていることを意味しています。

プラットフォームへの出店者 $n_2$ の増加を促し、ただし、低い出店料によるデメリットは、交渉からの利益で補うという構造があることが分かります（モデルの詳細は、章末付録5.Aをご参照ください）。前章の例と異なる点は、プラットフォーム・ビジネスに特有な間接的ネットワーク外部性によって、出店者 $n_2$ の増加は、プラットフォームを利用する消費者数 $n_1$ に影響し、更にまた、この消費者数 $n_1$ は出店者数 $n_2$ にも影響して…という**ループ構造**（フィードバック効果; feedback effects）が生じる点です。

　このような特徴から、プラットフォーム・ビジネスにおいては、消費者側にはほぼ無料、すなわち、$p_1＝0$ でプラットフォームを利用してもらうことで、消費者数 $n_1$ を拡大し、それによって出店企業数 $n_2$ の増加を狙うという「損して得取れ」の経営戦略が意味を持つ場合が多くあります（「損して得取れ」の本来の意味は、「今日損をして明日得をする」の意味ですので、これは用語使用の濫用ですが）。

　これに関連して、経済学者の土居直史氏は、グルメサイトの例を挙げて、

　　　飲食店の客は基本的に無料で食べログやぐるなびを利用している。その裏で、飲食店はグルメサイトに登録料や掲載料という形の料金を支払っている。2018年度のIR資料によると、ぐるなびはすべての収益を飲食店から得ている。食べログも収益の約90％を飲食店から得ている（残り10％は、プレミアム会員となって有料サービスを利用した客からの収益）。このように、プラットフォームであれば、一方の顧客群には費用を下回る価格、つまり無料やマイナスの価格（利用者に特典を与える）でモノを提供してもビジネスが成立する

という興味深い事例に言及しています（土居 2020, p.129）。

　以上の基本的設定のもと、交渉レジームにおける交渉の結果として、プラットフォーム運営事業者が得る追加的な利益は

$$w^B(\theta_2) = [\lambda\alpha_2(\theta_2) - (1-\lambda)\alpha_2(n_1)]\,n_1$$

となることが示されます。ここでλはゼロから1までのいずれかの値を取る実数であり、プラットフォームが利用事業者サイドに対して有する交渉ウェイト、すなわち、プラットフォーム側の有利度を表しています[4]。これ以上の詳細については、章末付録5.Aで解説しています。

◆文献ノート：Rochet and Tirole (2003)、Armstrong (2006)、Hagiu (2006) 以来、間接的ネットワーク外部性があることによって、「価格減少圧力」（**マークダウン**；markdown）が生じることが明らかにされてきましたが（章末付録5.Aにおける式 (5.5) の右辺第2項や式 (5.6) の右辺第2項を参照）、ここでは、交渉という要素を考えることで、新しい視点を提示しています。

# 5.3 ┃ 分析結果：B2B取引様式の選択

取引様式の選択に関する因果関係の分析を進めるために、簡単化のための特定化 $\alpha_i(\theta_i) = a_i - \theta_i$ と $c_1 = c_2 = 0$ を仮定します（Adachi and Tremblay 2020）。その結果として、「プラットフォームの交渉力 $\lambda$ が高いときには交渉レジームが選ばれ、$\lambda$ が低いときには固定価格レジームが選ばれるような境界値 $\lambda^*$ が存在している」ことを示すことによって、図5.3 (a) が示しているような因果関係が導き出されました。前節からの繰り返しになりますが、ここで、「プラットフォームの交渉力 $\lambda$」というのは、前章で導入した交渉ウェイトの $\lambda$（$0 \leq \lambda \leq 1$）に対応していて、$\lambda$ が1に近いほど、プラットフォーム企業の交渉力が高いことを意味しています。

この境界値 $\lambda^*$ は交渉レジームに伴う費用 $F$ が上昇するに連れて上昇します。すなわち、より広範な $\lambda$ の範囲で固定価格レジームが選ばれるようになるという意味で、$F$ の上昇は、交渉レジームの選択には不利に働くということになります[5]。そもそも、$F = 0$ であれば、$\lambda^* = 0$、すなわち、$\lambda$ の値にかかわらず、プラットフォーム企業は交渉レジームを選択することも示されています。このことは、どれほど交渉力が小さくても、すなわち、$\lambda$ がどんなにゼロに近くても、何らかの交渉の利益があるのであれば、プラットフォーム企業にとっては、固定価格レ

---

4) ここでの「交渉ウェイト」は、前章の第4.2節で導入したものと対応しています。「交渉ウェイト」を考えるのではなく、もし交渉が決裂した場合であっても保証される利得である「外部オプション」を明示的に導入して考えても同様の結果が導かれるでしょう。前章の章末付録「部分識別について」での説明から類推されるように、両者は同等の役割を持ち、その意味で、代替的な関係にあると言って良いからです。

**図5.3：プラットフォーム企業による取引様式の選択(a) と社会的に望まれる取引様式(b)**

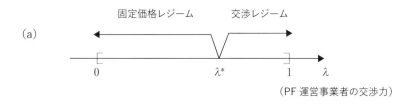

(a) 固定価格レジーム　　交渉レジーム

$0$　　　$\lambda^*$　　　$1$　　$\lambda$

（PF 運営事業者の交渉力）

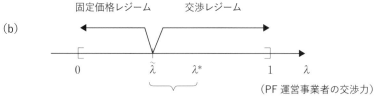

(b) 固定価格レジーム　　交渉レジーム

$0$　　$\tilde{\lambda}$　　$\lambda^*$　　$1$　　$\lambda$

（PF 運営事業者の交渉力）

この領域では、社会的には、交渉レジームの方が望ましいのにもかかわらず、固定価格レジームが選ばれてしまう。

ジームよりも交渉レジームの方が望ましいということを意味しています。

　また、プラットフォーム企業自身の利潤の観点からのレジーム選択は、消費者利益までも加味した全体的利益（第2・4章で定義した「社会厚生」のことです）の観点とは齟齬が生じています。すなわち、図5.3 (b) が示すように、$\lambda$が$\tilde{\lambda}$と$\lambda^*$の間にあるときには、全体的な観点からは、交渉レジームが選ばれるべきであるにもかかわらず、固定価格レジームが選択されてしまっているという意味で、固定価格レジームは過大に選ばれる傾向があるのです。しかしながら、それ以外の領域においては、PF 運営事業者のレジーム選択は、社会的利益と一致したものになっています。このようにして、このモデルに依拠して、実際に生じるであろうと考えられることについての望ましさを論じることが可能となりますが、これは、第1章で述べた、モデルで考えることが「評価」を可能にするという点と対応し

---

5) 2020年11月にAppleは、アプリ開発業者（ここでのモデルにおける出店企業）に課している配信手数料（通称：Apple Tax）を大幅に減額することを発表しましたが（大橋 2021, p.295）、ここでのモデルに即して考えれば、日本、アメリカ、ヨーロッパなどにおける法規制強化の動きに伴う $F$ の上昇に伴って、交渉レジームから固定価格レジームへの移行が生じたという解釈が可能でしょう。

ています。図5.4は、プラットフォーム企業による取引様式の因果関係を図示的に示したものです。

**図5.4：取引様式の選択に関する因果関係**

　なお、付随する分析結果として（Adachi and Tremblay 2020）、プラットフォームとの取引によって得る価値が相対的に大きい出店業者の方が、固定価格レジームと比べ、交渉レジームによる損失の度合が大きいことが示されています。しかしながら、プラットフォームの利用価値が相対的に小さいために出店を躊躇しているような未出店業者に対しては、交渉レジームの方が、「入口」の利用料を下げ、出店を促す効果が働くことになっています。

　このことは、もし楽天が「楽天市場」の出店業者に対して要請した「送料無料化」（2018〜2019年）を、ここのモデルでの固定価格レジームから交渉レジームへの移行に結びつけて考えられるのならば、これにより強く反対しようとする出店者は、楽天との取引からの利益がより大きな出店者であるという関係性を示唆するものであると言えます。なお、章末付録5.Bでは、プラットフォーム間の競争についても言及しています。

## 5.4　「優越的地位の濫用」規制をどう考えるか： 「法と経済学」的な視点から

　それでは、以上のモデル分析を念頭に、近年、デジタルプラットフォーム取引の文脈において話題になることの多い「優越的地位の濫用（abuse of superior bargaining position）」に対する規制の問題を、法的な観点を交えながら考えていきたいと思います。

　まず、「優越的地位の濫用」とは、「取引における当事者関係において、相手側に対して優越している立場にある当事者が、その優越的な地位を利用することによって、正常な商慣習を逸脱した形で相手側に不利益を与える行為」を指し、このような行為は、独占禁止法[6]によって禁止されています（同法第1条）。「不利益を与える行為」とは、より具体的には、「取引相手に対して、取引に関係しない商品・役務の購入、あるいは自己の利益に資するものの提供を強制したり、商品の受領拒否・支払いの遅延などを実施しようとする行為」であり、これが「濫用」に当たります（同法第2条第9項第5号）。なお、ここでの用語は、公正取引委員会のウェブページにおいて示されている説明[7]を著者なりに噛み砕いたものです。

　近年、「優越的地位の濫用」が一般に広く知られるようになった背景には、「契約を結んでいる芸能人に対して正当な報酬を払わない、一方的な契約更新をする、独立をさせないようにする、独立した芸能人を起用しないようにテレビ局などに圧力をかける」といった芸能事務所の行為は、優越的地位の濫用など、独占禁止法上で禁止されている行為となり得るという判断を、公正取引委員会が自民党の競争政策調査会に提示したこと（朝日新聞2019年8月28日東京朝刊3面などの各紙報道）に代表される一連の動きがあります。これはもともと、芸能人も含むフリーランスのような請負業務の従事者とその契約者間での交渉力の格差を指摘した「人材と競争政策に関する検討会」（公正取引委員会・競争政策研究センター）による報告書（2018年2月）の問題提言からの流れに位置付けられるでしょう[8]。

　ここでのテーマであるデジタルプラットフォームの文脈では、やはり公正取引委員会が、2019年10月に「デジタル・プラットフォーマーの取引慣行等に関する実態調査（オンラインモール・アプリストアにおける事業者間取引）について」[9]を公

---

6)　正式名称は、「私的独占の禁止及び公正取引の確保に関する法律」です。略称が「独占禁止」となっていますが、「独占を禁止しているわけではない」（白石2020, p.6）ことには注意してください。大まかに言えば、市場における競争を制限する諸行為を禁止する法律です。

7)　URLは、https://www.jftc.go.jp/shitauke/kousyukai/gaiyou.htmlです。

8)　https://www.jftc.go.jp/cprc/conference/jinzai.htmlでは、動画による解説を見ることができます。

9)　URLは、https://www.jftc.go.jp/houdou/pressrelease/2019/oct/191031_2.htmlです。

表し、プラットフォーム企業が出店企業に対して行う取引条件の変更などが「優越的地位の濫用」にあたる可能性を指摘するなど、デジタルプラットフォーム上の取引規制については、議論が積み重ねられています。この点では、2020年5月に成立、2021年2月から施行されている「デジタルプラットフォーム取引透明化法」[10) ] が一つの試金石で、国内・国外を問わずデジタルプラットフォームの運営事業者に対して、取引条件などの開示義務、及び変更に際しての事前通知義務を課す内容となっています。

　前節までのモデル分析における交渉レジームとは、プラットフォーム企業と出店企業との契約において、弾力的に運用できる条項等によって、実質上、事後的に追加的利益を回収できるような、交渉的側面の強い取引形態が採用されている状況と考えて良いでしょう。

　このように、出店企業側は追加的に「搾取」をされているわけですが、モデル上では、出店者はそれに同意の上で出店しているという形式になっています。デジタルプラットフォーム取引透明化法は、このような「同意のもとでの搾取」を規制するというよりも、交渉ゲームの状況を当事者双方が熟知するための環境整備を目指したものと捉えられます。

　しかしながら、優越的地位の濫用に対する規制の発想は、「交渉ゲーム」の環境整備に留まらず、交渉における「搾取」防止を目的するものとなっているのではないかというのが著者自身の見方です。以下において、この点について検討してみましょう。

### 5.4.1　「優越的地位」の認定要件

　まず、「優越的地位の濫用」の判断に際しては、濫用行為（上述のように、取引の相手方に対して、自己の利益につながる物品などを強制的に提供させようとすること）を行うだけでは独禁法違反にはならず、相手方に比べて自己の取引上の地位が優越しているという意味で「優越的地位にある事業者が、その優越的地位を利用して濫用行為をした場合にのみに独禁法違反になる」（長澤 2021, p.80）点に注意をしなければなりません。逆に、優越的地位にあること自体は違反とはならず、「そ

---

れを利用して濫用行為がされることが違反要件となる」（白石 2016, pp.428-429）
ことに注意が必要です。

　それではまず始めに、具体的にはどのような場合に「優越的地位にある」と言
えるのでしょうか？　「AがBに対して優越的地位にある」かどうかが判断され
る際、「優越的地位濫用ガイドライン」においては、まず「BにとってAとの取
引の継続が困難になることが事業経営上大きな支障を来すため、AがBにとって
著しく不利益な要請等を行っても、Bがこれを受け入れざるを得ないような場合」
をもって、「BがAに対して「取引必要性」がある」と考えます（実際のガイドラ
インでは、Aが甲、Bが乙という表記）。

　そして、取引必要性について四つの考慮要素が総合的に勘案された上で、「A
がBに対して優越的地位にある」と判断されることになりますが、法学者の白石
忠志氏は、その中でも、「Bにとっての取引変更の可能性」を本質的と考えてい
ます（白石 2016, p.425）。これは、図5.5が示すように、今までの交渉モデルにお
いては、「$B$ が取引を止めた場合に得られる外部オプションからの利得 $\underline{v}_B$ が、$A$
のそれよりも相対的に低い関係にあるということで捉えられるもの」と解釈でき
るのではないかと考えられます。

**図5.5：「優越的地位」の認定要件**

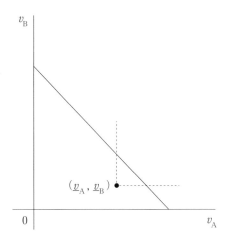

## 5.4.2 「濫用」の行為要件

独占禁止法の第2条第9項第5号において、「正常な商慣習に照らして不当に」とされる行為が列挙されており、それは上述のように、「取引相手に対して、取引に関係しない商品・役務の購入、あるいは自己の利益に資するものの提供を強制したり、商品の受領拒否・支払いの遅延などを実施しようとする行為」とまとめられますが、これらの行為類型に共通する実質的観点として、白石氏は以下の2点を指摘しています（白石 2016, p.430）。

- 「相手方にとってあらかじめ明らかでなく、かつ、相手方の責めに帰すべきでもない負担を、相手方に負わせることが濫用にあたる」
- 「相手方にとってあらかじめ計算できたとしても、とにかく相手方にとって過大な不利益となる取引条件を課することが濫用にあたる」

このような、「責任転嫁」や「不意打ち」をあえて今までの交渉モデルの枠組みと関連させようとするのであれば、次のような考え方になるでしょう。

(A) 「交渉ゲーム」の「ルール設定」に関して、取引当事者間での安定的な合意がなされていない。これは、図5.5のような交渉の設定が共通了解事項にならないうちに、交渉が行われてしまったものという解釈になります。従来の経済学においては、これが前提とされていましたが、現実には必ずしもそうではなく、交渉の前提に齟齬があったがために、結果として、「責任転嫁」や「不意打ち」と解される行為が発生してしまう。

(B) しかし、「責任転嫁」や「不意打ち」が問題となるのは、劣位にある当事者の利益が損なわれる時であって、もし、それほどの損失がなければ、「責任転嫁」や「不意打ち」であっても、当事者間で「濫用」として問題になることはないであろう。このことは、交渉ゲームの枠組みでは、「優越的地位」にある当事者が、過大な利益を得ている時として解釈できるのではないだろうか。

これは、図5.6の二つの太線が示しているように、例えば、外部オプションからの利得に対応する点を基準に、公平性に関する観念があり、たとえプレーヤー2にとっては、外部オプションから得るよりも大きな利得があり、プレーヤー1とプレーヤー2の得点の合計が $v_1 + v_2 = 1$ となっていて、交渉からの利益を無駄なく分け合っているという意味で「効率的」な利益配分（図5.6の△印に対応）であっても、「不公平」なものとして、社会的には容認されにくいものであるとし

て、このような利益配分は、濫用行為の疑いが強いと考えられます[11]。逆に、図5.6の〇印に対応する利益配分では、$v_1 + v_2 < 1$ となっており、交渉からの利益を無駄なく分け合ってはいないという意味で、「非効率的」なものですが、公平性という観点からは双方が納得できるものになっていると考えられるでしょう。

このように考えれば、前出の白石氏のように、優越的地位の濫用規制とは、市場支配力を持つ事業者がそれを利用することによって「相手方から搾取し超過利潤を得ようとする行為を禁止するもの」（長澤 2018, p.6）としてシンプルに捉えることが可能になります。

同様に著者は、優越的地位の濫用の規制は、競争秩序の維持といった競争条件の保護を名目とするよりも、「（過度な）搾取の規制防止」と見なす方が良いと考えます。その際は、中長期的視点の投資的活動も考慮に入れた視点から（以下の「テクニカル・ノート（1）」で論じている「ホールドアップ問題」と関係しています）、効

**図5.6：効率性vs公平性**

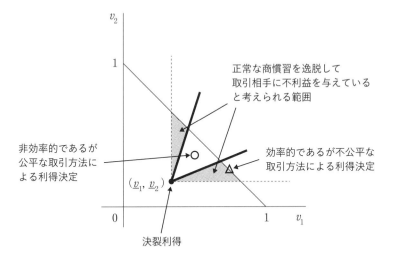

11)　これは、例えば、プレーヤー1は大企業、プレーヤー2は中小企業であり、当該取引から得られる利益は、プレーヤー1にとっては全体の企業利益の中では比較的小さいのに対し、プレーヤー2にとっては大きな割合を占めているという、取引外の条件を考慮すれば、△印のように、プレーヤー2があまりに少ない利益しか得られないのは「公平ではない」というように考えることができるでしょう。

率性に関する議論を広義に捉えることで、競争政策と中小企業保護政策とが混在してしまうような筋悪な視点に拠らずとも、優越的地位の濫用規制を従来の競争政策の自然な拡張で解釈することが可能になります。その際には、図5.6で示されているように、「交渉モデルを念頭に置いて考える」という視点も有益ではないかと期待されます[12]。

---

### テクニカル・ノート⑴：従来からの経済学的解釈

以上、「交渉モデル」において、「優越的地位の濫用」がどう解釈できるのかについて考えましたが、そもそも、「民事手続ではなく行政手続」によって私的取引に介入することに対しては、経済学者からはしばしば懐疑・批判の対象となってきました（岡室・林 2009, p.274）。弁護士の長澤哲也氏が述べるように、「取引当事者間における自由な交渉の結果、いずれか一方の当事者の取引条件が相手方に比べてまたは従前に比べて不利になることは、あらゆる取引において当然に起こり得る」（長澤 2018, p.4）からです。

経済学者が持つ素朴な疑問は、経済学者で元公正取引委員会委員の小田切宏之氏によって代弁されています。すなわち、両者が取引をしているなら、取引から生じる価値自体は生じているはずであり、売り手と買い手のどちらが「優越的地位」を「濫用」しているからといって、政策的に介入の必要があるのか、という点です（小田切 2017, p.158）。そもそも、AがBに対して行った「返品、減額、経済上の利益の要請などの行為」（小田切 2017, p.165）は「優越的地位の濫用」なのか、それとも通常の商慣習の範囲内にあるものと考えられるのか、その判断は自明ではありません。

従来の経済学のように、効率性が改善するかどうかに注目する視点か

---

12) どのようにして、このような「公平性」に関わる論点を競争政策に取り込んでいくかについては、今後の課題と言えるでしょう。この点は、アメリカの連邦取引委員会委員長（2022年1月現在）のリナ・カーン（Lina Khan）氏によっても認識されています（Khan 2018, p.131）。

らは、優越的地位の濫用規制によって、**ホールドアップ問題** (hold-up problem) が緩和されるかどうかがポイントとなります。ここで、「ホールドアップ問題」とは、取引関係において、特定の取引相手に対して特に有効となるような投資を行うことで品質の向上が見込まれるような場合、優越的地位の濫用によって、自身の投資による見返りが十分に期待されないという恐れがあれば、投資水準が過少となってしまうという問題を指します (岡室・伊永 2017, p.261や萩原・渕川・堀江 2017, p.276を参照)。このような状況では、政策的な介入によって、ホールドアップ問題が改善されるのであれば、「優越的地位の濫用」に対する規制は、効率性の側面から、その存在根拠が正当化されると考えることができます。

　こうして小田切氏は、当事者が明確な契約を結ぶようにすることが最優先であって優越的地位の濫用への措置は「ホールドアップ問題が明らかである場合に限ることが望ましい」(小田切 2017, p.172) という見方を示しています。しかしながら、現実の審判決においては、このような効率的側面から、優越的地位の濫用に関しての判断はなされていないようです。

### テクニカル・ノート(2)：行政法的視点

　以上の考え方に対して、**行政法** (administrative law) からの視点は、公共的な課題を解決するための政策的手段を与えるものという位置付けになっています。従って、独占禁止法に関しても、私的な取引関係に介入する法的な根拠は、「競争秩序の維持」という公的な観点に求められることになります。

　法学者の大浜啓吉氏によれば、私人間の取引関係における権利や義務は、「基本的に当事者の対等な意思の合致によって発生する」(**私的自治** (private autonomy) と呼ばれる) のが原則であり、ここでもし、私人間の権利義務関係において紛争が生じた場合には、民法 (財産法) の出番となり、裁判の際の基準を提供することとなります (大浜 2016, p.193)。

　しかしながら、「私的自治」の原則は、各当事者が自由意思に基づい

て合意を形成することが前提とされるものの、「一方当事者が相手方の
自由意思を抑圧し、相手方による自主的な判断を妨げて」（長澤 2018,
p.4）取引がなされているような状況においては、「私的自治」の原則が
修正されるための介入が容認され得ることとなるのです。その根拠は、
取引主体が「自由かつ自主的に判断すること」が「自由意志の基盤」
（長澤 2021, p.6）と考えられるからです。

　あるいは、民事法における契約者や公序良俗違反などによって「司法
的に救済を受けるのが本筋」（長澤 2018, p.3）ではあるものの、現実的に
はそれを期待することが難しい場合が多いので、「独禁法の優越的地位
濫用規制によって行政的に手当てをする必要がある」（同）という考え方
もできます。

　とりわけ、大企業が中小企業を不当に圧迫することによって生じうる
「経済力集中の弊害を防止するもの」（長澤2018, p.2）という位置付けが
与えられることになります[13]。ただし、優越的地位の濫用規制は、「事
業能力の格差自体を解消しようとするものではなく、格差から生じる弊
害を個別に排除しようとするものである」（同）点に特徴があるとされま
す。

　こうした考え方の背後には、以下のような歴史的背景の推移が反映し
ているものと考えられます。まずは、自由な取引関係による個人の利益
の追求が、かえって、社会的にも望ましい結果をもたらすという18世
紀啓蒙の色彩強い社会思潮の芽生えがありました。アダム・スミスの
「見えざる手」は、これを端的に示した表現です。私人間の取引関係は、
「当事者の自由な意思の合致でおこなわれる限り、それに法的効果を認
める」（大浜 2016, p.188）という**契約自由**（freedom of contract）の原則に

---

13）　なお、下請法は、優越的な地位の濫用を受けやすいと考える中小の納入業者に対して、
　　より一層の迅速な対応を取るために制定されている法律です。下請法は、製造委託その
　　他の取引のみに対象を絞り、「優越的地位の認定の困難さを回避するため、資本金等の
　　客観的で画一的な基準により、下請法の対象となる親事業者および下請事業者を決め」、
　　「優越的地位の認定とは異なり、取引依存度その他を総合的に判断することなく、委託
　　関係かどうか、資本金基準を満たすかどうかのみで下請関係が認定される」点が特徴的
　　です（小田切 2017, p.167）。

象徴されることになります。

　しかしながら、資本主義が発展する過程で、19世紀後半以降は、自由放任の限界が意識されるようになり、「市場（社会）に積極的に介入して自由競争を確保したり、自由競争に敗れた敗者に救済の手を差し伸べたりする」（大浜 2016, p.189）という国家の役割が認識されるようになってきました。その展開は多方面にわたり、社会主義や共産主義が唱えられ、政策的には、社会保障制度の拡充に結びついたのです。

　この延長線上に位置付けられるのが、アメリカ合衆国において19世紀後半から20世紀前半にかけて芽生えた**反トラスト**（antitrust）の動きであり、これが、現在、世界的に展開されている**競争政策**（competition policy）の出発点と言えるでしょう。

　ただし、「独占禁止法が保護すべきは公正な競争秩序であって経済合理的な判断それ自体ではない」とした上で、「自由な交渉の結果と区別することができる「優越的地位」を客観的に認定する必要」の重要性を強調する指摘もあります（岡室・伊永 2017, p.253）。

## 5.5 ｜ プラットフォームの存在をどう位置付けるべきか?

　以上の議論から、次のような示唆が導かれるでしょう。まずプラットフォーム運営事業者側に対しては、弾力的な条項運用・アグレッシブな交渉スタンスは、両面市場特有の間接的ネットワーク外部性によって、出店者の拡大とそれに伴う消費者への恩恵に繋がりうるものの、やはり、出店業者からの追加的利益の獲得という側面を伴う以上、それが「優越的地位の濫用」と判断されないよう、出店業者に対する丁寧な事前説明を行うなど十分な注意を支払うことが望まれることです。

　他方、公正取引委員会など政策当局に対しては、両面市場の文脈においては、優越的なプラットフォーム運営事業者による、弾力的な条項の運用等によるアグレッシブな行為は、まさに両面市場特有の間接的ネットワーク外部性がテコのように働くことによって、消費者側、そして、「硬直的な」取引様式のもとではプ

ラットフォームを利用することの利益が十分に確保できない（従って、プラットフォームを利用できない）ような潜在的な業者に対しても出店が促される効果がある点に注意が向けられるべきということになります。

　すなわち、一般に「公正競争阻害性」という観点から規制される、中小業者の保護的側面の強い優越的地位の濫用規制は、このような両面市場特有のメリットを減殺してしまう可能性があるという点です、従来から指摘されている「違法行為を判断する基準に行政機関の裁量が混入しやすい」という「萎縮効果」（大橋2014, p.19）にも増して副作用が少なくないということに対し、少なくとも自覚的でなければならないということになるでしょう。

　なお、本章では、データを使わずにモデル（だけ）で考えるというスタンスを通しました。実際、プラットフォーム・ビジネス等については、研究者が利用できるデータが限られている場合も多く、そういった場合は、モデルで考えることが有効となります[14]。

　最後の指摘として、優越的地位の濫用規制のように、「公平感」とも関わる問題を交渉モデルのような経済モデルで本格的に扱うようにするにはどうすれば良いのか、幾つかの方向性があるものと思われますが、第1章や第2章でも言及した行動経済学との接合が有望かもしれません。例えば、いわゆるビッグ・データを用いた、中古品売買プラットフォーム上での交渉取引についての最近の研究においては、「**互恵的・公平的規範**（reciprocal and equitable norms）」が交渉結果に与える重要性が示唆される分析結果が提示されています（Backus, Blake, Larsen and Tadelis 2020, p.1320）[15]。

**まとめ：**間接的ネットワーク外部性の下では、対出品者、対消費者に対するプ

---

14) 本章のトピックに関連するデータ分析としては、若森（2020）がキャッシュレス化に関する研究を解説していますので、興味のある読者は参照してください。

15) ここで「互恵的」とは、「他人の親切には自らも親切を以って応え、裏切りに対しては（それが自らの利益にならないとしても）仕返しを以って報いる」という態度を意味しています（例えば、岡田 2020, p.17などを参照）。どうして自らの利益を損なったとしても懲罰を与えようとする非合理性が見られるのか？　上の脚注11とも関連しますが、より広い視野からの解説としては、ビンモア（2015）や小林（2021）が有益な視点を与えています。

ラットフォーム企業によるアグレッシブな経営戦略は、プラットフォーム側が追加的に利益を得ようとする機会が担保されることによって、出品者・消費者にとっての取引機会の拡大がもたらされるという望ましさとは裏腹に、公平性の問題が付きまとわざるをえないというジレンマが生じることになる。

## 5.6 │ 企業間交渉から政治的交渉へ

　前章では、「社会における多くの諸問題は、生産の効率性に関わる経済的な問題とはまた別種の、社会における分配の問題、すなわち、社会的な成果をどう分け合うのか、誰がどれだけを得てどれだけを負担するのかという点に関わっていることを指摘しました。そして、本章においては、プラットフォーム・ビジネスの例を通して、効率性の問題と分配の問題の対立を見ました。

　この点について、経済学者の青山秀夫 (1910-1992) は、70年前、本書冒頭での丸山眞男と同様の発言をしています。

> 資本主義的競争が弱肉強食その他の明白なる欠陥をともなう以上、円満な共同生活のため、早晩政府がこれに干渉せざるをえないことも明らかである。功利主義的な "economics" は、集団に志向した "politics" によって、たえず補われていたわけであり、国民経済はいつも、随時適当な比率で按配された、個人主義と社会主義との組み合わせであったわけである。(青山 1952, pp.16-17)

> 結局、何よりも根本的に大切な問題となるのは、良い社会良い経済をつくるには "economics" の作用領域と "politics" の作用領域とをどういう比率で組合わせたらよいか、いわばビジネスに対する政治の塩加減如何、ということである。(同)

　社会における経済の問題に関心を持とうとする者は、すべからく、社会の政治的側面について、少なくとも、意識はしておかなければなりません[16]。次章以降、このような政治の問題に焦点を当てることとしましょう。より具体的には、

今まで考えてきた交渉モデルの考え方を、日本における内閣の「組閣」に当てはめようとすることで、政治家の抱く関心の所在を、交渉モデルに基づいたデータ分析によって明らかにしようと試みます。

このように、経済学の考え方は、狭い意味での経済現象のみならず、政治について考える際にも有益な視座を提供します。その場合には、政治家も自身の目的に沿った行動を取る「合理的なプレーヤー」と見なされることになります。これに関して、1947年から80年まで経済企画庁で経済政策の立案に携わり、退職後の1995年から96年には経済企画庁長官（村山富市改造内閣）を務めた宮崎勇（1923-2016）は、

> 政治家ですからみんな投票に関心があります。当然足元の景気や物価がどうなっているかを気にしていますが、本質的な経済の仕組みや歴史的視点という点になるというと、全般的に関心が希薄というか弱いですね

という率直な見方を示しています（宮崎 2005, p.329）。投票に関心あるのは、「猿は木から落ちても猿だが、政治家は選挙に落ちたらただの人だ。」という政治家の大野伴睦（1890-1964; 1957年から64年まで自由民主党副総裁）のものとされる言葉（斉藤 2010, p.125を参照）もあります。これら宮崎や大野による指摘は、**政治家たちも他ならぬ「経済人」であると捉えられることを示唆しているでしょう。**

---

16) 古代ギリシアの哲学者プラトン（Plátōn, BC427-BC347）は、『国家』において、国家の成立起源を、「各々の人びとが自給自足することの困難さ」に求めていることは広く知られているところです（例えば、岩波文庫版（藤沢令夫訳、上巻、2008年改版）のp.145を参照）。

### 章末付録 5.A モデルの詳細

　ここでは、両面市場において両サイドに課される価格が持つ特徴の詳細について説明しましょう。

　まず、プラットフォームが出店企業 $\theta_2$ と取引することから得る限界利潤は

$$\frac{\partial(p_1)}{\partial n_2}\, n_1 + w(\theta_2) = \frac{\partial(\alpha_1(n_1)\,n_1)}{\partial n_2}\, n_1 + w(\theta_2) = \alpha_1(n_1)\,n_1 + w(\theta_2)$$

であり（"$\partial$"は偏微分（partial derivative）を表す記号）、また、出店企業 $\theta_2$ がプラットフォームと取引することから得る限界利潤は

$$\alpha_2(\theta_2)\,n_1 - w(\theta_2)$$

です。そこで、外部オプションが $(\underline{v_1},\underline{v_2}) = (0,0)$ であるとすれば、$w^B(\theta_2)$ は、

$$\max_{w(\theta_2)} \left[\alpha_1(n_1)\,n_1 + w(\theta_2)\right]^\lambda \left[\alpha_2(\theta_2)\,n_1 - w(\theta_2)\right]^{1-\lambda}$$

の解として求められます（これは、前章で説明した一般化された交渉問題の解です）。

　もし $\lambda=1$ であるならば、すなわち、取引によって得られる相互利益の全てをプラットフォーム側が獲得できるという意味でプラットフォームに全ての交渉ウェイトがある場合には、$w^B(\theta_2) = \alpha_2(\theta_2)\,n_1$ となることが分かります。このとき、本文中の式（5.3）より出店企業 $\theta_2$ の利得は $u_2(\theta_2) = -p_2$ となっていますが、これは、各出店者がプラットフォームを利用しない場合の利得がゼロである以上、価格がゼロか負でない限り、プラットフォームを利用しようとはしない、ということを意味しています。逆に、出店企業側に全ての交渉力がある場合（$\lambda=0$）は、$w^B(\theta_2) = -\alpha_2(n_1)\,n_1$ となります。これは、出店者がプラットフォームに追加で支払っているのとは逆の状況であり、利用料 $p_2$ からの割引を得ていることを表しています。

　以上の状況は、図5.A.1に表されています。（a）においては、出店事業者 $\theta_2'$ に対する追加的な料金 $w(\theta_2')$ は、出店事業者 $\theta_2'$ がプラットフォームに出店する（追加的）利益が、$\lambda$ の比率でプラットフォーム側に、$(1-\lambda)$ の比率で出店事業者 $\theta_2'$ 側に振り分けられる状況が描かれています。そしてそのようにして、各 $\theta_2$ ごとに決まる $w^B(\theta_2)$ によって、出店事業者 $\theta_2$ の総支払額は $p_2 + w^B(\theta_2)$ となりますが、出店することの便益 $\alpha_1(\theta_2)\,n_1$ がこれよりも大きくなるような範囲でしか出店者は利用しようとはせず、そのようにして出店事業者数 $n_2$ が決定されるメカニズムが

### 図5.A.1：出店事業者$\theta_2$の取り分（a）と出店者事業者数$n_2$の決定（b）

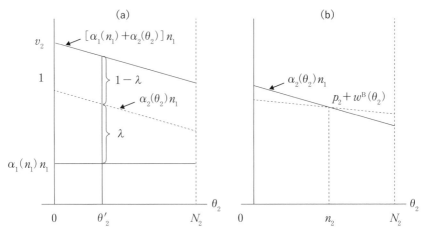

注：$N_2$は潜在的にはプラットフォームに参加しうる企業の総数。

（b）で表現されています。図5.A.2は、前章におけるナッシュ交渉解の説明（図4.1、図4.9）を、ここでの文脈に当てはめて図示しています。

### 図5.A.2：ナッシュ交渉解

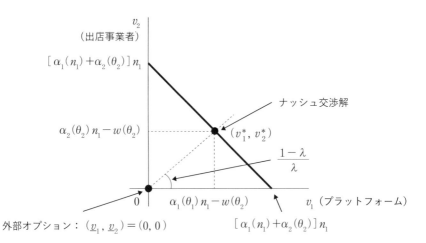

　ここでAdachi and Tremblay（2020）に従い、固定価格レジームのもとでプラットフォームが獲得する**利潤マージン**（第2章と第4章で既に説明したように、「価格から限界費用を引いたもの」を表します）の構成要素と交渉レジームにおけるそれとを比較してみます。まず消費者サイド（サイド1）に関しては、固定価格レジームでは

$$p_1 - c_1 = \underbrace{[-\alpha_1'(n_1)\, n_2 n_1]}_{\text{第1項}} - \underbrace{(\alpha_2(n_2)\, n_2)}_{\text{第2項}} \tag{5.5}$$

交渉レジームにおいては

$$p_1 - c_1 = \underbrace{[-\alpha_1'(n_1)\, n_2 n_1]}_{\text{第1項}}$$
$$- \underbrace{\{\alpha_2(n_2)\, n_2 + \lambda[\int_0^{n_2} \alpha_2(\theta_2)\, d\theta_2 - \alpha_2(n_2)\, n_2]\}}_{\text{第2項}} \tag{5.6}$$

となっています（ここで右肩の $'$ は、微分（differentiation）を意味しています。以下同様）。ここで、式（5.5）と式（5.6）の右辺第1項は共通であり、消費者に対して、プラットフォームが独占者であることから来る利潤マージンの利益を表しています。すなわち、$n_1$が減るとしても、その分、価格$p_1$を高めにしておこうとする誘引です。

　しかし消費者の追加的増加は、間接的ネットワーク外部性を通じて、サイド2の事業者の出店を拡大するという効果（$\alpha_2(n_2)\, n_2$）があるために、その分は価格$p_1$を下げることによって、$n_1$を拡大したいという誘引もあります。この二つの相反する方向性を示したものが式（5.5）の右辺第2項です。

　それは式（5.6）の右辺第2項に見られます。ここでは、$\alpha_2$は減少関数であるという仮定から

$$\int_0^{n_2} \alpha_2(\theta_2)\, d\theta_2 - \alpha_2(n_2)\, n_2 > 0$$

であるために、消費者価格$p_1$を下げようとする誘引の項は、固定価格レジームよりも、交渉レジームの方が大きくなっています。これはプラットフォームの交渉力$\lambda$に比例して、$n_1$を増加させることで、サイド2の事業者の出店を拡大する効果には、交渉から得られる利益の上乗せ分

$$\int_0^{n_2} \alpha_2(\theta_2)\, d\theta_2 - \alpha_2(n_2)\, n_2$$

が加味されるからです。

　次に出店事業者サイドに関しては、まず、固定価格レジームにおいては、プラットフォーム側が獲得する利潤マージンは

$$p_2 - c_2 = \underbrace{(- \alpha'_2(n_2)\, n_1\, n_2)}_{\text{第1項}} - \underbrace{\alpha_1(n_1)\, n_1}_{\text{第2項}} \tag{5.7}$$

のように表されます。これは上の式 (5.5) と同様であり、固定価格レジームでは消費者サイドと出店事業者サイドで構造が対称的であることがその理由です。

　しかし、交渉レジームにおいては、

$$p_2 - c_2 = \underbrace{[-(1-\lambda)\, \alpha'_2\,(n_1)\, n_1\, n_2]}_{\text{第1項}} - \underbrace{[\alpha_1\,(n_1)\, n_1 + w^B\,(n_2)]}_{\text{第2項}} \tag{5.8}$$

となっています。ここで、対出店事業者に対する利潤マージンに対応する式 (5.8) の右辺第1項は、対応する式 (5.7) の右辺第1項よりも小さくなっていますが、これは、交渉によって各 $\theta_2$ ごとに $w^B(\theta_2)$ を獲得できることから、全出店事業者共通の価格 $p_2$ を下げることが可能になることから生じています。ただし、プラットフォーム事業者に全く交渉力がない場合 ($\lambda = 0$) には、この利潤マージンの減少効果はありません。

　これが交渉レジームが $p_2$ を下げる間接的効果を表していますが、直接的効果は式 (5.8) の右辺第2項に登場している $w^B(n_2)$、すなわち、プラットフォームと取引することの方がしないことよりも少しは良いような（より正確には無差別であるような）出店者からの交渉からの取り分、で表現されている部分です。

　以上の議論は、本文中で説明したように、全出店者共通の価格 $p_2$ を下げることによってプラットフォームへの出店者 $n_2$ を増やし、ただし、価格を下げることによるデメリットは、交渉からの利益で補填するという構造を交渉レジームが持っているということを示しています。

　なお、5.3節に登場する $\lambda^*$ と $\tilde{\lambda}$ については、Adachi and Tremblay (2020, pp.15-16) においては、前者が

$$\lambda^* = \frac{54F}{(a_1 + a_2)^3 + 27F}$$

として求められ、後者は、

$$\frac{8-5\tilde{\lambda}}{(2-\lambda)^2}=\frac{2(a_1+a_2)^3+27F}{(a_1+a_2)^3}$$

という式を満たすものとして決まっていることが示されています。ここで、岡田（2001）で解説されている商の微分公式（p.33）と陰関数定理（Implicit Function Theorem; pp.131–132）を用いると、

$$\frac{\partial\lambda^*}{\partial a_1}=\frac{\partial\lambda^*}{\partial a_2}<0$$

及び

$$\frac{\partial\tilde{\lambda}}{\partial a_1}=\frac{\partial\tilde{\lambda}}{\partial a_2}<0$$

であることが分かります。これは、間接的ネットワーク外部性が大きくなる（ここでは、$a_1$あるいは$a_2$が大きくなることに対応しています）ほど、$\lambda^*$と$\tilde{\lambda}$が低下することを意味しています。すなわち、間接的ネットワーク外部性があることによって、交渉レジームが実際に選択されるような$\lambda$の範囲、そして、社会的にも交渉レジームが望まれるような$\lambda$の範囲は拡大します。2.4節で、外部性が存在するもとでは、企業側の「消費者搾取的」行動には、外部性の効果を調整する機能が生じるようになり、それは、企業側のみならず、消費者も合わせた社会厚生も上昇させうることを見ましたが、ここでも、同様の論理を見てとることができます。

**章末付録** **5.B プラットフォーム間の競争**

　本文中の分析では、出発点として、プラットフォーム企業が独占である場合を想定していましたが、例えば、プラットフォーム企業が「自らの競争者となるおそれのある新規参入者を不当に排除」（杉本 2019, p.129）するような排除行為（exclusionary conduct）や参入阻止（entry deterrence）をしている状況や、複数のプラットフォームが合併（horizontal merger）を企てているような状況を考える場合、独占ではなく、**複数プラットフォーム間の競争**（platform competition）を考慮しなければなりません。

　Adachi and Tremblay（2020）は、プラットフォーム事業者間の相互依存関係を直接的にモデル化することを迂回する「**不完全競争度パラメータ・アプローチ**（conduct parameter approach）」によって、プラットフォーム事業者間の競争を扱っています[17]。具体的には、プラットフォーム間の競争の程度を0から1までの実数 $\gamma$（不完全競争度パラメータ）で表現します。ここで、$\gamma = 1$は完全独占のケース、$\gamma = 0$は完全競争のケース（各プラットフォームの利潤はゼロ）に対応しており、現実は、この両極端の中間にあるものと考えられます。図5.B.1は、横軸に$\gamma$を、縦軸にプラットフォーム側の交渉ウェイトである$\lambda$を対応させて、図5.3と同様に、実際に選ばれるレジームと社会的に望ましいレジームとの乖離が生じる部分がハイライトされています（$a_1 = 0.75$, $a_2 = 1$, $F = 0.05$と設定しています）。

　まず、プラットフォーム間の競争度が高くない、すなわち、$\gamma$の値が低くない場合は、図5.3での議論と同様に、プラットフォーム側の対事業者交渉力が十分に高い（$\lambda$の値が十分に大きい）場合は、交渉レジーム（B）が選ばれ、他方、対事業者交渉力が十分に低い（$\lambda$の値が十分に小さい）場合は固定価格レジーム（S）が選ばれることが分かります。ただし、$\lambda$が中間の値である場合には、社会的には交渉レジームが望ましいものの、固定価格レジームが選ばれてしまうことになります。

　しかし、プラットフォーム間の競争度が高い（$\gamma$の値が低い）と、$\lambda$が中間的な値

---

17）　プラットフォーム企業による排除行為の事例については佐藤・林（2017）を、両面市場に限らず、より一般的な状況における企業結合の経済理論的分析としてはSato（2021）を参照してください。なお、ここで触れている「不完全競争度パラメータ・アプローチ」とは、不完全競争のモデル化を行う際の一つの考え方です（例えば、Weyl and Fabinger（2013）やAdachi and Fabinger（2022）を参照）。

を取る場合に、プラットフォームの取引様式の選択と、社会的に望まれる様式との齟齬は、「プラットフォームは交渉レジームを選ぶものの、社会的には固定価格レジームの方が望ましい」というものになります。

　この理由は以下のようなものになります。まず、競争圧力によって、プラットフォームの利潤が低くなると、交渉によって出店者から利益を得られることを期待して消費者・出店者数の拡大することの社会厚生への正の効果は小さくなります。その結果、交渉レジームが社会厚生にとって望ましい余地が少なくなる一方で、プラットフォームは、交渉による利益獲得に固執し続ける結果として、プラットフォームの様式選択と、社会的に望ましい選択との間に、$\gamma$が低くない場合と逆の齟齬が生じるようになるというわけです。特に、この齟齬は、プラットフォーム側の交渉力が高い（$\lambda$の値が大きい）場合に生じることは、図5.B.1の左側の部分に表れています。

### 図5.B.1：プラットフォームの競争度（$\gamma$）とプラットフォームの交渉力（$\lambda$）

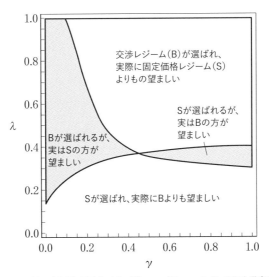

注：$N_2$はAdachi and Tremblay（2020）の図4においては、$a_1 = 0.5$, $a_2 = 1$, $F = 0.05$と設定されているが、この図では、$a_1 = 0.75$, $a_2 = 1$, $F = 0.05$と設定されている点が異なる。

◆**モデルのパラメータ**：この経済モデルにおけるパラメータは、$(\lambda, \gamma, a_1, a_2, c_1, c_2, F)$ となっています（ただし必要に応じて、$c_1 = 0$、$c_2 = 0$が仮定されています）。

## 幕間：文芸誌は儲からないのに、なぜ廃刊にならないのか？

　第5章では、間接的ネットワーク外部性が働くプラットフォーム・ビジネスの特徴として、「損して得取れ」の経営戦略に言及しました。このように、一つの企業が、ある部門で稼いで、別の部門での損失をカバーすることは、一般に**内部補填**（cross subsidization）と呼ばれます。

### 内部補填とは

　読者の皆さんは、「内部補填」の例として、何が思い付くでしょうか。例えば、著者にとっては、図BA.1が示しているような出版ビジネスの例が想起されます。

**図BA.1：雑誌の発行部数と広告料金の関係**

　架空の出版社であるBS社は、月間文藝誌部門と週刊・月刊一般誌部門の二部門を持っていますが、文藝誌部門は赤字の垂れ流し（補助サイド）、一般紙部門でのスクープ連発による大儲け（利益サイド）によって、その赤字が補填されている構造になっているとしましょう。

　そうしますと、BS社にとっては、赤字を垂れ流し続けている月刊文藝誌部門は切り捨てた方が、一見良さそうな気がしますが、そうでないとしたら、お金では表せない価値をBS社全体にもたらしているからかもしれません。具体的には

　「我が社はニッポンの文學界を引っ張っているのだ！」というプライド（?）は、

一般誌部門の社員にとっても士気を高めてくれる効果がある

と考えられます（広義の間接的ネットワーク外部性）。対外的には、その出版社の
ブランド価値を高めることにもなるでしょう。更には、儲からない文芸誌部門
をキープしておけば、月刊文芸誌に登場する作家（純文学からミステリーまで）・
知識人は、一般誌部門の暴走（?）に対してペンを以って非難してくることはな
いであろうという期待があるのかもしれません（こういった出版社が主催する文芸
賞も、作家への顕彰という名目を借りて、自身のブランド価値維持に一役買っていると
いう見方もできるでしょう）。

　ちなみに、作家の水村美苗氏は、「『新潮』百年を祝して」というエッセイで、
「今、人の懐を想像する失礼を冒せば、『新潮』を毎月出版するのが新潮社に
とって負担になっていないはずはない」（水村 2022, p.27）と推測した上で、

> 社会主義的な側面の強いノルウェイでは政府が毎回文学書の千部を買い上
> げ、図書館に寄付する。（中略）また、政府の介入を極端に嫌う資本主義的
> なアメリカでは、中小出版社は運営費用の平均六五パーセントを企業の寄
> 付金などでまかない、大出版社がリスクをとらない本を出版しようとする。
> ところがわが日本には文芸誌がある。大手の文芸出版社が利潤の一部を文
> 芸誌に回し、小説家に書く場を与え、原稿料を支払い、政府の援助や企業
> の寄付金の代わりを担ってくれるのである。他の国でも輸入可能なら輸入
> したいシステムであろう（水村 2022, pp.29-30）

と内部補塡に対して最大限の賛辞を送っています[1]。他にも、興味深い内部補
塡の例が見つけられるかもしれません。例えば、大学における理系と文系…
などと書いてしまうと、ただでさえ、研究・教育業界で微妙な立ち位置にある
著者ですから、ここは保身第一主義で、どちらが補助サイドで、どちらが利益
サイドなのかの指摘も含めて、ここまでで留めておくことにしましょう[2]。

---

[1]　なお、作家の大塚英志氏は、ある文芸誌の1年間の赤字額を7000万円と試算
　　　していますが（大塚 2002）、逆に言えば、これは、内部補塡してでも文芸誌を
　　　キープしておく価値が7000万円（以上）あるということを意味していると考えら
　　　れるでしょう。とはいうものの、実は話は単純で、文芸誌とは、単に、そこでの
　　　連載が将来の単行本によるヒット（黒字）を生み出すための先行投資（連載時点
　　　では赤字）に他ならないということなのかもしれませんが。

　しかしながら、ここで、経済学者の宇沢弘文（第1章で登場済）による以下のような指摘を引いておくのは無駄ではないかもしれません。

　　大学のなかに、大学の存在そのものを否定する契機を含むことは、大学が
　　その社会的、歴史的機を果たすために不可欠の要素である。（中略）一方は、
　　大学の存在理由そのものを否定し得る人々であり、他方は、大学の規範の
　　なかに自らを律しようと志向する人々である。大学当局にとっては、もち
　　ろん後者の方が望ましいと考えられるかもしれないが、それはむしろ短期
　　的、局所的な見方であって、大学の真の発展のためには、前者の契機もま
　　た不可欠なものである。（大塚 2015, p.179）

　これは、大学のみならず、例えば、国家にも当てはまるとも言えるでしょう。ここでは、BS社の月刊文藝誌部門の例とはやや異なって、「大学の存在理由そのものを否定する人々」による「間接的ネットワーク外部性」の効果はやや曖昧であり、また、「否定」といっても暴力的な手段が許されるわけではありません。これ以上は、読者の皆さん一人ひとりに考えていただくこととして、「文明の形成には多様な個人が必要」（Forster 1951, p.69）であり、「民主主義には批判を許すというメリットがある」（同）という、イギリスの小説家・評論家のE・M・フォースター（E.M. Forster, 1879-1970）の指摘（エッセイ「私の信条」）を挙げるに留めておくことにします。

## プラットフォームとしての雑誌

　さて、雑誌は、そもそも、ここでの社内における内部補填の関係の前に、第5章の表5.1にあるように、典型的な両面的プラットフォームの一例となっています。なぜならば、雑誌は、読者と「取引」をしているだけでなく、広告主とも取引をしており、二つの異なるタイプの顧客を相手にしているからです。

---

　2）　念のため、「内部補填」は、**金融経済学**（Financial Economics）で解説される
　　　「リスク・シュアリング（risk sharing）」とは異なります。リスク・シェアリン
　　　グは、保険のように、平時にはお金を拠出し、緊急時にはお金を融通してもらう
　　　といったように、状況に応じて、補助の向きが変わりますが、「内部補填」の場
　　　合は、状況にかかわらず、構造的に補助の向きが一定となっています。

読者は広告主が出す広告から商品に関する情報あるいは審美的満足といった形で価値を感じ、他方広告主は、読者数そして読者層を気にしているという意味で、雑誌という場を通して、お互いに相互依存関係にあります。この相互依存関係が、第5章で説明した間接的ネットワーク外部性に他なりません。

　雑誌の立場に立てば、読者は広告主を気にしている、広告主も読者を気にしているという狭間にあって、両者のバランスを適切に取るべく、記事の内容に知恵を絞り、販拡戦略を練っていくことが重要となってくるでしょう。

　そして雑誌にとっては、広告収入も重要な収入源となっています。皆さんが雑誌の広告に目を向けるとき、どれだけの料金なのかなあと気にすることはあまりないかもしれませんが、実際のところ広告料金の高低にはどのような要因が重要なのでしょうか。

　簡単にこの問題を考えてみようとする際、雑誌広告料金センター「らくマガ」（http://magazine-ad.com/）というサイトでは、全80雑誌が17のカテゴリーのどれかに分類されて、それぞれの雑誌ごとに、（裏表紙とか見開きといった）幾つかのスペースごとの広告料金が記載されており、1号あたりの平均発行部数も併せて載せられていました。しかし、本書脱稿時点（2021年8月）では、一部の雑誌を除いて、平均発行部数のデータは掲載されなくなってしまっています。以下の数値は、2013年2月時点での情報に基づいたものです。

　まず、出版業界用語で「表四4C1P」と呼ばれる裏表紙のカラー1頁分（雑誌の広告の中では、見開きに次いで目立つスペースと言えるでしょう）の広告料金と、発行部数との関係を見てみることにしましょう。まず一つのカテゴリーにちょうど5誌が収められている15のカテゴリーごとを取り上げ、5誌の広告料金平均を計算して、高い順からランキングとしたものが、表BA.1です（平均は千の桁を四捨五入して計算）[3]。

　トップのカテゴリーは「女性ファッション誌」となりました。おおむね、裏表紙の広告料金は、各カテゴリーがターゲットとしている読者層の購買意欲と関係あるのではないかということを示唆する結果となっているかと思います。

　もちろん、各カテゴリーにおける雑誌が、カテゴリーを代表するものとして（無作為抽出的に）選ばれているのかなど問題がありますから、より精確には、

---

[3]　残りの二つのカテゴリーでは、一つが3誌を、もう一つが2誌を収録しており、従って、15×5＋3＋2で全80誌の情報が掲載されていました。

**表BA.1：雑誌カテゴリー別の広告料金**

| ランク | カテゴリー | 平均（万円） | 標準偏差／10000 |
|:---:|:---|:---:|:---:|
| 1 | 女性ファッション誌 | 295 | 29.5 |
| 2 | マンガ・コミック誌 | 250 | 38.1 |
| 3 | 女性総合誌 | 249 | 73.5 |
| 4 | 週刊誌 | 228 | 26.8 |
| 5 | ビジネス誌 | 211 | 114.1 |
| 6 | 男性ファッション誌 | 208 | 71.8 |
| 7 | 一般総合誌 | 190 | 23.3 |
| 8 | 情報誌 | 186 | 87.7 |
| 9 | エンターテイメント | 164 | 58.2 |
| 10 | スポーツ誌 | 151 | 39.4 |
| 11 | 赤ちゃん・育児・子ども | 132 | 21.7 |
| 12 | 趣味 | 124 | 56.8 |
| 13 | 健康・医療 | 122 | 19.7 |
| 14 | 自動車・バイク | 104 | 45.3 |
| 15 | ペット | 103 | 48.2 |

注：「雑誌広告料金センター「らくマガ」」（http://magazine-ad.com/）に、2013年2月時点に掲載されていた情報に基づいて作成。それぞれのカテゴリーにおける平均は、そのカテゴリーに属する雑誌全5誌の広告料金の単純平均。

　もう少し対象雑誌を広げて、研究者がカテゴリーを適切に設定した上で、各カテゴリーをバランスよくカバーするようにしてデータを構築することが理想でしょう。

　第2位が「マンガ・コミック誌」という結果は、発行部数の大きさとの関係も示唆します。そこで、図BA.2では、発行部数と広告料金との関係を見るための散布図を示しています。太字がマンガ・コミック誌の5誌に、細字が女性ファッション誌の5誌に対応しています。

　「コミック誌は広告媒体として価値が低いので、販売収入が収益のほとんどである」（山田 2012, p.139）とのことで、確かに、販売部数が大きいので、広告収入の占める割合は比較的小さいかもしれません。しかし、広告主の側から見

れば、マンガ・コミック誌は魅力的な広告媒体と言えそうです。

　なお、ここまではあえて注意を促さなかったのですが、広告料金の高低に関わるものとしては他の要因もあると考えられるでしょう。例えば、週刊か月刊かといった発行形態の違い、あるいは、なかなか数値化しづらいですが、雑誌の「質」といったものも影響しているかもしれません。

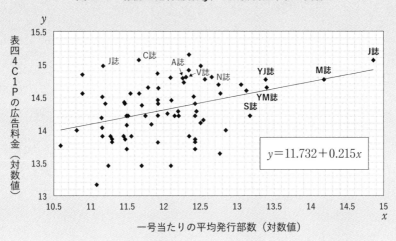

図BA.2：雑誌の発行部数($y$) と広告料金($x$) の関係

$$y = 11.732 + 0.215x$$

一号当たりの平均発行部数（対数値）

注：上の表BA.1で用いられた75誌の（部数, 広告料金）の散布図。直線は、線形回帰を描いており（「線形回帰」については、統計学の教科書を参照）、右下に示されている式は、その直線を表現。

　上の図BA.2で描かれた回帰直線を字義通りに取れば、「発行部数が1％上昇すると、広告料金は0.22％上昇している」ということになります。しかし、「発行部数が上昇する」ことの背後には質の向上があり、この質の向上は直接的に広告料金を上げることに寄与するのであれば、質を考慮しない分析結果は、発行部数自体が広告料金に与える影響を過大に見積もっている、すなわち、上記の0.22％は大きすぎ、場合によっては、実は、発行部数の上昇は広告料金にマイナスの影響があるというのが実際のところという場合もあります。

## 構造推定アプローチと誘導形推定アプローチ

　以上の指摘は、第1章における統計的因果推論で説明された「見かけ上の相関」に関する議論（図1.4）と関係しています。この問題は一般に**識別問題**

(identification problem) と言われ、経済学のみならず、近年、政治学や経営学といった他の社会科学における実証研究、すなわち、データを使った研究は、この点に相当の注意を払って分析が行われるようになってきました（入山 2019, p.762）。その対処法の一つが、第1章で見たランダム化統制実験（RCT）となります。

データ分析に用いられる経済モデルは、この識別問題に注意をしながら、第3章で見たもののように、比較的単純に留まるものもあれば、他方では「構造」（この例に即して言えば、発行部数は、そもそも雑誌の作り手という供給側の事情のみならず、読者という需要の要因もあり、双方が影響しあって決まっているという構造）を経済モデルとして表現した上で、データ分析を行うという流儀もあります。このような方法論は、一般に**構造推定アプローチ**（structural estimation）と呼ばれ、それに対して、RCTのように、そういった構造の詳細には立ち入らずにデータ分析を行う方法は**誘導形推定アプローチ**（reduced-form estimation）と呼ばれています。

ここで一つだけ注意しておきたいことは誘導形推定アプローチは、興味ある関係（上の例では広告料金と発行部数の関係）に対して、直線のような分かりやすい関係を、例えば直線的な関係を事前に想定するために、見た目はシンプルで、それがために「置かれている仮定は強くない」として、構造推定アプローチに対する利点と考えられがちであるということです。しかしながら、経済学者のマイケル・キーン（Michael Keane）氏が強調するように、そもそも、広告料金と発行部数の本来的な関係から考えると、直線的な関係を想定しようとすることの方がむしろ「仮定が強すぎる」という見方もできるわけで、その点には注意を要します（Keane 2010）。

雑誌の広告料金に話を戻しますと、雑誌広告料金センター「らくマガ」には、「掲載料金は定価表記となっておりますので、実勢価格はお問い合わせください。」との但し書きが付いています。このことは、実際の広告料金の決定の際には、交渉的要素があることを示唆しているように思われます。このような状況の分析には、今まで見て来たような交渉モデルを考えることが有用なのです。しかしながら、社会における交渉的側面に関わる分析を行うためのデータを入手することは容易でありません。一つの考え方としては、第5章で見たように、データを用いず、経済モデルだけの分析を展開するという割り切り方があります。それに対して、次章以降で扱う組閣の交渉ゲームは、基本的なデータが入

手可能な状況となっていることが有利な点となっています。

# Ⅲ
## 上級篇

　最終の「上級篇」では、「中級篇」で学んだ交渉理論に依拠し、「基本篇」で見た「データ分析」を導入することで、データとモデルの協演をお見せします。ミクロ経済学が経済事象のみならず、政治という人間臭い現象についても十分に切れ味のある分析ができることを実感していただくために、分析の対象は、日本政治、特に自民党政権が単独政権であった時期の組閣のプロセスに焦点を当てて、「各大臣のランキングの推定」についての研究を紹介します。まず第6章では、分析の制度的な背景とモデル設定について解説します。それを踏まえた上で、第7章では、設定したモデルと実際のデータを組み合わせ、それぞれの大臣ポストがどれだけの重要性を持っていたかを推定した結果をお見せします。なお、省庁再編後の時期を対象とした分析結果もご紹介します。

# 第6章 | 交渉としての組閣
## ——自民党政権の派閥交渉をモデル化する

> 一面の見出しは、〈難航の末、未明の組閣〉。第二次海部内閣のラインナップ
> が決まったニュースと永田町の派閥力学の分析で、紙面はほとんど埋めつく
> されていた。利権システムの幻影に取りつかれた人々が演じる、代り映えの
> しない密室劇。
> 　　法月綸太郎『ふたたび赤い悪夢』（講談社文庫、初版：1992年4月）第VII
> 　　章（なお、実際の「第二次海部内閣」の発足は、1990年2月28日）

　本章と第7章では、交渉モデルとデータ分析の協演の実例として、1958年から
1993年までの自由民主党（Liberal Democratic Party；自民党）単独政権下における
組閣は、各派閥がどの大臣ポストを分け合うかの交渉を行っていたものと見なせ
るという視点からの分析を紹介しましょう。まず本章では、交渉モデルを提示し、
続く第7章では、データを使った推定の結果から、当該期の自民党にとってはイ
ンフラ整備に関係する閣僚ポストが重視されていたことが傍証されることを示し
ます。

　以下では、諸派閥による「合理的な行動」の結果として、組閣という政治的現
象を理解するというスタンスに立っています（Kohno 1992を参照）。すなわち、派
閥（faction）を意思決定主体と見て、派閥同士が利益追求のために競合している
という視点から「経済モデル」が提示されます。第4章で交渉問題を導入した際
は、2人のプレーヤーが1億円を分け合うというイメージを想定しました。以下
では、三つ以上の派閥が、組閣の際に交渉を通じて、あたかも円状のパイでイ
メージされるような利益の全体をどう分けようとするのかを睨んでいるものとし
て考えてください。

　さて、現代史の常識に属する事柄ですが、自民党は、1955年11月15日、当時
の自由党と日本民主党の二政党による保守合同によって成立し、1993年まで、
衆議院の第一党として政権を担い続けました。このおよそ40年間、この自民党
（保守）に対抗して、主に野党第一党の日本社会党そして日本共産党（革新）が対峙

するという「保革対立」の構造が続きました（田中 2020, p.160）。この**55年体制**
(the 1955 System) は、アメリカ合衆国を中心とする資本主義陣営と、旧ソヴィエ
ト連邦を中心とする共産主義陣営が対立するという「東西冷戦」の反映とも言え
ます（小宮 2020, p.305）。

　この保守合同は、自民党の結党直前、それまで左右両派に分裂していた社会党
が再結成されたことが切っ掛けとなったものですが、吉田茂（1878-1967）の系列
に属する政治家と反吉田を標榜する政治家、官僚出身の政治家と党人肌の政治家、
更には、戦前派と戦後派が入り混じり、「およそ一つの政治的原理を共有した政
党とはいいがたかった」（宇野 2016, pp.182-185）という性質を持っていました。
これが、党内での派閥形成につながります。従って、以下の第6.2節でも説明し
ますが、この時期の自民党は、「派閥の連立政権」（斉藤 2010, p.107）という性格
を有していたと言えるでしょう[1]。そして組閣とは、こうした派閥同士が閣僚ポ
スト配分を通じて利益を追求しあう場であるという、まさに「交渉」の場と見な
せるのです。もっとも、こういった交渉は、推理作家の法月綸太郎氏が上で描写
しているように、「密室劇」であり、衆人環視のもと、明示的な「ルール」に
のっとって行われるものではありません。しかし、6.2、6.3節で説明するように、
おおよそ、このように「モデル化」できるであろうと考えるのです。「良く分か
らないこと」のエッセンスを抽出して、分析の俎上に乗せられるように具体化す
る。これは、モデル化の神髄と言えます。

　それでは、各派閥を単一の意思決定主体と見なし、組閣プロセスを「閣僚ポス
トの配分を巡る派閥間の交渉ゲーム」として考えるという視点を提示していきた
いと思います[2]。

## 6.1 │ 組閣を交渉として捉える

　以下の分析枠組みは、1993年までの時期の組閣においては、各派閥が、組閣
においてどのような閣僚ポストを得るのかは、ある種の交渉的要素によって決

---

1) なお、野党第一党の社会党の内部においても、派閥現象と呼べる対立構造があったこ
とは広く指摘されるところです（井堀・土居 1998, p.20）。

まっていたと考えるのが妥当であろうという認識から出発しています。21世紀に入ってからは、政治学者の中北浩爾氏が指摘するように、小泉純一郎氏による政権（2001-2006）以降、「総理・総裁の人事権が強まっているようにみえる」（中北 2017, p.70）ために、自民党における派閥均衡的な人事慣行は、1993年までの時期と比較して明確ではなくなっているようにも考えられます。

　しかしながら、中北氏は、現在にあっても、「派閥の意向や派閥間のバランス」が人事に際して少なからず考慮されていることも指摘しており（中北 2017, p.77）、従って、以下の枠組みは、2012年以降の自公連立政権の組閣を考える上でも有効であると考えられるでしょう。実際、本書校正時点（2022年2月）での直近の内閣は、2021年11月10日発足の第二次岸田文雄内閣ですが、組織の際の各種ニュースで「派閥」がキーワードとなっていたことは記憶に新しいところです。最終の第7章ではそのような想定のもとで分析を行っています。

　このように、組閣が交渉ゲームとして捉えられる背景としては、それぞれの大臣ポストは（省庁別に対応した）政策分野と関連しており、それぞれの政策分野の意味合いや重要度が異なるがゆえに、どのポストをどの派閥が獲得するのが交渉的な要素によって決まってくるという想定があります。そう考えますと、「力」のある派閥が有利となるように閣僚ポストの配分を得ているものと考えられるのが自然でしょう。

　逆に言えば、このような実際の閣僚ポストの各派閥への配分と、それぞれの派閥の「力」に影響して決まるということから、どの閣僚ポストが重視されているか、すなわち、**政治家にとっての閣僚ポストの重要度の違いを推し量ることができる**のではないかと考えられるわけです。より具体的には、「内閣総理大臣の重要度は内閣全体の中でどれだけの割合なのか」とか、「ある大臣ポストの（政治家

---

2）　斉藤（2010）は、「自民党という政党組織を利益誘導と集票活動の視点」（p.10）から分析した研究ですが、そこでは、自民党が一つの「企業体として」（同）最適化行動を取っているという一貫した視点が採用されているため、派閥や族議員などの内部構造には焦点が当てられていません。対して、ここでは、自民党内部の派閥間の関係に焦点を当てています。このような見方と斉藤（2010）の分析視角とは、互いに排他的なものではなく、自民党に対してそれぞれ異なった視角から分析しているという意味で、相互補完的なものと言えるでしょう。なお、自民党創成期には、派閥はまだ明確な形を取っていませんでしたので、本書では、1955年から1957年までは、派閥の大きさと議員の所属についてはデータが得られないと判断しています（佐藤・松崎 1986 も参照）。

にとっての) 価値は、別の大臣の何倍であるのか?」といった事柄を推量できる
ようになると期待ができるのです。

　もちろん、直接的には、政治家たちへの聞き取り調査を行うことによっても可
能かもしれません。しかし、どの派閥がどの閣僚ポストを獲得したかという観察
可能なデータが存在することから、「大臣の序列」に関して、それらを用いるこ
とで推測ができるのではないかとも考えられます。これが、以下で提示する推定
の具体的な目標となります。

　さて一般に、議院内閣制において組閣が行われる際、当該期の自民党単独政権
のように、議会の過半数を一党が占めて、内閣を単独で形成するということは稀
であり、ヨーロッパや近年の日本のように、選挙結果を受けて、幾つかの政党が
連立政権を樹立することの方が、むしろ通例です。しかし本書では、やや複雑で
ある「連立形成」がどのようになされるのかという問題は捨象して、自民党内部
での閣僚ポストの配分の問題に焦点を当てることとしましょう (7.4節では、自民
党を主体とする連立政権が対象となります)。

　やや細かい点までに立ち入れば、以下で展開される交渉モデルにおいて、もし
異なる政党同士が連立政権に参加しているのであれば、大臣の重要度は、各政党
によって異なるものと捉えるのが妥当であると考えられますが、その場合、各大
臣の重要度を総計したものが組閣ごとに異なるという問題が発生します。組閣ご
とに連立に参加する政党が異なっている場合はもちろん、もし、同じ複数の政党
が連立内閣を組んでいるという事象が複数回観察されても、各政党が獲得してい
るポストが異なれば、大臣の重要度の総計は異なったものとなるので、計量分析
の前提となる、各大臣の相対的重要度を識別することができないのです。別の言
い方をすれば、あるデータが与えられたとき、各大臣の相対的重要度についての
推定値が、計量的な手法によって一つの特定の数値として生み出されるための構
造が欠けているということです (これは、今まで度々登場してきた「識別」の議論です)。

　本書においては、主に単独政権下の自民党を念頭に置くことで、「大臣の (相対
的) 重要度 (ministerial weights) は派閥によって異ならない」と仮定し、上述の問
題に対処します。以下の6.2節で議論するように、この仮定は妥当なものと考え
られるでしょう。そうすることによって、大臣の相対的重要度を足し合わせたも
のは、我々の注目する期間において、常に一定であると仮定することができ、上
述の識別の問題に対応するわけです。

　より具体的な説明に移ることにしましょう。本章と次章においては、以下のような手続きによって、各大臣の相対的な重要度の計量的推定を行います。

① 1958年から1993年までの時期における当該時期の内閣形成の特徴を把握する。

② それらの特徴が考慮された内閣形成の交渉ゲームを構築する。とりわけ、私たちが関心の対象とする、各大臣の（相対的な）重要度が、データ分析の結果として推定されるような定式化を行う。

③ その交渉ゲームが導く結果と、そのゲームにおける確率的構造の定式化に基づいて、実際の組閣のデータを用い、各大臣の重要度を推定する。

　組閣手続きの数理モデル化については、以下においては、経済学者のディヴィッド・バロン（David Baron）氏と政治学者のジョン・フェアジョン（John Fairjohn）氏による研究（Baron and Ferejohn 1989）に基づいた非協力ゲーム的な多人数逐次交渉ゲーム（non-cooperative multilateral sequential bargaining game）と共に、協力ゲーム的な定式化、すなわち、第4章で交渉ゲームの考え方を導入した際に紹介したナッシュの定式化、そして、アメリカの数学者ロイド・シャプリィ（Lloyd Shapley, 1923-2016）とアメリカの経済学者マーティン・シュビック（Martin Shubik, 1926-2018）による研究（Shapley and Shubik 1954）に基づく、**シャプリィ＝シュビック投票力指数**（Shapley-Shubik Power Index）を用います。

　渡辺安虎氏と著者による研究（Adachi and Watanabe 2008）においては、前者の非協力ゲーム的枠組みが、光常正範氏と著者の研究（Mitsutsune and Adachi 2014）では、後者の協力ゲーム的枠組みを用いて、データ分析がされています。両研究において、本章前の「幕間」で触れた構造推定アプローチが用いられて統計的推定が行われています[3]。誘導形推定や単純な回帰と比較して、構造推定アプローチにおいては、経済モデルにより密着した概念自体が、推定の対象となります。そのことによって、構造推定アプローチにおいては、得られる推定値をモデルに基づいて直接的に解釈することが可能になるというわけです。

---

3）　両研究における推定は、最尤法（the maximum likelihood method）が用いられています。最尤法とは、データを生み出す確率分布のパラメータを推定する際に、与えられたデータが最も高い確率で生み出されるようなパラメータの値をもって、その推定値としようとする発想法です。詳細については、例えば、西山・新谷・川口・奥井（2019）の付録B.4などを参照してください。

　すなわち、実証なき理論でも理論なき実証でもなく、「実証を目指す理論」ないしは「理論に基づく実証」を志向する分析態度です。これが構造推定アプローチの利点と言えるでしょう[4]。

◆**文献ノート：組閣を交渉と見る研究**：ここでは、関連する先行研究について概観します。まずMerlo (1997) は、構造推定の方法を組閣の分析に用いた最初です。Merlo (1997) においては、戦後のイタリアのデータが用いられ、「パイ」（組閣の際に交渉の対象とする利益の全体）の価値が確率的に変動することを考慮した、多人数逐次交渉モデルが推定されました。より具体的には、連立政権の閣僚ポストを巡る交渉の期間、および政府の安定性が分析されています。Diermeier, Eraslan, and Merlo (2003) は、Merlo (1997) のアプローチを拡張し、ヨーロッパ諸国のデータを用いて、各国憲法上の特徴が、政府の安定性にどのように影響を与えるのかを構造推定しています。

　Merlo (1997) やDiermeier, Eraslan, and Merlo (2003) は、モデルの動学的な側面に注目していますが、本書では、閣僚ポストの配分の問題に焦点を置きます。彼らの交渉モデルでは、配分の対象となる余剰の価値が確率的に変動することを考慮しているので、均衡において、交渉の第1期で提案が必ずしも合意されないという意味で、「遅れ」が生じ得ます（なぜなら、提案を拒絶し、交渉を次期に持ち込んだ方が、次期の余剰は大きくなるかもしれないという効果があるからです）。このことによって、イタリアの組閣の際に頻繁に観察される「遅れ」を分析することが可能になるわけです。

　しかしながら、本書での関心はこのような動的側面ではなく閣僚ポストの配分ですので、以下では、交渉の対象となる利益全体（パイ）は時間を通じて一定であると仮定し、閣僚ポスト配分の問題に焦点を当てることになります[5]。既存研究に対して、Adachi and Watanabe (2008) とMitsutsune and Adachi (2014) の貢献は、大臣の相対的な重要性を構造推定アプローチによって計量的に推定したことにありま

---

4)　構造推定アプローチの短所の一つは、通常は、逐次的に数値を代入して計算していく方法によって推定値を求めることになるために、膨大な計算が要求されることです。構造推定アプローチのその他の長所・短所や、今後の発展の方向性についての解説としては、今井・有村・片山 (2001) や中嶋 (2016) などがあります。

す。なお最近の研究の展開は、Eraslan and Evdokimov (2019) で解説されています。


## 6.2 ｜ 自民党単独政権時における組閣の特徴

　本節では、第7章でのモデル設定と、その推定のために、当該期の内閣形成に関する特徴について述べます。それらは、以下の5点にまとめられます。

(1) 自民党は衆議院において過半数を占めていた[6]。首班指名を受けた者は、自民党総裁であった。

(2) 組閣後、その後の国会の会期中に内閣不信任案に賛成票を投じた派閥はない。

(3) 組閣において、派閥が中心的な役割を果たした[7]。

(4) 自民党を離党した派閥はない。そして、全ての派閥は、ほとんどの内閣において、何らかのポストを得ていた。

(5) 両院で首班指名が行われた3日以内に、組閣は完了している。

　それでは、それぞれの点がどのようなことを示唆しているのかを考えていきましょう。まず (1) は、実質的な首相の決定は、国会ではなく自民党の内部プロセスを経るものであったことを示唆します。すなわち、自民党からの首相立候補者は、常に自民党総裁であったのです[8]。これと合わせ、(2) から、首相の選出と組閣は双方とも自民党の内部プロセスによるものだったと考えることができます。

---

5) Eraslan (2008) は同種のモデルを会社破産の問題に当てはめた実証分析を行っています。関連して、Hanazono and Watanabe (2018) は、プレーヤーが対象総額を事前に知らず、交渉ステージの毎期毎期において、各プレーヤーが総額に関しての私的情報を得るという設定において、交渉締結の「遅れ」を均衡として導出しています。

6) 自民党は、1983年から1986年までは過半数の位置にありませんでしたが、その時期には、新自由クラブと連立政権を組んでいました。その後、新自由クラブは1986年に解散し、自民党に吸収されたことから、Adachi and Watanabe (2008) と Mitsutsune and Adachi (2014) の双方において、新自由クラブは自民党の派閥の一つとして扱われています。

7) 正確には、内閣不信任案が可決されたことが一度だけあります。それは、1980年、69人の自民党議員の欠席のもと、衆議院は内閣不信任案を可決したときのことです。しかしながら、これは組閣とは無関係の出来事でした。

　更に (3) は、派閥が自民党内の内部組織上の主要な単位であり、組閣時におけ
る主要なアクターであったことを意味しています (Kohno 1992 も参照)。なお、自民
党の派閥は、本章の冒頭で言及したように、政治理念的には差異が見られたもの
の、政策問題に対する選好について大きな違いはなかったと言われています[9]。

　そして、組閣プロセスが、「首相が全派閥に対して、閣僚ポストの配分を提案
する。そして、それぞれの派閥は、それに対して賛成するか、反対するかする」
のように始められると考えるとする場合、(4) を念頭に置くと、提案に対する合
意形成のあり方としては、「全員一致の原則 (unanimity rule)」を念頭に置くこと
が自然となります[10]。この理由は、ある程度の大きさの派閥はほとんどの内閣
において、閣僚ポストを得ていたという事実に基づきます。というのは、全員一
致の原則でないのならば、(少なくとも理論的には) ある派閥を排除して、ポストを
与えなくても、それ以外の派閥の合意で実行されうるからです[11]。

　最後に (5) は、首相の最初の提案が、結局のところ全派閥により合意される
ものであると解釈することを可能にしています。これは、他国との比較で考えて
も、首相の最初の提案が合意されるものであると考えられることを示唆するで
しょう。例えば、経済学者のアントニオ・メルロ氏による研究 (Merlo 1997) は、

---

8）　例外は、1979年に自民党から2人の候補者が出たときです。しかしながら、その際に
　　首相に選ばれた大平正芳は、自身に賛成しなかった派閥も含めて、主要派閥には閣僚ポ
　　ストを配分したのです。

9）　例えば、Ramseyer and Rosenbluth (1993, p.77) は、派閥は政策分野によっては特
　　徴付けられないと述べる、ある派閥の領袖へのインタビュー記事に言及しています。

10）　実際には主流派・反主流派という言葉があるように、全員一致の原則の下にあるとは
　　考えにくいと思われるかもしれません。しかしそれでも、自民党を離党したり、内閣不
　　信任案を提出するというのでなければ、ポストの配分に賛成しているのだとみなすこと
　　は妥当であると考えられます。例えば、1972年の第一次田中内閣組閣時に、福田派は
　　自派に対する過小なポストの配分に不満であったと言われていますが、それでも、敵対
　　的な連立を組んだり、内閣不信任案を提出しようとすることはありませんでした。その
　　時点で、福田派の議員は56名、野党の議員は207名であったので、263対228で、内閣
　　不信任案の可決は不可能ではなかったにもかかわらずです。

11）　「全員一致」が合意形成で求められていない場合、例えば、複数の派閥が、首相派閥
　　による最初の提案に「反対」したい場合、具体的な方法としては、国会において、内閣
　　不信任案などを提出することによって、首相の交代を試みることも原理的には可能です。
　　しかし、歴史上、そのような不一致は生じていません。

戦後のイタリアのデータを用いていますが、戦後のイタリアでの組閣にかかる期間の平均は4.98週間です（最大は18週間）。

　以下で示される分析においては、以上の五つの点が、大筋としては、当該期の組閣の本質的な部分を捉えているものと考えられ、今見たような、それぞれの点についての解釈が、交渉のモデル化の際に考慮されることになります。

　表6.1は、以下で対象とする時期における歴代首相のリストです。

**表6.1：自民党単独政権下での歴代首相リスト**

| 首相名 | 在籍年 | 組閣回数 | 所属派閥 |
|---|---|---|---|
| 岸信介 | 1957–1960 | 3 | 岸派（現在の清和政策研究会に対応） |
| 池田勇人 | 1960–1964 | 7 | 池田派（現在の宏池会に対応） |
| 佐藤栄作 | 1964–1972 | 9 | 佐藤派（現在の平成研究会に対応） |
| 田中角栄 | 1972–1974 | 4 | 田中派（← 佐藤派） |
| 三木武夫 | 1974–1976 | 2 | 三木派（現在の麻生派と合流） |
| 福田赳夫 | 1976–1978 | 2 | 福田派（← 岸派） |
| 大平正芳 | 1978–1980 | 2 | 大平派（← 前尾派 ← 池田派） |
| 鈴木善幸 | 1980–1982 | 2 | 鈴木派（← 大平派） |
| 中曽根康弘 | 1982–1987 | 5 | 中曽根派（現在の二階派に対応） |
| 竹下登 | 1987–1989 | 2 | 竹下派（← 田中派） |
| 宇野宗佑 | 1989–1989 | 1 | 中曽根派 |
| 海部俊樹 | 1989–1991 | 3 | 河本派（← 三木派） |
| 宮沢喜一 | 1991–1993 | 2 | 宮沢派（← 鈴木派） |

注：岸については、1958年6月12日発足の第2次岸内閣からが対象となっている。なお、1959年1月12日に行われた第二次岸内閣の人事手直しも含めて数えており（北岡 1995, p.347［2008年の文庫版］参照）、従って、組閣回数の総数は44となっている。

**◆文献ノート：日本の組閣を対象とした研究：**日本の組閣を対象としてゲーム理論的な分析を試みた最初の研究は、Leiserson (1968) です。そこでは、各大臣が独自の基準に基づいてランク付けされた上で、大臣ポストの配分が、Mitsutsune and Adachi (2014) と同様の協力ゲームによって定式化されています。同様の試みとしては、和田 (1993) も挙げられます。

　比較的最近の研究として、Ono (2012) は、1960年から2007年までの自民党内部

での閣僚ポスト配分に着目し、首相派閥は、比較的少ない数の閣僚ポストしか得ていないというような傾向が見られ、これは、衆議院選挙に伴う、派閥のサイズの変化とは連動しないという観察事実から、「党首は、ライバルによって自身のパワーが奪われることを防ぐために、内閣ポストの配分を決めている。党首の派閥は、内部からの突き上げが増えるにつれて、より少ないポストしか得られないようになる」という自民党の党内力学の様相を表出しました。

　Ono (2012) は、「各大臣ポストの重要性」については、そのポストに就いている議員の在職年数を代理変数としています。他方、Adachi and Watanabe (2008) やMitsutsune and Adachi (2014) では、Ono (2012) が提示した、より複雑な交渉力学ではなく、比較的に単純な交渉様式を想定することによって、「各大臣ポストの重要性」自体の推定を試みています。Ono (2012) による交渉力学に焦点を絞った研究と、交渉理論をベースにしたAdachi and Watanabe (2008) と Mitsutsune and Adachi (2014) による大臣の重要性の推定を目的とする研究は、相互に補完的な関係にあるものと捉えられます。

# 6.3 ｜ 内閣形成の交渉モデルの構築

　それではいよいよ、今まで説明された当該時期での組閣に関わる特徴を考慮に入れた内閣形成の交渉モデルを構築します。まず始めに、経済学者のディヴィッド・バロン氏と政治学者のジョン・フェアジョン氏が提案した「非協力ゲーム理論的交渉モデル」(Baron and Ferejohn 1989) に倣って閣僚人事の決定を、自民党の派閥間の交渉ゲームとして定式化します。

　上で見たように、自民党が国会の過半数を保持していたこと、無視しえない規模の派閥は閣僚ポストを得ており、自民党を離脱しなかったこと、そして、内閣不信任案が自民党の派閥によって支持されたことはないことから、交渉の合意ルールとしては、多数決 (majority rule) ではなく、**全員一致の原則**を念頭に置きます。また、ある派閥が提案者になる確率を、その派閥の相対的大きさの関数であると考えます。

　なお以下では、大臣の相対的重要度は、派閥によって異なるものではないと仮定します。前節で議論されたように、派閥ごとに政策関心に大きな違いはなかっ

たと言われているからです。

　非協力ゲーム的な交渉ゲームにおいては、まず提案者は確率的に決まり、合意は全員一致を原則とするという要素を組み込みます。このフレームワークにおいては、提案者に選ばれた派閥（首班指名を受けた者の所属する派閥）は、他の派閥に対して、内閣ポストの配分を提案します。そして、全派閥が合意したときのみに提案が実行されることになります。

　もし少なくとも一つの派閥が拒否を示せば、交渉ステージは次の段階に移り、そこにおいて、提案者は再び確率的に決定されます。全派閥によって合意されればその提案が実現され、最低一つの派閥が拒否すれば次の段階に移ることになります。以下、この繰り返しとなります。

　このように、この交渉ゲームは無限回続きうるものですが、以下の6.5節で説明される設定においては、首班指名を受けた者を含む派閥の提案が、第1期で全派閥によって合意されます。ここで、提案者派閥は、それ以外の派閥がその提案を拒絶して次期の交渉ステージに行ったとしても得をしない水準になるように提案を行っています。なお前節で見たように、第1期に全員一致で合意がなされるというこの均衡は、当該期間の自民党の閣僚人事を記述しているものと考えられます[12]。

　そして、続けて、ナッシュ、及び、シャプリィとシュビックによる協力ゲーム的定式化が紹介しますが、まず、非協力ゲームの方から見ていくことにしましょう。

## 6.4 ｜ 交渉モデル構築の実際

　それでは、1回の内閣形成がどのように行われるかを交渉ゲームとしてモデル

---

12)　当該期において、通常組閣は、両院での首班指名の当日ないしは翌日になされていました。例外は、第二次大平内閣において、両院での首班指名（1979年11月6日）から組閣（1979年11月9日）まで3日かかったことです。また、個別の大臣の認証が遅れたのは、第一次田中内閣の経企庁長官と郵政大臣の認証（5日遅れ）、及び、第二次大平内閣の文部大臣（10日遅れ）の2例のみです。ただし、いずれの場合でも、内閣自体は当日に成立していました。

化します。なおここでは、複数の内閣形成が一つのゲームとして認識されることはなく、あくまで一回の内閣形成が一つのゲームとして完結すると仮定しています[13]。

この交渉ゲームは完備情報 (complete information) の環境にあると仮定されます。すなわち、ゲームに登場するプレーヤーが保有する情報は全員同一のものであると想定されています。プレーヤーは派閥であり、派閥数は $n$ とします（ここで $n$ は2以上の整数であるが、とりわけ、第4章とは異なり、プレーヤー数が3以上の場合も含んでいることに注意してください）。

交渉ゲームは次のように進行します。まず第1期に、派閥 $i$ が確率 $p_i$（ただし、$0 < p_i < 1$）で、「パイ」をいかに分け合うかを提案する提案者（すなわち、首相）に確率的に選ばれます。ここで、「パイ」とは、組閣の際に交渉の対象とする利益の全体であって、第4章では、1億円を2人で分け合うという状況を考えたことを思い出してください。以下では、便宜的に、パイのサイズは「1」とします。

選ばれた提案者はパイの分け前を提案し、それは $(v_1, \cdots, v_n)$ という組で表されます[14]。パイのサイズは1でしたので、$v_1 + v_2 + \cdots v_n \leq 1$、すなわち、提案の総計は、1を超えてはいけないという制約が付きます。以下では、$v_1 + v_2 + \cdots v_n < 1$ のように余らせることはないと考えて、$v_1 + v_2 + \cdots v_n = 1$ とします。なお、実際に派閥が交渉しているのは、閣僚ポストを巡ってですが、交渉モデルにおいては、$(v_1, \cdots, v_n)$ が決められるものとして抽象的に捉えた上で、更なるモデル化の段階で、閣僚ポストの配分と対応付けるようにしています。

続いて、各派閥は、提案を観察した後、その提案に賛成するか拒絶するかの意思表明を行います。なお、組閣人事の決定には、全員一致が必要されることを仮定しています。すなわち、提案者も含めて全ての派閥が提案に合意したとき、そ

---

13) Kohno (1992, pp.391-395) は、派閥間の暗黙の取引などの要素を考慮することで、ある内閣のポスト配分と次の内閣のポスト配分が連関する可能性を考えています。ここでそのような想定を考えないのは、以下で説明する定常戦略の範囲では、各組閣を完結する一つのゲームと見ると、各派閥の均衡利得は一意に決まるという分析上の利点があることによります。

14) 第3章の章末付録3.Aでの解説に基づけば、これは、利得ベクトル $\mathbf{v} = (v_1, \cdots, v_n)$ として表されるものです（付録以外の本文を読む上では、このことは問題ではありません）。

## 図6.1：組閣交渉の概念図

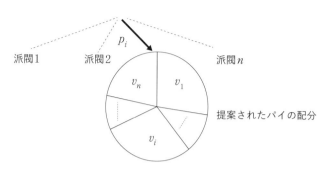

派閥$i$は（確率$P_i$で）提案者（首相）に選ばれると、各派閥に対して、配分（$v_1, \cdots, v_n$）を提示し、全員合意の場合は、その配分で決着される。もし、1人でも反対がいる場合は、再び、確率的に提案者が選び直されて、そのようにして選ばれた提案者が別の配分を提示する。

してそのときのみに、提案が実行されるとします[15]。それ以外では、交渉ゲームは第2期に移り、派閥$j$（第1期の派閥$i$と同一になることもある）が確率$p_j$で、確率的に提案者に選ばれます。以後はこの繰り返しとなります（図6.1）。このようにして、本章冒頭で法月綸太郎氏が活写しているような「利権システムの幻影に取りつかれた人々が演じる、代り映えのしない密室劇」というイメージを、具体的なモデルに落とし込もうとするわけです。

　なお、この設定は，第4章で説明したルービンシュタイン氏の定式化（Rubinstein 1982）とは異なり，誰が次期に提案者になるかは，確率的に決まるものと考えていますが，これは、現実から逸脱し過ぎないようにしつつ、数学的な取り扱いを容易にするためのものです。

　次に、各派閥の時間割引ファクターは共通であるとして、それを$\delta$と表します（$0 \leq \delta < 1$）。すなわち、$\delta$が小さければ小さいほど、将来の利得をより割り引いて評価すると考えます（「時間割引ファクター」については第4章を参照）。もし利得の配分（$v_1, \cdots, v_n$）が、第$\tau$期で合意されたとすると、派閥$i$が得る利得は、$\delta^{\tau-1} v_i$となりますが、合意がされない場合の利得はゼロです。

---

15)　過半数や3分の2以上の同意が必要なケースなどの分析に関しては，Eraslan（2002）を参照してください。

# 6.5 | 均衡の特徴付け

詳細は省略しますが、各プレーヤーが、交渉ゲームの時間の流れの中で、特定の日付のタイミングで行動を変えることのないようにしている場合（より専門的には、「戦略が定常的（stationary）である」と言います）は、部分ゲーム完全均衡を考えると、第1期で合意がなされ、提案者（首相派閥）$i$の配分は

$$v_i^{BF} = 1 - \delta \sum_{j \neq i} p_j$$

となり、非提案者（非首相派閥）$j$の配分は、

$$v_j^{BF} = \delta p_j$$

であることが証明されます[16]。なお、肩のBFは、ここでの交渉ゲームが、バロン＝フェアジョン流（Baron and Ferejohn 1989）のものであることを示しています。

この特徴付けは、第4章4.3節でのルービンシュタイン氏による定式化（Rubinstein 1982）と同様、極めて自然な意味を持っています。すなわち、第1期での提案者である首相派閥は、それ以外の非首相派閥が一派閥でもその提案を拒絶して次期の交渉ステージに進んだとしても得をしない水準になるまでに、パイの配分（切り方）の提案を行っています。その結果として、全ての非首相派閥によって配分の提案が合意されます。逆に言えば、「**提案者以外の各非首相派閥が拒絶を表明することで第2期に進んでも得をしないギリギリの水準にまで、提案者たる首相派閥は自派閥の利得を高めるような提案を行っている**」ということになっているのです。

ここでの交渉モデルは、第4章で紹介したルービンシュタイン氏の交渉モデルと同様に、パイの全体は$\sum_{i=1}^{n} v_i = 1$のように、固定された値である1です[17]。

---

16) 証明に関心ある読者は、Eraslan（2002）やEraslan and McLennan（2013）を参照してください。なおここで、$\sum_{j \neq i} p_j$とは、派閥$i$以外の全ての派閥について、$p_j$を足し合わすことを意味する和の記号です。例えば、$i$が2の場合は、$p_1 + p_3 + p_4 + \cdots p_n$を意味します。

17) 上の脚注16と同様に、$\sum_{i=1}^{n} v_i$とは、派閥$i$の1から$n$までの$v_i$を足していく、すなわち、$v_1 + v_2 + \cdots + v_n$を意味する和の記号です。

従って、今期の配分の提示を拒絶することによって、次期まで「待つ」ことは、「パイを腐らせる」ことになってしまうので、拒絶のメリットは、相手が今の提示よりもより良い提示をしてくることでしかありません。しかしパイが固定されているもとでは、自分にとっての良い利得とは、相手にとっては悪い利得なのでもあり、相手があえて自分にとって都合の良い提示をしてくるわけはないだろう、そして、相手もそれが分かっている、というメカニズムが働いて、交渉が即決するという仕組みになっているわけです。

　他方、協力ゲームの枠組みを適用すれば、交渉プロセスを特定化せずに、交渉配分の特定化を行なうことができます。一つの特定化は、第4章で説明した一般化された交渉問題の設定における交渉ウェイト $\lambda_i$（$i=1,2,...,n$）を、上述の交渉決裂時に提案者に選ばれる確率と直接結びつけるものであり、各派閥 $i$（首相派閥とそれ以外の派閥の全て）の配分利得は

$$v_i^N = p_j$$

と表されることになります（肩のNはNashを意味しています）[18]。なお、章末付録6.Aで補足的な詳細を説明しています。

　もう一つの定式化は、シャプリィとシュビックが提唱した「シャプリィ゠シュビック投票力指数」を適用するものです。そのもとでの各派閥 $i$ の配分利得を $v_i^{SS}$ と記します。その具体的な表現はやや煩雑なため、本書では割愛しますが、その直感的な内容は以下のようなものです[19]。

(1) 全派閥が一致に至る合意プロセス（グループ形成）には幾つかの可能性がある。

(2) それぞれのプロセスにおいて、自派閥がグループに参加するか否かによって、そのグループが自民党内で過半数になるかどうかが決まるような場合（すなわち、自派閥がピヴォタルになるような場合）は、全ての可能な合意プロセスのどれくらいの割合なのか？

---

18) ここで鋭敏な読者は、Baron and Frejohn（1989）の枠組みにおける交渉解（$v_i^{BF}$, $(v_j^{BF})_{j \neq i}$）（ただし、$i$ は首相派閥）は、$\delta = 1$ とすれば、Nash（1950）の枠組みにおけるそれと一致する、すなわち、前者は後者を包含していることに気付かれることでしょう。この点については、次章において再び言及されます。

19) 詳細は、Mitsutsune and Adachi（2014, p.672）を参照してください。

(3) その割合そのものを、「パイ」の分配比と考える。

　非協力ゲームの枠組み、協力ゲームの枠組みのいずれにおいても、均衡における利得の組み合わせ $(v_1, \cdots, v_n)$ は一意に決まることが分かりました。これにより、現実とモデルの結果を一対一に対応させることが可能となるわけです。次章では、この「構造」が、上述の均衡利得の特徴付けをモデルの推定のために利用されることとなります。なお、図6.2は、ここでの因果関係の図式を説明しています。

### 図6.2：組閣の交渉ゲームにおける因果関係

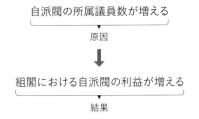

　なお、ここでは、派閥同士が分け合うパイには残余が生じていませんが、このように当事者間での無駄が生じていない状況は、ミクロ経済学の教科書で解説される**パレート効率的**（Pareto efficient）と呼ばれるものであり、そのために、この文脈においては、5.3節で見たような、「モデルで考える」ことの利点の一つである「評価」の側面は、弱まることになります。確かに、大臣の重要性、すなわち「価値」が推定され、そのこと自体を「モデルの外」で色々と議論して、価値判断を行うことは自由ですが、モデルの内在的性質によって、モデルから予想される帰結に関しての価値判断を行うことは困難と考えるべきでしょう。それでもなお、「組閣交渉モデル」を考えることの利点は、大臣の重要性の推定を通じて、政治的状況の理解が深められることに求められ、そのような知は、間接的にではあれ、市民社会での実践に資するところがあるものと期待されるでしょう。

## 6.6 ｜ 交渉モデルの推定に向けて

　交渉の結果として（一般市民にも）観察されるデータは、「どの派閥の政治家が
どの大臣ポストを得たか」であり、上記のように1億円を各派閥で分け合ってど
の派閥が幾らを得ているのかというものではありません。ここでのアプローチは、
まず擬制として、今までと同様、各プレーヤーは何らかの「パイ」を分け合って
いるという交渉ゲームを想定した上で均衡の配分を導出し、それを実際の大臣ポ
ストの配分にリンクさせるというものなのです。それでは、次章において、順を
追って見ていくことにしましょう。

### 章末付録 6.A モデルの詳細

　ここでは、次章で行う推定のための追加的記法を導入します。まず、派閥 $i$ が自民党所属の衆議院議員の総数に占める割合を $w_i$ と書きます（ただし、$0 < w_i < 1$ で、$\sum_{i=1}^n w_i = 1$）[20]。ここで、$w_i$ を全ての派閥にまとめたベクトルを $\mathbf{w} = (w_1, w_2, \cdots, w_n)$ と表記することにします。そうして、派閥 $i$ が提案者に選ばれる確率である $p_i$ は

$$p_i(\mathbf{w}) = \frac{w_i \exp(\alpha w_i)}{\sum_{l=1}^n w_l \exp(\alpha w_l)}$$

のように具体的な形式が与えられているものとします（もちろん、$\sum_{i=1}^n p_i(\mathbf{w}) = 1$ です）。なお、ここで $\exp(\alpha w_i)$ は $\alpha w_i$ の指数値を意味します。このように、指数値を考えることによって、$p_i(\mathbf{w})$ は常に0より大きく、かつ1未満であることを保証できます。

　この右辺の特定化は、次章の計量分析において、交渉力の**スケール効果**（scale effect）すなわち、派閥のサイズが大きくなるとともに、その伸び以上に、その派閥の交渉力は増えるという効果について検定することを可能にするものです。もし推定された $\alpha$ が大きければ、スケール効果を表すことになります。逆に $\alpha = 0$ は、$p_i(\mathbf{w}) = w_i$ そのもの（すなわち、提案者に選ばれる確率は、派閥の相対的な大きさに比例する）となります。

　同様にして、交渉ゲームが第2期に移ったものとすると（ただし、実際には生じることはないとしますが）、派閥 $j$ が提案者になる確率は

$$p_j(\mathbf{w}) = \frac{w_j \exp(\alpha w_j)}{\sum_{l=1}^n w_l \exp(\alpha w_l)}$$

と与えられます。

　この設定のもとでは、バロン＝フェアジョン流の非協力的ゲームとして捉えられた交渉においては、提案者（首相派閥）$i$ の配分は

---

20）　$w_i$ が0あるいは1に一致する場合を考えていないのは、二つ以上の派閥があって、いずれもが議席を獲得していると想定しているためです。

$$v_{p_i i}^{BF} = 1 - \sum_{j \neq i} \delta \frac{w_j \exp(\alpha w_j)}{\sum_{l=1}^{n} w_l \exp(\alpha w_l)}$$

として、非提案者（非首相派閥）$j$ の配分は、

$$v_j^{BF} = \delta \frac{w_j \exp(\alpha w_j)}{\sum_{l=1}^{n} w_l \exp(\alpha w_l)}$$

として表されます。同様に、ナッシュ流の協力ゲームとして捉えられた交渉における各派閥 $i$ の配分は、

$$v_i^{N} = \frac{w_i \exp(\alpha w_i)}{\sum_{l=1}^{n} w_l \exp(\alpha w_l)}$$

と表現されます。

# 第7章 組閣交渉モデルの推定

> 元来、我が行政組織は、維新革命の勝利者が、いわゆる官僚政治の形において、新社会制度の下において、国民を指導誘掖する建て前の上に発達し来ったものである。であるから、役人畑に育てられた官僚が、国民の支配者として、国民の指導者として、国運進展の一切の責任を荷なうという制度に、自然ならざるを得なかった。
>
> 石橋湛山「行政改革の根本主義　中央集権から分権主義へ」『東洋経済新報』大正13（1924）年9月6日号社説『石橋湛山評論集』松尾尊兊編、岩波文庫、1984年所収

　前章では、55年体制下での自民党政権における組閣の特徴を捉えた交渉のモデルを構築しました。いよいよ最終の本章では、このモデルに基づいたデータ分析によって、自民党にとっての各大臣ポストの重要度が推定されます。また、同様の手法によって、2001年の省庁再編以降で、自民党総裁を首相とした政権を対象として推定した結果も、7.4節で提示されます。それぞれの時期で、インフラや経済プロジェクトに関係する大臣ポストに対して高い位置付けが与えられていることを示唆する結果となっています。このようにして、データとモデルが結びつくことに示唆される、ミクロ経済学の可能性を示して、本書を締めくくることにしましょう。

## 7.1 データ

　両研究において、1958年から1993年までのデータが用いられます。具体的には、衆議院における自民党の占める議席数、各組閣時の派閥の所属人数（衆議院議員）、そして各派閥がどのポストを占めたかのデータです[1]。まず、表7.1はデータの特性を示しています。

　前章の表6.1で示した当該期には改造を含めて、計44の内閣が組閣されていま

した。自民党の派閥数は時間を通じて変遷しており、各組閣において5から12で
した（平均は8.4）[2]。以下では、各組閣ごとについての各派閥のデータを用います。
すなわち、観測単位（この用語の意味は第1章で説明しました）は（組閣×派閥）の組み
合わせであり、その総数は415となります。従って、表7.1の (1) と (4) は総数
44、(2) と (3) は総数415で計算されています。

### 表7.1：データの特性

| | 平均 | 標準偏差 | 最小値 | 最大値 |
|---|---|---|---|---|
| (1) 各組閣における派閥数 | 8.43 | 2.02 | 5 | 12 |
| (2) 一派閥あたりの閣僚ポスト獲得数 | 2.57 | 2.11 | 0 | 9 |
| (3) 各派閥の規模 | 0.114 | 0.067 | 0.007 | 0.281 |
| （自民党の議席総数を1として） | | | | |
| (4) 首相派閥の規模 | 0.178 | 0.039 | 0.090 | 0.281 |

注：Mitsutsune and Adachi（2014, p.679）の表2に基づいて作成。

　図7.1から図7.3は、データの主要な特徴を表しています。まず、図7.1は、派
閥の相対的大きさのヒストグラムです。0.2を超える派閥は数少ないですが、そ
れ以下の大きさの派閥は同じような頻度で現われていることが分かります。次に、
図7.2は、首相派閥の相対的大きさのヒストグラムとなります。図7.1と図7.2の
比較から、派閥が大きいほど、首相派閥に選ばれやすいと言えます。このことは、
以下の定式化において、首相派閥に選ばれる確率は、派閥の相対的大きさの関数
となっていることを動機付けるものとなります。
　そして図7.3においては、派閥の大きさと、一つの内閣で獲得するポストの比
率との関係が描かれています。全体として、正の相関が見られることが分かるで
しょう。しかし、よく見ると次のようなことも言えます。すなわち、首相派閥と

---

1) なお、このデータの収集先は、佐藤・松崎（1986）及び北岡（1995）となっています。
　佐藤と松崎（1986）および北岡（1995）のデータが整合的ではない、あるいは欠落して
　いると判断される場合は、Reed（1992）や『朝日新聞』を参照しました。
2) 以下では、派閥に属さない議員は全て「無派閥」と見なし、そのような「無派閥」は、
　一つの派閥として扱います。

### 図7.1：派閥の規模のヒストグラム

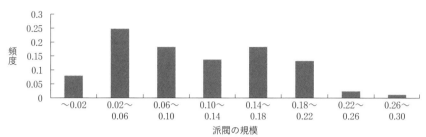

注：各組閣における、それぞれの派閥所属の衆議院議員が、自民党所属の衆議院議員全体で占める割合を、その「派閥の規模」として、（組閣×派閥）の総数415における出現の度合を「頻度」としている。横軸で例えば「0.02〜0.06」は、「0.02以上0.06未満」を意味している（以下同様）。

### 図7.2：首相派閥の規模のヒストグラム

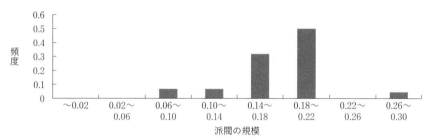

注：各組閣における首相派閥所属の衆議院議員が、自民党所属の衆議院議員全体で占める割合を、首相「派閥の規模」として、組閣の総数44における出現の度合を「頻度」としている。

### 図7.3：派閥の規模と閣僚ポスト数の比率のプロット

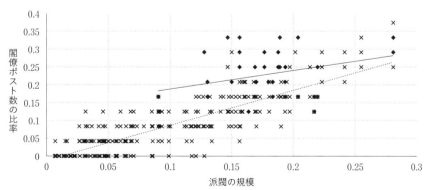

注：◆は首相派閥、×は非首相派閥を指す。また、実線は首相派閥のプロットを用いた線形回帰、破線は非首相派閥のプロットを用いた線形回帰（線形回帰については、統計学の教科書を参照）。

の関係で見ると、そのような正の相関があると言えるかはそれほど自明ではないということです。これは、各ポストの相対的重要度は異なっているものであることを示唆しています。

なお、この期間中に、官庁の大規模な組織編成改革は行われませんでしたが、小規模な改革が1970年代前半に行われ、新しく三つのポスト（1971年環境庁長官、1972年沖縄開発庁長官、1974年国土庁長官）が加わっています。ただし以下の分析においては、この期間（1958〜93年）を通じて存続していた20のポストを考慮することにします。

## 7.2 │ 分析結果：自民党で重要視されていた大臣ポストは何か？

それでは、以上の設定のもとで得られた推定結果について紹介し、それに基づいた議論を提示することにしましょう。なお、章末付録7.Aと7.Bでは、ここでの結果の前提となっているモデル及び推定について説明をしています。

推定の結果、強い結果ではないものの、協力ゲームの枠組みよりも、非協力ゲームの枠組みの方がデータに対する説明力が高いことが分かりました[3]。協力ゲームと非協力ゲームとの違いが、後者においては、より詳細な交渉の手順関する記述によって「先手の利益」が表現可能となることから、「首相派閥であるかそうでないか」をモデルに取り込むことが重要という点を示唆する結果となっています。

もちろん、他の文脈、例えば、メーカーと卸売業者との交渉といった文脈においては、メーカーの方が先手と考えられるケースが多いでしょう。その場合でも、私たちの自民党内部での交渉のケースほどは、明確ではなく、その場合は、単に協力ゲーム的な枠組みのみを用いるので良いでしょうし、また，非協力ゲームの方が却って説明力が低いことになっている場合も生じてくることもあるでしょう[4]。

さて、協力ゲームと非協力ゲームのいずれの推定においても、最も高い推定値を持つポストは首相、第2位は(旧)運輸省、第3位は(旧)建設省という順番になっており、首相以外では、インフラストラクチャー整備に関わる省が、交渉

---

3) 更なる詳細については、Mitsutsune and Adachi (2014) の4節を参照してください。

ゲームの枠組みの違いにかかわらず不動であることは、この結果の頑健性を表していると言えるでしょう。**当時の自民党の議員たちにとって、旧運輸省や旧建設省など公共事業と深い関わりのある大臣ポストが重視されていたであろうことを**示唆するものです[5]。

　しかしながら、首相の推定値自体は、上述のように、「先手の利益」の有無に対応して、協力ゲームと非協力ゲームとの間では、表7.2が示すような大きな違いとなって表われています。より具体的には、非協力ゲームの枠組みにおける推定では、総理大臣の相対的な「価値」は全閣僚の中で25%を占めていたのに対して、協力ゲームの枠組みにおけるそれにおいては11%ほどという推定結果を出しています。

---

4)　前章の注18で指摘したように、Baron and Ferejohn (1989) の枠組みにおける交渉解は、δ＝1とすることでNash (1950) の枠組みにおけるそれと一致する、すなわち、前者は後者を包含していますので (計量経済学においてnestしていると言われる状況)、前者の方が後者よりもデータへの説明力が高いのは当然だと思われるかもしれません。Mitsutsune and Adachi (2014) においては、この差が有意に大きいかを統計的に検定しており、差がないという帰無仮説が棄却されなかったという意味で、両者の説明力には強い差がないという結果を報告しています。また、Shapley and Shubik (1954) との関係においては、Baron and Ferejohn (1989) のそれとはどちらかどちらかを包含している関係はありません (両者がunnestedである)。この場合も、上述のように両者の差はないという帰無仮説は棄却されませんでした。ただし、尤度の大きさは、Baron and Ferejohn (1989) の枠組みが最も高いために、本文中のように、「強い結果ではないものの、Nash (1950) やShapley and Shubik (1954) による協力ゲームの枠組みよりも、Baron and Ferejohn (1898) による非協力ゲームの枠組みの方がデータに対する説明力は高い」という記述になっています。なお、尤度の大小はモデルの「柔軟性」の違いでもあり、モデルの「良さ」と見なせるのかという論点も残っています。この点に関して指摘をしてくださった中嶋亮氏に感謝します。

5)　章末付録7.Bの表7.B.1では、経済企画庁長官が第4位という結果を示しています。このような経済企画庁の位置付けは、1957年7月成立の第1次岸改造内閣で同庁長官に就任した河野一郎 (1898-1965) によるところが大きかったものと考えられます (牧原2003, 第4章を参照)。

### 表7.2：それぞれのモデルにおける首相の推定値

| バロン=フェアジョン | ナッシュ | シャプリィ=シュビック |
|:---:|:---:|:---:|
| 0.2519 | 0.1052 | 0.1045 |

注：章末付録7.Bの表7.B.1からの抜粋。

更に、各大臣ポストの相対的な重要度（政治家たちが認識している「価値」と言っても良いでしょう）が推定されているため、例えば、表7.3が示すように、任意の二つの大臣ポストの比較を行うこともできます。

### 表7.3：大臣の相対的重要度(55年体制期)

#### (a) バロン=フェアジョンのモデル

|  | 総理 | 運輸 | 建設 | 農水 | 外務 |
|:---:|:---:|:---:|:---:|:---:|:---:|
| 総理 | 1 | 4.4 | 4.4 | 5.3 | 9.4 |
| 運輸 | — | 1 | 1.0 | 1.2 | 2.1 |
| 建設 | — | — | 1 | 1.2 | 2.0 |
| 農水 | — | — | — | 1 | 1.8 |
| 外務 | — | — | — | — | 1 |

#### (b) シャプリィ=シュビックのモデル

|  | 総理 | 運輸 | 建設 | 農水 | 外務 |
|:---:|:---:|:---:|:---:|:---:|:---:|
| 総理 | 1 | 1.5 | 1.5 | 1.7 | 4.4 |
| 運輸 | — | 1 | 1.0 | 1.2 | 3.0 |
| 建設 | — | — | 1 | 1.2 | 2.0 |
| 農水 | — | — | — | 1 | 2.5 |
| 外務 | — | — | — | — | 1 |

注：Mitsutsune and Adachi (2014, p.681) の表3の推定値を用いて作成。

　運輸、建設、農水同士の関係には変化が見られないものの、とりわけ総理大臣との関係は表7.3の（a）と（b）とでは大きく異なっています。例えば、総理大臣の重要度は、（a）の非協力ゲーム的枠組みでは、運輸大臣や建設大臣の4.4倍、外務大臣の9.4倍である一方、（b）の協力ゲーム的枠組みにおいては、運輸大臣や建設大臣の1.5倍、外務大臣の4.4倍であることが分かります。

## 7.3 ｜ 政治家にとっての「魅力」の源泉は何か？

　ここでの「大臣ポストの重要度ランキング」の推定結果は、多くの人たちが当時の日本政治に関して抱いている特徴と合致していると言えるでしょう。

　まず、首相を除いては、運輸大臣と建設大臣の重要度が高くなっており、これらは、高いレントを生み出していたと言われているポストです（Ramseyer and Rosenbluth 1993, p.124）。ジャーナリスティックなものも含めて、このような指摘には枚挙に暇ありません（例えば、猪口・岩井 1987やWoodall 1996など）。

　これらのレントの源泉は、**公共事業の発注**にあると考えられます。ここでの実証分析は、当該期の日本政治においては、公共事業を通じて、都市部から地方へ税金の再分配を行う仕組みが、55年体制下の重要な案件であったことを示唆している結果となっています。そのことによって、政治家たちが広義の意味での公共政策をどのように捉えていたのかに関する「言い伝え」を、観察可能なデータから数値的な具体化を伴ってサポートする内容となっています[6]。

　なお、首相が最も高い「価値」を持っていることは特に驚くべき結果ではない

---

[6]　以上の議論は、当時の財政支出の状況とも関連付けて考えることも可能でしょう。斉藤（2010）は、「1960年代以降、ほとんどの予算年度で、日本政府は他のどの国よりも多額の公共投資を行ってきた」（p.209）背後には、この時期において、他の先進諸国が「社会福祉支出によって行ってきた政策対応を、公共事業によって代替してきた」（p.76）ことがあると指摘した上で、このような状況において、有権者サイドの方にこそ「利益分配を求める競争」（p.207）が生じていたという見方を提示しています。ここでの推定は、このような視点とも整合的と考えられます。関連して、Scheiner（2005）は、中央の庇護者としての自民党と、それへの追随者としての地方有権者とをつなぐ仲介者（「パイプライン」）としての役割を自民党選出の国会議員と捉えていますが、両者は共通して、この時期における公共工事の重要性を主張しています。

でしょう。確かに、首相の仕事は特定の政策分野と直結しているわけではありません。しかし、年次予算は国会の提出前に、首相の署名が必要とされますし、首相は衆議院の解散権を持つなど、特別の役割が付与されているからです。

　また、外務大臣の推定値からとりわけ明らかですが、大臣ポストの重要度と、それに任命される政治家の当選回数とは関連は薄いということも言えます。当該期において外務大臣は、通常当選回数の多い政治家が任命されていました。しかし、著者らの分析の結果は、それぞれの派閥にとって、外務大臣のポストを獲得することによって得られる利益は低いことを示唆しています。各派閥には、若手からベテランまで所属しており、派閥こそが内閣の人事を巡る交渉の主要なアクターであったと言って良いでしょう。それゆえ、各政治家の当選回数は、閣僚ポストの配分の決まり方には限定的な影響をしか持っていなかったと考えられます。

　また、非協力ゲームの枠組みにおいて推定された時間割引因子 $\delta$ の値が0.836と、あまり1に近くないということは、首相派閥が提案者ゆえの利益を得ているということを示唆しています。例えば、派閥のサイズが0.2で、スケール効果がないものとして、もし時間割引因子が0.8であったとすれば、それは、その派閥が首相派閥であったとすれば0.36を得て、そうでなければ0.16を得る、ということからも理解されるでしょう。

　以上、「1960年代から90年代にかけての与党政治家は、インフラ関係ポストに興味深々であった」ことを示唆する実証結果は、驚きのない当たり前の結果ですが、**何となく当たり前と捉えられていることを、観察可能なデータから、それらの中身に数値的な特徴づけを与えている点が重要**です。しかも、この序列についての結果は、非協力ゲームと協力ゲームの双方の枠組みで見出されていることから、双方の違いには依存しないという意味で妥当性のある結果とも言えるのです。

**まとめ**：「首相に続き、運輸・建設大臣の価値が高い」ことは、非協力ゲーム、協力ゲームの双方の枠組みに共通である。1960年代から90年代にかけての与党政治家は、インフラ関係ポストに関心を抱いていたものと考えられる。これは当たり前の結果のように聞こえるが、何となく当たり前と捉えられていることを、観察可能なデータと交渉モデルを用いることによって、その数値的な特徴づけを与えている点が重要である。

# 7.4 │ 省庁再編以後について

　以上の分析において対象とした時期は、1993年までのいわゆる55年体制下における自民党政権時代でした。本節ではそれを敷行し、2001年の省庁再編以降の自公保連立政権（自由民主党・公明党・保守党）及び自公連立政権（自民党・公明党）を対象として、非協力ゲームと協力ゲームを実証的に比較した研究（Mitsutsune and Adachi 2014）において、より説明力が高いとされたバロン゠フェアジョン流の非協力ゲームの交渉モデル（Baron and Ferejohn 1989）を適用することによって、「大臣の重要度」についての推定値を示すことにします。

## 7.4.1　制度的環境

　本章のもとになっている実証分析（Adachi and Watanabe 2008; Mitsutsune and Adachi 2014）においては、自民党内の派閥がプレーヤーとされましたが、派閥が重要な役割を担っていた制度的な原因としては、当時の中選挙区制が挙げられます（北岡 1995, p.298（2008年の文庫版）、斉藤 2010, p.106、久米・河野 2011, pp.87-8、濱本 2018, pp.14-5）。

　これはなぜかと言えば、中選挙区制において政党は、各選挙区で複数の候補を当選させなければ全体で過半数を獲得できないことから、同じ選挙区で自民党の候補同士が競う際に、派閥からの援助が効果的だったからです。政治学者の砂原庸介氏が指摘するように、このようにして、派閥の領袖は、「自民党総裁選挙に勝利して首相になるべく、派閥のメンバーに対してさまざまな資源を付与して求心力を高めようと」（砂原 2015, p.29）していたのです。その過程で、「議員を味方につけるために資金を配ったりする」（同）ことも効果を発揮していました。

　また、中選挙区制においては、選挙区全体というよりも、特定の組織・団体からの組織票を集中的に獲得する方が当選には効果的であることから、そうした組織・団体に対しての便宜の供与が優先されがちとなっていました（砂原 2015, p.29）。こうしたことから、中選挙区制は政治腐敗の温床と見なされていたのです（待鳥 2020, p.53）。

　こうした選挙制度改革の動きと並行して、1993年7月の衆議院選挙の結果、自民党長期政権時代には終止符が打たれ、1996年10月の衆議院選挙から、現行の

「小選挙区・比例代表並立制」が採用されています。自民党は、1993〜94年の細川内閣、続く羽田内閣を除き、以降の村山内閣以降、2009年9月から2012年12月までの民主党政権（民社国連立政権及び民国連立政権）の時期を除いて、主に公明党との連立によって政権を担ってきました[7)8)]。

　Adachi and Watanabe（2008）とMitsutsune and Adachi（2014）による実証分析における重要な仮定の一つとして、各プレーヤー（派閥）間で、大臣の相対的重要度は共通という仮定がありました。異なる政党同士が連立政権に参加している場合は、大臣の相対的重要度は、各政党によって異なると捉えるのが妥当と考えられますが、Adachi and Watanabe（2008）とMitsutsune and Adachi（2014）が論じているように、政党間の差異を考慮することは、パラメータの識別に困難が生じることになります。そこで、以下では、派閥・政党間で、大臣の重要度には差がないものと仮定した上での推定結果を提示することにします。

## 7.4.2　自民党を主体とする連立政権

　2001年1月（第2次森内閣時）の省庁再編によって、中央省庁が再編統合されました[9)]。以下の分析においては、2001年4月成立の第1次小泉内閣から、2020年9月成立の菅内閣まで、自民党総裁を総理とする全22の組閣を対象とし（表7.4）、この時期に一貫して存在していた全22の閣僚ポストの重要度の推定を考えることとします（民主党政権時からの復興大臣のポストは除いて考えています）。

　また以下では、公明党と保守党（保守新党）は一つの「派閥」と見なすことにしています。そして、自民党における無派閥議員の総数は「無派閥」としてこれも一つの「派閥」と考えています。なお、民間出身の閣僚は、自民党の無派閥に所属しているものと捉えています。なお、データの作成に当たっては、朝日新聞記事データベース「聞蔵Ⅱ」から「派閥」といったキーワード検索で収集した記事

---

7)　Liff and Maeda（2019）は、自民党と公明党の連立の持続性の要因を、現行の小選挙区・比例代表並立制の下での選挙協力に見出しています。

8)　なお、選挙制度改革・省庁再編以後のこの時期は、前章までが対象とした自民党単独政権期との対比で言えば、税収の拡大が期待できないがために、「都市部での容積率の緩和」（斉藤 2010, p.195）といった規制緩和や、構造改革特区導入などの地域限定の政策によって「直接的な財政支出を伴わない利益誘導が行われた」（同）時期と捉えられるでしょう。

を中心として、Wikipediaなどの各種インターネットの情報源で補完をしています。

9) この中央省庁再編は、上述のような小選挙区制導入を中心とする選挙制度改革の流れと、「官邸主導」と称されることになる首相と官房長官への権限への集約の動きと同時並行的に進められ、その一連の政治的プロセスの背景的状況については、待鳥（2020）の第1、2章が詳しく解説しています。これらの制度改革が模索された背景としては、二大政党制を念頭に置いた「政党間競争の促進と、そのための党執行部への権限強化」という発想があったと考えられますが（詳細は、例えば、飯尾 2007の第6章を参照）、本書脱稿時点（2021年8月）においては、二大政党制は、当初に想定されていたほどは、実現しなかったものと考えても良いでしょう。逆に、政治史研究者の五百籏頭薫氏が指摘するように、中選挙区制であったとしても、議席と政権を巡っての政党間競争が激しい場合には、二大政党制が促進されるものと考えられます（五百籏頭2020, p.158）。すなわち、**中選挙区制自体は、二大政党制確立のための阻害要因になるとは必ずしも言えないのです。** しかしながら、55年体制下においては、保革「対立」という疑似的な政党間競争の構造しかなかったために、中選挙区制は、自民党内部の派閥間競争に転化してしまい、そのことによって、本書における図式になぞらえれば、1990年代の政治改革の時期は、

$$\underbrace{中選挙区制}_{原因} \Longrightarrow \underbrace{二大政党制が促進されない}_{結果}$$

と認識されてしまったものと考えられます。そうして、そこから転じて、関係者間において

$$\underbrace{小選挙区制}_{原因} \Longrightarrow \underbrace{二大政党制が促進される}_{結果}$$

という想定が、当時の識者間で共有認識になってしまったというのが、著者自身の見立てとなります。1.2節の内容とも関係しますが、「AならばB」が、必ずしも「AでないならばBではない」ことを示す好例（？）と言えるのかもしれません（そもそも、ここでは、「AならばB」自体が疑わしいのですが）。更に言えば、本書の範囲を逸脱しますが、衆議院のみならず、参議院や地方議会の選挙制度との関係も本来であれば、考慮しなければならないでしょう（建林 2017）。

**表7.4：自民党単独政権終焉後の歴代首相リスト**

| 首相名 | 在籍年 | 所属派閥 |
|---|---|---|
| 細川護煕 | 1993-1994 | ― |
| 羽田孜 | 1994-1994 | ― |
| 村山富市 | 1994-1996 | ― |
| 橋本龍太郎 | 1996-1998 | 小渕派（← 竹下派） |
| 小渕恵三 | 1998-2000 | 小渕派 |
| 森喜朗 | 2000-2001 | 森派（← 三塚派 ← 安倍派 ← 福田派） |
| **小泉純一郎** | 2001-2006 | 森派 |
| **安倍晋三** | 2006-2007 | 森派 |
| **福田康夫** | 2007-2008 | 町村派（← 森派） |
| **麻生太郎** | 2008-2009 | 麻生派（← 河野グループ） |
| 鳩山由紀夫 | 2009-2010 | ― |
| 菅直人 | 2010-2011 | ― |
| 野田佳彦 | 2011-2012 | ― |
| **安倍晋三** | 2012-2020 | 町村派（現細田派［清和会］） |
| **菅義偉** | 2020-2021 | 無派閥 |

注：2021年8月（本書脱稿時）現在。本章での分析対象は、太字の首相の在任時における組閣である。ここで「所属派閥」の情報は、自民党を母体とする首相のみについて記載している。なお、組閣回数は、それぞれ小泉（7回）、安倍2006-7年（2回）、福田（2回）、麻生（1回）、安倍2012-20年（9回）、菅（1回）の計22回。なお本書校正時（2022年2月）における首相は岸田文雄氏（岸田派）、また細田派は安倍（晋三）派になっている。

## 7.4.3　データ

　表7.1と同様に、表7.5は以下の推定で用いるデータの特性を示しています。当該時期の政権における派閥・政党数は、各内閣において、9から11と安定しています。次に、一派閥・政党あたりの閣僚ポスト数、及び各派閥・政党のサイズの平均（総数210）はそれぞれ、2.2ポストと10.5％となっています。なお、首相派閥に限定してみると、そのサイズの平均は16.7％となっています。

**表7.5：データの特性**

| | 平均 | 標準偏差 | 最小値 | 最大値 |
|---|---|---|---|---|
| （1）各組閣における派閥・政党数 | 9.55 | 0.60 | 9 | 11 |
| （2）一派閥・政党あたりの閣僚ポスト<br>　　獲得数 | 2.33 | 1.77 | 0 | 8 |
| （3）各派閥・政党のサイズ<br>　　（連立与党の議席総数を1として） | 0.105 | 0.067 | 0.015 | 0.352 |
| （4）首相派閥のサイズ | 0.164 | 0.038 | 0.031 | 0.198 |

注：須佐大樹氏と著者が作成したデータに基づいて作成。公明党、保守党、無派閥はそれぞれ、一つの派閥と見なす。

　図7.4から図7.6は、それぞれp.179の図7.1から図7.3に対応するものです。省庁再編以降においては、麻生太郎内閣と菅義偉内閣を除いては、首相は全員同一の派閥（森-町村-細田）から誕生していることを図7.5は反映しています。また、図7.6は、図7.3と比較すれば、首相派閥が獲得する閣僚ポストの比率が増えているような印象になりますが、平均を計算すると、自民党単独政権期には22.8%、省庁再編以降の連立政権期には22.2%とほぼ同じであることが分かります。他方、非首相派閥の獲得ポストのメディアン（中位点）は、自民党単独政権期には8.3%（平均は8.4%）、省庁再編以降の連立政権期には4.8%（平均は9.1%）であり、これは、組閣ごとの派閥の平均数が自民党単独政権期では8.4であったのし（表7.1、(1)）、連立政権期には9.5（表7.5, (1)）であるという差異を反映しているものと考えられます。

## 7.4.4　分析結果：55年体制時との比較

　それでは、省庁再編後のデータを用いた推定の結果について、以下で議論することにします。章末付録7.Cでは、ここでの推定の詳細について提示しています。

　表7.6における大臣ポスト名は、相対的重要度の大きさ順に並べられています。その結果として、内閣総理大臣がトップであり、その比率は、章末付録7.Cの表7.C.1が示すように、25.1%です。これは、表7.2で提示されている推定値である25.2%とほぼ同じものとなっています。すなわち、自民党単独政権期と連立政権

## 図7.4：自民党派閥・非自民政党の規模のヒストグラム

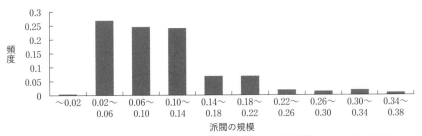

注：各組閣における、それぞれの派閥所属の衆議院議員が、自民党所属の衆議院議員全体で占める割合を、その「派閥の規模」として、（組閣×派閥）の総数415における出現の度合を「頻度」としている。

## 図7.5：首相派閥の規模のヒストグラム

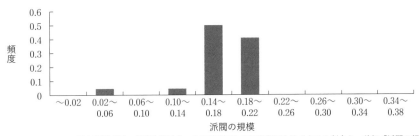

注：各組閣における首相派閥所属の衆議院議員が、自民党所属の衆議院議員全体で占める割合を、首相「派閥の規模」として、組閣の総数22における出現の度合を「頻度」としている。

## 図7.6：派閥の規模と閣僚ポスト数の比率のプロット

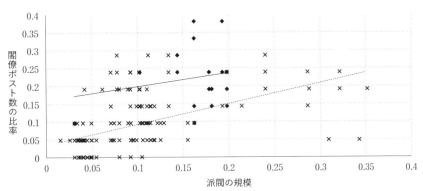

注：◆は首相派閥、×は非首相派閥を指す。また、実線は首相派閥のプロットを用いた線形回帰、破線は非首相派閥のプロットを用いた線形回帰。

期の双方において、「首相の価値」は、全大臣トータルの4分の1を占めていると言っても良いでしょう。政治学者の濱本真輔氏は、「首相の政府人事は選挙制度改革を境に比例配分型から主流派優遇人事が強まる方向へと変化した」（濱本 2018, p.250）という分析結果を提示していますが、「大臣の重要度」という視点からは、大きな変化は見られないという結果になっています。

**表7.6：大臣の相対的重要度**（省庁再編以後）

|  | 総理 | 国土交通 | 経済産業 | 沖縄・北方 | 農水 | 外務 |
|---|---|---|---|---|---|---|
| 総理 | 1 | 2.8 | 4.1 | 4.3 | 4.8 | 21.5 |
| 国土交通 | — | 1 | 1.4 | 1.5 | 1.7 | 7.6 |
| 経済産業 | — | — | 1 | 1.1 | 1.1 | 5.2 |
| 沖縄・北方 | — | — | — | 1 | 1.1 | 5.0 |
| 農水 | — | — | — | — | 1 | 4.5 |
| 外務 | — | — | — | — | — | 1 |

注：章末付録7.Cの表7.C.1の推定値から作成。

次に位置するのが国土交通大臣です。良く知られるように、国交相は、公明党による「定位置になって」（中北 2019, p.281）います。実際、ここで用いているデータの時期における全21の組閣中、公明党所属議員が15の内閣において国交相の位置にありました。省庁再編直後の第一次小泉内閣及びそれに続く第1次小泉第一次改造内閣においては、国交相は連立メンバーであった保守党が占めていましたが、保守新党となった第一次小泉第一次改造内閣と第二次小泉内閣においては、防災担当大臣の任にありました（国交相は自民党の無派閥議員）。その間、公明党は、厚生労働大臣を占めていましたが、それ以降、福田改造内閣と麻生内閣を除いて、国交相は公明党によって担われています。

前出の中北氏は、「国交相は自民党でも人気があるポストの一つである。それは公明党によって押さえられていることに対して、自民党の国交族の間では不満が少なくないと聞く」（中北 2019, p.281）と述べていますが、ここでの推定結果は、このようなアネクドートをサポートするものとなっていると言えるでしょう。

　また、第3位は経済産業大臣、第4位は沖縄及び北方対策担当大臣、そして第6位が経済財政政策担当大臣と経済関係のポストが上位を占めていることも興味深い結果です。なお、第4位の沖縄・北方担当相については、2000年7月に沖縄で、2008年7月に北海道でサミット（主要国首脳会議）が開催されたこととの関連があるかもしれません。

　対称的に、自民党単独政権時と同様、外務大臣のランキングは低いものとなっています。これらの結果を合わせると、自民党単独政権時と連立政権時の双方において、与党政治家の考える大臣の重要度は基本的に共通の性質を有していると言っても良いでしょう。この点は、京都大学・読売新聞共同議員調査（2016年10〜12月）と議員インタビューを用いた濱本（2019）による、議員の行動様式の実証的な検証からもサポートされるものと考えられます。

　前出の濱本氏は、国会議員（自民党と民進党［当時］）の党部会への参加頻度に着目し、自民党議員においては、参加への頻度が高い部会として、国土交通部会、経済産業部会、農林部会が上位を占めていることを見出しています（濱本 2019, 表4）。この点は、自民党単独政権期からの連続性を示唆するものと言えるでしょう。本章冒頭での石橋湛山（1884-1973）の指摘（1924年）とも合わせると興味深いものと言えます。そう言えば、他ならぬ石橋は、自民党創世期のキーパーソンの一人でした。石橋は自ら創設に関わった自民党の60年後を、その創設の30年前に既に見越していたということでしょうか。

　なお、内閣官房長官の占めるウェイトがゼロに近いという推定結果はやや不満足なものです。これは、自民党単独政権の状況を念頭に置いた組閣の交渉モデルを、省庁再編以降の連立政権期に当てはめることの限界を示している結果と言えるのかもしれません。

　最後に、ここでの分析においては、閣僚ポストの兼任に関しては考慮がなされていない点に注意してください。省庁再編以降の時期においては、2009年から2012年までの民主党を中心とした連立政権期も含め、内閣府特命大臣のポスト（表7.7で［内閣府］と但し書きがされているポスト）は、複数が同一の閣僚によって兼任されている場合が少なくありませんが、この点が考慮されていないことによって、上記の推定結果が影響されている可能性は否定できません。このような「複数のポストのセット」という問題を交渉モデルの枠組みでフォーマルに扱うのは困難であるために、自民党単独政権期と同様の想定を用いた次第です。

## 7.5 │ マルクス・アウレリウス・アントニヌスの教え

　以上、本章では、交渉モデルの推定の一例として、日本における組閣を対象とした研究（Adachi and Watanabe 2008; Mitsutsune and Adachi 2014）に即して、非協力ゲーム理論と協力ゲーム理論の双方に基づく実証分析を紹介しました。定評あるゲーム理論の教科書（英語）の中で、著者のマーティン・オズボーン（Martin Osborne）氏とアリエル・ルービンシュタイン氏（第4章で既出）は、協力ゲーム理論と非協力ゲーム理論のそれぞれは、戦略的側面における異なる部分に着目するものであり、どちらかがどちらかに優越するものではなく、それぞれが社会における戦略的側面に関する我々の理解に貢献するものであると主張しています（Osborne and Rubinstein 1994, p.256）、しかし協力ゲームと非協力ゲームが観察可能なデータに関して異なる予測を与えることに着目すれば、ケース・バイ・ケースではあるが、両者の優越を実証的に論じることは可能であり、それもまた、社会における戦略的側面に関する理解に資するものと言えるでしょう。

　より具体的には、自由民主党が衆議院において過半数の議席を占め、そして、閣僚ポストを巡る交渉の主体が派閥であったとみなされる1958年から1993年のデータを用いた組閣交渉モデルの構造推定の結果を紹介し、閣僚ポストの相対的重要度の推定値を示しました。推定の結果、高い重要度を持つポストは、首相に次いで、運輸大臣、建設大臣であり、それらは、高いレントを生み出していたと言われていたポストであることが分かります。そして、これは、非協力ゲームと協力ゲームの双方の枠組みにおいて共通の結果となりました。このことは、**55年体制時には、都市部から地方へ税金の再分配を行うための公共事業が政治家たちにとっての主要な関心**であったと考えられます。以上のような分析から、第二次世界大戦後のいわゆる「高度成長期」を中心とする55年体制期の日本における公共政策への政治家たちの関心の一端を探ることができました。

　そして、以上の分析手法を敷衍し、省庁再編以降の自民党を中心として連立政権に関しても実証分析を行った結果、**自民党単独政権時と同様、内閣総理大臣の相対的な重要度は25％程度であることが見出され、また、自民党単独政権時と同様、経済的な重要性を持つものと考えられるポストが上位を占める**こととなりました。

　もちろん、この結果は、自民党単独政権下には妥当性を持ったものと考えられる「派閥間で大臣の重要度は共通である」という仮定を踏襲し、「自民党の各派閥と連立政権に参加している政党とで大臣の重要度は変わらない」というやや制約的な仮定を置いた上での結果であることには十分な注意を払わなければなりませんが、自民党の単独政権時と連立政権時を通じて共通する底流のようなものを示唆していると言えるでしょう。

　なお、本書では対象外としましたが、副大臣のポスト決定に焦点を当て、本書で提示したような交渉モデルを用いることで「副大臣の重要度」を推定することも興味深い試みと考えられます。

**まとめ：**省庁再編以後も、内閣総理大臣に次いで、国土交通省、経済産業省といった経済関係のポストの価値が高い。

**◆文献ノート：**より広い文脈において本章の内容と関係のある最新の研究としては、アフリカ諸国における組閣の際の民族対立に焦点を当てたFrancois, Rainer and Trebbi, (2015) や、中国共産党内部での派閥争いを分析しているFrancois, Trebbi and Xiao (2020) などがあります。

　また、政治的な文脈における交渉問題の今後の実証的な分析においては、Adachi and Watanabe (2008) と Mitsutsune and Adachi (2014) が用いたような、それぞれの派閥がどの大臣ポストを得たか、それぞれの派閥の議席数は幾つかといったように単純に指標化されるデータのみならず、交渉過程の実際に関わる文書を可能な限り利用するといったような方向性も考えられるでしょう。

　このことは、「交渉力」が、「忍耐強さ」や「派閥の大きさ」といったような、やや判然としない指標のままでしか解釈されてこなかった既存の研究内容を改善し、その源泉を探っていくということも意味します。この手法に関しては、著者の知るところでは、森田 (2014) の第14章が基本的な内容を簡潔に紹介しており、また、交渉問題とは異なる文脈ではありますが、Gentzkow, Shapiro, and Taddy (2019) は、アメリカ連邦議会の議事録を用いて、**機械学習** (machine learning) と構造推定に基づいて、政治的分極化 (polarization) に関する実証分析を展開しています。

　最後に、本書「はじめに」の冒頭で登場したマルクス・アウレリウス・アント

ニヌス帝に再度ご登場を願うことにしましょう。イギリスの歴史家、エドワード・ギボン（Edward Gibbon, 1737-1794）の叙述（中野好夫訳『ローマ帝国衰亡史――1 五賢帝時代とローマ帝国志望の兆し』ちくま学芸文庫、第4章冒頭）によれば、賢帝は忍耐強さを兼ね備えながらも、近付いてくる策略家に裏切られやすいという性格的弱さのある人物であったといいます。これだけでは、アウレリウス帝自身の交渉力の強さは分かりません。しかしながら、帝が交渉及び交渉理論の本質を掴んでいたことだけは確かなようです。曰く、「我々はみな一つの目的の遂行に向かって協力している。ある者は自覚と理解をもって、ある者はそれと知らずに」（『自省録』第6巻42章）。利益の分配という高処からの視点で見渡せば、協力ゲーム的アプローチと非協力ゲーム的アプローチとの間には断絶的な違いはないということでもあります。

**章末付録** 7.A モデルの詳細

　ここでは、計量手法を適用するための特定化について説明しておきましょう。以下では、非協力ゲームの枠組みに即して説明をしますが、協力ゲームの枠組みにおいても、同様の議論が成り立ちます。

　まず、交渉ゲームにおいて、均衡の利得 $\mathbf{v} = (v_1, \cdots, v_n)$ が一意に決まることが、前章からの議論から分かっています。データの情報を用いるための具体的な表現のために、まず、$\mathbf{x}_i = [x_{i1}, \cdots, x_{iK}]$ は、大臣ポストの総数を $K$ と表記した際の行ベクトルで、各 $x_{ik}$ はダミー変数であるものとします。すなわち、派閥 $i$ が大臣ポスト $k$ を獲得しているときは $x_{ik} = 1$、そうでないときは $x_{ik} = 0$ となります。そして、$\boldsymbol{\beta} = [\beta_1, \beta_2, \cdots, \beta_K]^{\mathrm{T}}$ という形式の列ベクトル（右肩のTは、第3章で説明したように転置を表現）によって、各大臣ポストの重要性を表現しているものとなります。ここでパイの総額は、各組閣において1億円（と言うより適当な任意の正の実数値）に固定化されており、その結果、$\sum_{k=1}^{K} \beta_k = 1$ という基準化を伴っている、従って、$\beta_j$ は、大臣 $j \in K$ の相対的重要度を表していることになります。

　すると、内積 $\mathbf{x}_i^{\mathrm{T}} \boldsymbol{\beta}$ は、派閥 $i$ が閣僚ポストの配分 $\mathbf{x}_i$ を通じて獲得する「**価値**」**の総和**を示すことになります。ここで、派閥はお互いに金銭のトランスファーをすることができるとし、派閥 $i$ がネットで獲得するトランスファーの額を $\varepsilon_i$ とします。各派閥は、閣僚ポストから得られる「価値」と金銭トランスファーから利益を得るものと考えて、派閥 $i$ の利得を $v_i$ は

$$v_i \equiv \mathbf{x}_i^{\mathrm{T}} \boldsymbol{\beta} + \varepsilon_i \tag{7.1}$$

と定義されるものと考えます。

　ここで、金銭トランスファー・ベクトル（monetary transfer vector）$\boldsymbol{\varepsilon} = (\varepsilon_1, \cdots, \varepsilon_n)$ は、プレーヤーである派閥は観察しているが、分析者には観察不能（unobservable）という意味で、確率変数として定式化されることになり、交渉プロセスとは別種の派閥間トランスファーと解釈されるものとなります[10]。このように、私たちの設定においては、派閥は、$k$ 個の閣僚ポスト $\mathbf{K} = \{1, ..., k\}$ の配分から生じる「パイの切り方」を巡って交渉するものと想定します。

　ここでは、外部からのファンドはないものと仮定していますので、金銭トランスファーは、予算制約 $\sum_{i=1}^{n} \varepsilon_i = 0$ を満たしていなければなりません。ここで、$\sum_{i=1}^{n} v_i = 1$ であることを思い出してください。従ってすなわち、派閥間が交渉して分け合

うパイは、大きさが1で、完全に分割可能なものとなっています。なお、ここで各派閥の利得は負になってはいけないことから、全ての$i$について$-1 \leq \varepsilon_i \leq 1$という制約が付くことになります。

　前章での議論から、非協力ゲームの枠組みにおいては、上述の式 (7.1) は派閥$i$が提案者であるときは、

$$1 - \sum_{j \neq i} \delta \frac{w_j \exp(\alpha \cdot w_j)}{\sum_{l=1}^{n} w_l \exp(\alpha \cdot w_l)} = \mathbf{x}_i^{\mathrm{T}} \boldsymbol{\beta} + \varepsilon_i$$

そして、非提案者派閥$j$であるときは、

$$\delta \frac{w_j \exp(\alpha \cdot w_j)}{\sum_{l=1}^{n} w_l \exp(\alpha \cdot w_l)} = \mathbf{x}_i^{\mathrm{T}} \boldsymbol{\beta} + \varepsilon_j$$

のように書き換えられることが分かります。従って、それぞれの組閣は、上記の$n$個の方程式を与えることになります。同様に、協力ゲームの枠組みにおいても、左辺には対応する理論的予測値を当てはめることになります（前章の6.5節における$v_i^N$と$v_i^{SS}$）。

　計量分析者としての私たちは、金銭トランスファー・ベクトル$\boldsymbol{\varepsilon}$を観察することはできません。理論モデルにおいて、金銭トランスファーは、派閥が獲得する（離散的な値を取る）ポストと、それが受け取る利得の差異を埋め合わす役割を持っていますが、派閥間のやり取りの間に、システマティックに影響を与える要因はないと考えても良いでしょう。従って、$\varepsilon_i$を平均ゼロの同一的な分布から引かれる確率変数と仮定することとします。

　しかし、ここで注意すべきは、それぞれの金銭トランスファーは独立の分布から引かれるのではないということです。これは予算制約$\sum_{i=1}^{n} \varepsilon_i = 0$、すなわち、$\sum_{j \neq i} \varepsilon_j = -\varepsilon_i$のためです。よって、$n$個の確率変数を引いたときの自由度は$n-1$となっています。派閥$i$のトランスファーは、それ以外の派閥のトランスファー

---

10)　ここで、金銭トランスファーは確率変数と見なされますが、組閣のプロセスにおいて、派閥にとってそれらは確率的ではなく、それら自体も戦略的な取引の対象になっているとも考えられるかもしれません。しかしBrowne and Franklin（1973）の指摘（p.454）に依拠して、金銭トランスファーよりも、大臣ポストの配分の方が派閥にとっては重要であると考えることにしています。

の総和と負の相関関係にあります（理由1）。観察されるデータにもそれと似た特徴
があります。組閣時において閣僚ポストの数は固定されており、各ポストはただ一
つの派閥に割り当てられています。データ $\{\mathbf{x}_i\}_{i=1}^n$ は $\sum_{i=1}^n \mathbf{x}_i = [1, ..., 1]$、すなわち、
$\sum_{j \neq i} \mathbf{x}_j = [1 - x_{i1}, ..., 1 - x_{iK}]$ という特性を持っています。従って、全 $n$ 派閥のポス
トの配分から得られる情報は、任意の $n-1$ 個の派閥のポストの配分から得られる
情報と同じものとなっています（理由2）。また、派閥の相対的大きさの総和は1で
す。よって、$\sum_{i=1}^n w_i = 1$、すなわち、$\sum_{j \neq i} w_j = 1 - w_i$ になっています。このこ
とにより、私たちは、任意の一つの派閥の相対的大きさを無視できることになりま
す（理由3）。

　以上の三つの理由より、分析の際には、それぞれの組閣において、一つの派閥
のデータを無視して、$n-1$ 個の方程式だけを使うことができるというわけです。
これによって、$\boldsymbol{\varepsilon}$ 間の相関を無視することもできます。そこで、それぞれの組閣時
における首相派閥の情報を除いても差し支えません。従って、組閣ごとに次の $n-$
1個の方程式が成り立っていると考えることができます。すなわち、非協力ゲーム
の枠組みにおいては、提案者以外の派閥 $j$ について

$$\delta \frac{w_j \exp(\alpha \cdot w_j)}{\sum_{l=1}^n w_l \exp(\alpha \cdot w_l)} = \mathbf{x}_i^{\mathrm{T}} \boldsymbol{\beta} = \varepsilon_j$$

ということになります（協力ゲームの枠組みにおいても同様）。

　ここで、今まで導入された表記を整理しておきましょう。まず、私たちが以下
で計量的推定の対象とするのは，各大臣の相対的重さを示す $\boldsymbol{\beta}$、派閥サイズのス
ケール効果を表現する $\alpha$、そして時間割引因子の $\delta$ です[11]。派閥 $i$ が自民党内に占
める割合 $w_i$（全派閥でまとめて表記すると $\mathbf{w}$）と、派閥 $i$ が獲得する閣僚ポストの配分
$\mathbf{x}_i$ は、第7.1節で見たように、各組閣時のデータが観察可能（observable）です。よ
り正確には、各組閣 $t = 1, 2, ..., T$ における情報を用い、また、派閥のインデック
ス $i$ は $t$ によって変わるので、各組閣 $t$ ごとの派閥のインデックスを $i(t)$ と書いて、
$w_{i(t)}$ と $\mathbf{x}_{i(t)}$ のデータを使うことになります。

　Adachi and Watanabe（2008）と、Mitsutsune and Adachi（2014）において用

---

11)　なお、計量的推定の際には、撹乱項の確率分布についてのパラメータも推定の対象と
なりますが、本書ではその議論は割愛します。関心ある読者は、Adachi and Watanabe
（2008）と Mitsutsune and Adachi（2015）を参照してください。

いられている推定方法は、通常の最尤法です。上述の通り、金銭トランスファーが撹乱項と見なされます。ここで、金銭トランスファーには $\varepsilon_i \in [-1,1]$ という理論上の制約があったことを思い出してください。そのため、一般によく用いられる正規分布を機械的に当てはめることはできません。なぜなら、正規分布を仮定するということは、正の確率で、$\varepsilon_{i(t)} \in [-1,1]$ 以外の値を取ることを許しているという矛盾を犯すことになるからです。

　そこで、Adachi and Watanabe（2008）と Mitsutsune and Adachi（2014）は、$\varepsilon_{i(t)} \in [-1,1]$ はおのおの独立で同一、平均ゼロの「一般化されたベータ分布（Generalized Beta Distribution）」を用いています。推定の実際の方法、パラメータの識別、及びデータの記述統計量に関する議論の詳細は、Mitsutsune and Adachi（2014）の3.3，3.4，3.5節を参照してください。なお、標準偏差の計算では、ブートストラップ法を用いています[12]。

---

12)　ブートストラップ法（the bootstrap method）とは、本来は母集団からランダムに得られたと想定する手持ちのデータを、あたかも母集団そのものとみなして、再び人工的サンプリング操作をコンピュータで行うことによって、推計値の精度を上げようとする手法です。詳細は、例えば末石（2015）の第8章「ブートストラップ」や西山・新谷・川口・奥井（2019）のColumn8-1（p.344）を参照してください。

### 章末付録 7.B モデルのパラメータと、その推定値(55年体制期)

　交渉モデルのパラメータ（$\beta$, $\alpha$, $\delta$）の推定値と標準偏差は、表7.B.1のようにまとめられます。第1列はパラメータ名、第2列はBaron and Farejohn（1989）に基づく非協力ゲーム理論の枠組みでの推定値、第3列と第4列はそれぞれ、協力ゲームの枠組みにおけるNash（1950）、Shapley and Shubik（1954）に基づいた推定値を示しています。

　なお、本章のベースとなっている研究（Adachi and Watanabe 2008）において、$\alpha = 0$、すなわち、「スケール効果が存在しない」という帰無仮説は有意水準10%でも棄却されないことが論じられており、閣僚ポストの配分は、派閥の議員数に比例していると捉えられています。上での$\delta = 0.836$という推定値とも合わせ、非首相派閥については、良く知られている古典的な仮説、すなわち、「連立政権において、ある政党の大臣獲得数は、その政党の獲得議席数に比例する」という仮説（Gamson 1961）が当てはまる一方、首相派閥は、派閥のサイズの効果以上の利益を得ていることが示唆されます。この結果は、首相の重要度は他の全ての大臣の重要度の3倍と仮定して、ヨーロッパのデータを用いて計量分析を行っている研究（Ansolabehere, Snyder, Strauss, and Ting 2005）とも整合的なものです。

## 表7.B.1：パラメータの推定値と標準偏差（カッコ内）

| パラメータ名 | バロン＝フェアジョン | ナッシュ | シャプリィ＝シュビック |
|---|---|---|---|
| **（β）** | | | |
| 1. 内閣総理大臣 | 0.2519 | 0.1052 | 0.1045 |
| | (0.0524) | (0.0223) | (0.0255) |
| 2. 運輸大臣 | 0.0567 | 0.0678 | 0.0712 |
| | (0.0073) | (0.0076) | (0.0068) |
| 3. 建設大臣 | 0.0552 | 0.0660 | 0.0694 |
| | (0.0098) | (0.0111) | (0.0110) |
| 4. 経済企画庁長官 | 0.0530 | 0.0634 | 0.0634 |
| | (0.0087) | (0.0102) | (0.0102) |
| 5. 農林水産大臣 | 0.0510 | 0.0610 | 0.0610 |
| | (0.0057) | (0.0067) | (0.0067) |
| 6. 防衛庁長官 | 0.0433 | 0.0518 | 0.0504 |
| | (0.0071) | (0.0083) | (0.0092) |
| 7. 大蔵大臣 | 0.0443 | 0.0529 | 0.0604 |
| | (0.0085) | (0.0091) | (0.0083) |
| 8. 労働大臣 | 0.0451 | 0.0540 | 0.0550 |
| | (0.0062) | (0.0082) | (0.0066) |
| 9. 通商産業大臣 | 0.0391 | 0.0468 | 0.0481 |
| | (0.0077) | (0.0093) | (0.0096) |
| 10. 内閣官房長官 | 0.0430 | 0.0516 | 0.0547 |
| | (0.0212) | (0.0212) | (0.0247) |
| 11. 厚生大臣 | 0.0389 | 0.0465 | 0.0549 |
| | (0.0071) | (0.0079) | (0.0078) |
| 12. 科学技術庁長官 | 0.0388 | 0.0465 | 0.0390 |
| | (0.0080) | (0.0092) | (0.0095) |
| 13. 総務庁長官 | 0.0372 | 0.0445 | 0.0476 |
| | (0.0073) | (0.0081) | (0.0088) |
| 14. 自治大臣 | 0.0338 | 0.0404 | 0.0430 |
| | (0.0116) | (0.0138) | (0.0131) |
| 15. 文部大臣 | 0.0353 | 0.0422 | 0.0444 |
| | (0.0074) | (0.0090) | (0.0081) |
| 16. 郵政大臣 | 0.0343 | 0.0410 | 0.0351 |
| | (0.0063) | (0.0076) | (0.0084) |
| 17. 外務大臣 | 0.0301 | 0.0360 | 0.0238 |
| | (0.0069) | (0.0078) | (0.0077) |
| 18. 法務大臣 | 0.0335 | 0.0400 | 0.0367 |
| | (0.0060) | (0.0079) | (0.0073) |
| 19. 北海道開発庁長官 | 0.0201 | 0.0240 | 0.0211 |
| | (0.0073) | (0.0086) | (0.0091) |
| 20. 国家公安委員長 | 0.0154 | 0.0184 | 0.0162 |
| | (0.0116) | (0.0138) | (0.0131) |
| | | | |
| スケール効果（α） | 0.0004 | − 0.0018 | — |
| | (0.4862) | (0.5595) | |
| 時間割引（δ） | 0.8361 | — | — |
| | (0.0491) | | |

注：Mitsutsune and Adachi（2014, p.681）の表3に基づいて作成。

**章末付録** 7.C パラメータの推定値（省庁再編以後）

　省庁再編後のデータを用いて、非協力ゲームの交渉モデルにおけるパラメータ（$\beta$, $\alpha$, $\delta$）を推定した結果として得られた推定値と標準偏差は、表7.C.1のようにまとめられます[13]。

　ここで、$\alpha$ の推定値がマイナスであることは、逆スケール効果、すなわち、派閥のサイズが増えていくことに伴う交渉力の増加は逓減的であることを示唆しており、$\delta$ の推定値がほぼ1であることは、首相派閥が、提案者であるがゆえの利益を得ているということはなく、連立政権期における首相派閥の利益は、派閥のサイズに応じた交渉力を反映しているものであると考えられ、これは、章末付録7.Bで述べた、自民党単独政権時における特徴とは対比を成していると言えます。

---

13)　Mitsutsune and Adachi（2014）の表10においては、自民党三役（幹事長、政調会長、総務会長）も閣僚ポストの一つと見なした推定も行っており、幹事長のランクは比較的高いといった興味深い結果も得られていますが、大臣ポストのランキング自体に関しては、そのような拡張を行っても推定結果に大きな違いが見られないため、ここでも自民党三役については省いて考えています。

## 表7.C.1：パラメータの推定値と標準偏差(カッコ内)

| パラメータ名 | バロン = フェアジョン |
|---|---|
| （β） | |
| 1. 内閣総理大臣 | 0.2511 |
| | (0.1042) |
| 2. 国土交通大臣 | 0.0889 |
| | (0.0130) |
| 3. 経済産業大臣 | 0.0614 |
| | (0.0166) |
| 4. 沖縄及び北方対策担当大臣 (内閣府) | 0.0580 |
| | (0.0201) |
| 5. 厚生労働大臣 | 0.0569 |
| | (0.0179) |
| 6. 経済財政政策担当大臣 (内閣府) | 0.0594 |
| | (0.0183) |
| 7. 防衛大臣 (防衛庁長官) | 0.0551 |
| | (0.0132) |
| 8. 国家公安委員長 | 0.0531 |
| | (0.0178) |
| 9. 農林水産大臣 | 0.0528 |
| | (0.0120) |
| 10. 総務大臣 | 0.0461 |
| | (0.0140) |
| 11. 規制改革担当大臣 (内閣府) | 0.0401 |
| | (0.0135) |
| 12. 財務大臣 | 0.0386 |
| | (0.0156) |
| 13. 環境大臣 | 0.0302 |
| | (0.0214) |
| 14. 法務大臣 | 0.0255 |
| | (0.0147) |
| 15. 科学技術政策担当大臣 (内閣府) | 0.0224 |
| | (0.0156) |
| 16. 金融担当大臣 (内閣府) | 0.0210 |
| | (0.0162) |
| 17. 男女共同参画担当大臣 (内閣府) | 0.0126 |
| | (0.0107) |
| 18. 外務大臣 | 0.0117 |
| | (0.0132) |
| 19. 文部科学大臣 | 0.0110 |
| | (0.0115) |
| 20. 防災担当大臣 (内閣府) | 0.0058 |
| | (0.0116) |
| 21. 内閣官房長官 | 0.000002 |
| | (0.0107) |
| スケール効果 ($\alpha$) | − 3.3484 |
| | (0.7822) |
| 時間割引 ($\delta$) | 0.9996 |
| | (0.1353) |

注：須佐大樹氏と著者が作成したデータに基づく推定結果。

# 終わりに　経済学の多様性

> 多数の科学的研究計画が共存し、競合している。多少の経験的検証くらいで、その優劣を定めることは不可能である。（中略）多数の科学的研究計画は単に対立、競合するばかりではなく、複雑にからみ合い、融合しあうことも考えられる。このような状況においては、科学方法論は多元的に、寛容にならざるをえない。（中略）厳密な方法論的枠組みを押しつけることにより、未熟だが将来のある研究を圧殺することがあってはならない。研究者も相互に寛容でなければならず、自説のみが正しいとしたり、他の学説とは不倶戴天だというのでは困る。
>
> 　　根岸隆「経済学の科学性とは？──好ましいパラダイムの競合、研究者に寛容さ必要」『日本経済新聞』1983年12月26日朝刊「経済教室」

　本書の第III部「上級篇」では、注目する問題の構造を明示的に利用することで、実証分析を展開しようとする**構造推定アプローチ**と呼ばれる分析手法を、日本政治を題材として紹介するものとなっていました。本書の締めくくりとして、この構造推定に関しての一般論を簡単に俯瞰してみましょう。

　第1章で見た「赤味噌と起床時間」の例ですが、構造の詳細に立ち入らない**誘導形推定アプローチ**におけるデータ分析の結果は、典型的には、「赤味噌の摂取が1%増えると、起床時間は$x$分早くなる」といった形式で示されます。しかし、ここでは、$x$分の内訳がどのようになっているかは不問に付されたままとなっていることに気付くでしょう。「モデルを考える」とは、この$x$分の背後にあるメカニズムを考えることに対応します。

　では、なぜこのような七面倒くさい「メカニズムを考える」ことが必要となるのでしょうか。一つには、計量経済学者の市村英彦氏が指摘するように、たとえ、日本において、$x$分であることが「いかに正確に測定されたとしても、得られた結果が他の場所、他の時点で同じように成立するという保証はない」ことがあります（市村 2010, p.298）。もし、「人間の栄養吸収のメカニズム」というところまで遡っての理解であれば、日本での結果の「$x$分」から、遺伝的特徴の異なる集団に対しては「$y$分の効果がある」という推察を行うことが（ある程度は）可能になるでしょう。しかし、メカニズムを考えないのであれば、この日本での結果である「$x$分」は、そのまま、遺伝的特徴の異なる他の集団に当てはまるとは考え

られないでしょうから、この集団に対しては再度、ランダム化統制実験（RCT）を行うというように、「いつまでたっても同様の実験を繰り返す必要がある」（市村 2010, p.298）ということになってしまうのです（第1章の1.5節での議論も思い出してください）。

対して、構造推定アプローチでは、場所や時点には依存していない、より本源的な構造を考えることでこの問題に対処しようとします[1]。ある公共政策や経営戦略の効果が、他の異なった状況においても同等の効果を持ちうるのかを考えるためには、どういった経路によってそれがもたらされたかに関するメカニズムの解明を目指さなければなりません（市村 2010, p.292）。その際には、「一般性のある経済理論に依拠して、経済主体の行動を仮説から演繹的にモデル化する」ことで、因果関係の理解を深めようとします（中嶋 2016, p.53）。その結果として、構造推定においては、本書で登場したような、需要の価格弾力性や消費者余剰、あるいは不完全競争の度合といった、メカニズム、あるいは構造といった観点から関心を寄せることができるようになるのです。組閣の例では、それは、「各大臣の重要度」でした。

こうして、「政策変更に反応して意思決定主体が行動を変える結果としての因果関係」を考えることになります。その際、意思決定主体にとっては、「与件の変化に応じて意思決定をする」というメカニズム自体が「普遍的」なものと見なされます[2]。

そして、このことが、**反実仮想**を考えることができるという、構造推定アプローチのもう一つの利点と関わってきます。反実仮想という概念は、既に第2章で登場していましたが、実際に行っていない状況（反事実的な状況）を仮想的に想

---

[1] 経済学の歴史の中で、このような問題意識が初めて明確に表現されたのは、経済学者のロバート・ルーカス（Robert Lucas）氏による、いわゆる**ルーカス批判**（the Lucas Critique）と考えられます（Lucas 1976）。ルーカス氏は、マクロ経済政策の文脈において、「将来の政策変更の可能性を消費者が予想する」ことを考慮していない従来の実証分析を批判し、そういった消費者の予想を勘案した構造を想定すれば、従来からのモデルから導き出される政策効果の予想とは全く異なる結果が帰結されることになる、と主張したのです（西山・新谷・川口・奥井 2019, p.516）。

[2] 本書で言う「メカニズム」あるいは「構造」は、概念的には、科学哲学者の大塚淳氏が、因果関係の哲学的理解の文脈で述べる「構造方程式（structural equation）」と対応するものです。

定してみるとどうなるのか、ということを意味します。

　経済学者の中嶋亮氏が指摘するように、例えば、「紫味噌の摂取の効果」といった「まだ発生していない出来事の予測を行うためには、何らかの経済主体の行動の仮定——人々が反事実的な状況（カウンターファクチュアル）にどのように反応して行動するかという仮定——を与えなければ、その予測を実施することは、不可能」ですが（中嶋 2016, p.57）、その点、構造推定アプローチにおいては、「紫味噌摂取を促すような補助金やナッジ」といった政策の効果を、RCTなどで事後的に検証するのではなくて、**事前**に予測することが可能となるのです。

　なぜならば、経済主体がどのような選好を持っていって、どういった情報に接しているのかが明確に考えられているがために、公共政策や経営戦略の変更などによって環境的条件が（反事実的に）変化した際、それに対して経済主体がどのように反応するのかというメカニズムが考慮されているからで、そのお陰で、消費者や企業といった経済主体の行動変容をシミュレートした上で、公共政策や企業戦略の効果を予測できるようになるのです（中嶋 2016, p.57）。

　なお、第6、7章で考えた交渉モデルは、どの派閥がどのような大臣ポストを獲得するか自体の予測を与えるものではありませんので、例えば、派閥の規模が変わったときに、どのようなポストを獲得しやすくなるかといった反実仮想は考えることはできません。しかし、大きさを1と基準化した「パイ」において、どれだけの割合を獲得できるのかについて自体の反実仮想はできます（詳細は、Mitsutsune and Adachi（2014）の表5をご覧ください）。このように、どういった反実仮想を考えることができるかは、どのような経済モデルを想定するかによって決まってくるのです。

　ただし、構造推定アプローチに弱点がないとは言えません。経済学者の渡辺安虎氏が指摘するように、個々の文脈に応じて過不足なく経済モデルを構築する手腕が求められ、また、手持ちのデータと整合的になるよう、満足いく形でデータ分析を行うのに「時間がかかってしまう」こともネックとなります（渡辺 2020, p.50）。そもそも、「赤味噌の摂取が1%増えると、起床時間は$x$分早くなる」のメカニズムを考案する前に、そもそも「赤味噌の摂取が1%増えると、起床時間は$x$分早くなる」という興味深い事実そのものを発見する上では、誘導形推定アプローチの威力には揺るぎないものがあります。

　以上の議論をまとめれば、経済の問題を見つけ、それに人知を尽くして対応し

ようとする視点から俯瞰すれば、構造推定アプローチと誘導形推定アプローチとの間には断絶的な違いはない。冒頭で経済学者の根岸隆氏が述べているように、経済学の進歩にとっては、何よりも多元性と寛容さとが求められる所以です[3]。

---

3) このような発想の一つとしては、課税などの政府活動を研究対象とする**公共経済学**（Public Economics）における**十分統計量アプローチ**（Sufficient Statistics Approach）と呼ばれる手法があります（Chetty 2009; Kleven 2021; Adachi and Fabinger 2022）。

# 読書案内

本書の類書としては、

市村英彦・岡崎哲二・佐藤泰裕・松井彰彦 (編)『経済学を味わう——東大1、
2年生に大人気の授業』(2020年、日本評論社)

があります。同書は、幅広いトピックスを対象にして、12名のシェフが、自ら
の研究を糧としてそれぞれに腕を振るい、向学心ある読者をその先に誘おうとし
ており、東京大学の教養課程に在籍する学生 (他大学での学部1、2回生に対応) を対
象としたオムニバス形式の半年間の講義がベースとなっています。

対して本書は、この『経済学を味わう』よりも、(A) トピックスは絞ってい
ますが (何せ、向こうは12人の一流シェフが揃い踏みですが、こちらは場末で商う一介の
泡沫料理人でしかありません)、その代わり、(B) 内容については深めに紹介する、
という点が異なります。

すなわち、経済学を「味わう」だけでなく、調理の過程を知ることで、**実際に
手を動かして「作ってみる」**ことに関心のある人を後押しすることを狙いとした
のです。そのためには、他ならぬ著者自身の実践振りをお見せするに如くはなく、
従って本書は、ミクロ経済学の入門書や教科書を超えた「もうワンステップ先」
の世界に関心を持つ読者のための「啓蒙書」を意図しながらも、必然的に、著者
による今までの研究活動を総括した「研究書」としての性格も濃厚に持つことと
なりました。

料理だけでなく、音楽やスポーツでもそうですが、鑑賞・観戦をするだけでな
く、実際に自分で手を動かし、体を使ってみることで、より深く、鑑賞・観戦の
ポイントが分かり、より楽しめるようになることでしょう。

本書の内容と特に関係する分野は、労働経済学 (第3章)、産業組織論 (第5章)、
政治経済学 (第6・7章) ですが、それぞれの分野のトピックスを概観するために
は、

川口大司『労働経済学——理論と実証をつなぐ』(2017年、有斐閣)

小田切宏之『産業組織論——理論・戦略・政策を学ぶ』(2019年、有斐閣)

浅古泰史『ゲーム理論で考える政治学——フォーマルモデル入門』(2018年、
有斐閣)

を参照すると良いでしょう。なお、産業組織論に関しては、本書執筆中の時期に刊行された

　　　石橋孝次『産業組織——理論と実証の接合』（2021年、慶應義塾大学出版会）

は、更に専門的な議論を展開しています。

　そして、「終わりに」で述べた反実仮想に言及している一般向け解説書としては、

　　　伊神満『「イノベーターのジレンマ」の経済学的解明』（2018年、日経BP）

　　　大橋弘『競争政策の経済学——人口減少・デジタル化・産業政策』（2021年、
　　　　日経BP・日本経済新聞出版本部）

　　　山口慎太郎『子育て支援の経済学』（2021年、日本評論社）

があります。伊神氏と大橋氏の著作はいずれも、産業組織論に分類される話題を扱っている書籍であり、山口氏の著作は、子育てに関する政策をどう考えるかなど、教育や家族に関する問題も扱う労働経済学の新しい潮流を反映しているものです。

　隔月刊の『経済セミナー』（日本評論社）の内容をフォローしていくことも、「もうワンステップ先」を目指す読者にとって有用でしょう。本書との関連では、この『経セミ』増刊の

　　　『進化する経済学の実証分析』（2016年、日本評論社）

　　　『進化するビジネスの実証分析』（2020年、日本評論社）

の2冊が、本書で扱った手法についての更なる理解を深める上では参考になると思います。

　なお、本書後半部で扱われた交渉理論の理論的基礎にはゲーム理論がありますが、交渉理論の応用と実証に力点を置くという本書の性格上、理論的基礎の詳細には立ち入っていません。関心のある読者は、

　　　岡田章『ゲーム理論 第3版』（2021年、有斐閣）

の第8〜11章を学ぶことが効果的です。

　以上、研究書としてのみならず、啓蒙書としての本書の性格に沿って、幾つかの書籍を挙げてみました。

　最後に、「終わりに」で引用をした根岸隆氏に再度のご登場をお願い致しましょう。

偉い先生が書いた教科書を読んでおかしいなと思ったら、自分のほうが悪い
と思わずに、もう少し自分で考えてみるといいんじゃないかと思います。高
校までの教科書は間違っていると大問題ですから、教科書をまず丸暗記して
もいいのですが、大学の先生が書いた大学の教科書というのは、必ずしもす
べて正確ではなくて小さな間違いがあったりします。それから、今の経済学
全体がうっかり見落としている問題がやっぱりあります。

応用経済学とか、経済政策のことになると、さまざまな先生がそれぞれに異
なったことを発言される。それがまた経済学のおもしろいところでもあるん
です。**何とか先生がそう言っているんだから、ちょっとわからないけどおそ
らくそれが正しいのだろうとか、自分なんかよりも何とか先生のほうが正し
いのだろう、とかいうふうには、思わないほうがいいでしょう。**

経済学は基本さえ押さえていれば、いろいろな応用分野がありますから、**ど
んなことでもトライしようという気がどんどん起きてくる**と思います。

（根岸隆「自分自身の頭で考える経済学習得法」『経済セミナー』2002年5月号、強調は引用者）

　本書を手に取っていただいた読者の皆さんに取って、それぞれの興味や関心か
ら、ミクロ経済学の**もうワンステップ先の実践**に踏み出すための一助となるとこ
ろがありましたら、本書の目的は達成されることになります。更には、偉くもなん
ともない著者に対して、批判的な視点を投げかけていただけるのでしたら、著
者に取ってはこれに勝る喜びはありません。

# あとがき

　不幸にもこの「あとがき」から読み始めてしまっている方には申し訳ないのですが、本文中で既出のヴァージニア・ウルフは、1925年に出版された小説『ダロウェイ夫人』の再版自序（1928年）において、このように述べています。「いったん印刷され出版された本は、もう作者の所有物ではなくなり、他の人びととの管理に委ねられることになる。彼の関心のすべてはべつの新しい本に向けられる」（丹治愛訳、集英社文庫版、p.366）と。実を言いますと、本書の著者は、印刷され出版される前の現時点において既に、本書は著者自身の手を離れ、彼の関心のすべては既に、新たなる書籍のための研究に向かっていることを告白しなければなりません。

　そのテーマとは、本書第2章、そして、第4章の後半部から第5章の内容とも関わる**不完全競争の経済学**となります。経済学者の村上泰亮（1931-1993）が1975年時点で見抜いていたように、不完全競争的な市場は、「少数の企業や団結した労働者、ときとして団結した消費者が…駆引きし交渉を行う」という様相を持ち、それらは、「国家の次元での政治的現象に係わりをもつ」ものでもあります（村上1975、中公クラシックス版、p.391）。この指摘を念頭に置いて不完全競争の経済学を展開していくことは、まさに、教科書的なミクロ経済学が想定するような「自律安定的な市場」という概念に疑問を投げかけることになるでしょう[1]。これもまた本文中で既出のジョーン・ロビンソンや青山秀夫は、彼らの若かりし1930年代、不完全競争の経済学の彫塑に寄与しました（Robinson 1933; 青山 1937）。逆に既に若くはない著者は、これから、この問題を更に深掘りすべく、研鑽を積み重ねていく所存であり、「余生の楽しみ」としていきたいところであります。

　本書は、著者が単独あるいは共同でこれまで発表してきた邦語の解説論文及び

---

[1]　1980年代頃より、「不完全競争の経済学」は、ゲーム理論による統一化が進展しましたが、それを踏まえつつも、やや異なる観点から——とりわけ、伝統的な価格理論や一般均衡理論（General Equilibrium Theory）との接続を意識しながら——「不完全競争の経済学」を展開してきた研究者グループによって最近、出版された成書として、d' Aspremont and Dos Santos Ferreira（2021）があります。

エッセイ（以下リスト1を参照）に依拠しながらも、大幅な加筆・修正を加えて統一的な再構成を図ったものであり、その基層部には、著者が共著として発表してきた英語学術論文（Adachi and Watanabe 2008; Mitsutsune and Adachi 2014; Adachi and Hisada 2017; Adachi and Tremblay 2020）が存在します。従って先ず以って、これら諸論文それぞれの共著者であるマーク・トレンブリィ（Mark Tremblay）、久田貴紀、光常正範、渡辺安虎（50音順）の各氏には深く感謝しなければなりません。なお、久田氏からは草稿に対するコメントをいただき、また、渡辺氏には、共同で執筆した下記リストの解説論文（2005年）を本書で活用することにもご理解をいただきました。加えて、第7章での分析には、須佐大樹氏が著者の研究助手としてご作成をいただいたデータを部分的に用いており、同氏にも感謝の意を表したいと思います。更には、山田雅広氏からは、いわばボランティアのレフェリーとして、全体に亘って草稿に目を通していただき、幾つもの改善点を指摘していただきました。本書が今、ようやくにして完成に至ったことに際し、まずは以上の方々に深く御礼申し上げます。

　また、これらに加えて、著者が様々な機会で行ってきた講義・講演のために準備した内容も本書には随所で反映されており（以下リスト2を参照）、これらの機会をお与えいただいた関係各位の皆様方に御礼を申し上げると共に、聴講者の皆様方にも改めて感謝申し上げます。

　著者は、今までの研究活動において、文字通り数えきれない程多くの先達の諸先輩方並びに同輩・後輩の方々からのご指導を賜るという僥倖に浴してきましたが、以下では、本書の内容に関わる範囲で謝辞を述べさせていただくことをご容赦いただきたいと思います。

　まずは、著者の学士、修士、博士課程のそれぞれの段階で指導教員をお願いさせていただいた、岩井克人先生、松島斉先生、ケネス・ウォルピン（Kenneth Wolpin）先生に感謝申し上げなければなりません。著者が三先生にとって出来の悪い学生であったことは言うまでもないことですが、のみならず、経済学関係者であれば一目瞭然、いずれの先生方のご専門分野も学風も全く継承していないという三重の意味で不詳の弟子、いや、弟子未満ですらありません。そう、ここで思い出すのが、学生の頃に買ったCDのライナーノーツで書かれていたエピソードです。もう手元にはないため、記憶が不正確なのですが、チェンバロ奏者のトン・コープマン（Ton Koopman）氏に対し、静謐を旨とする師匠のグスタフ・レ

オンハルト (蘭 Gustav Leonhardt; 1928-2012) が、「これもバッハだ!」と評した
という内容だったと思います。トリルなどの装飾音を多用した躍動感溢れる演奏
で知られるコープマン氏は、そうは言うものの、レオンハルトの出来の良い学生
だったはずなので、著者の状況には全く当てはまらないのですが、それでもなお、
逆に三先生方に対して、「これも経済学です!」と言う自由だけは残されている
のかもしれません。研究者としての著者を成してくださった三先生には、改めて
感謝申し上げたいと思います。

　本書中盤から後半 (第4〜7章) の主軸となっている交渉理論の社会問題分析上
の有用性に関する著者の認識に関してですが、これについては、著者が日本の大
学院からアメリカの大学院へと移った後、フルヤ・エラスラン (Hülya Eraslan)
先生、並びにアントニオ・メルロ (Antonio Merlo) 先生、それぞれ、大学院のク
ラスで開講されていたコーポレート・ファイナンス、政治経済学の講義に参加し
たことで磨かれた部分が大きいと言えます。なお、第3章では、個人破産時の差
し押さえ免除額が州によって異なるというアメリカの特徴に触れましたが、これ
はエラスラン先生の講義で学んだ知識であり、このような形で (数年も経った後
に) 自身の研究に活かすことができました (Adachi and Hisada 2017)。この場を借
りまして、両先生に深く感謝の意を伝えたいと思います。

　顧みれば、そもそも、著者が第4章で扱ったような交渉理論に触れたのは、神
取道宏先生による大学院でのミクロ経済学の講義であり、また、交渉理論の文脈
における非協力ゲーム理論と協力ゲーム理論の関係性に関する著者の認識は、著
者が教職に就いた後、岡田章先生、宮川敏治先生、並びに武藤滋夫先生から受け
たご教示からも影響を受けています。なお、濱本真輔先生からは、本書の準備段
階で、第7章の内容に関わる諸点に対して幾つかの貴重なコメントをお寄せいた
だくこともできました。

　順番は前後するのですが、第2章で紹介した「グループ間外部性と価格差別」
の研究 (Adachi 2002, 2005) は、著者がまだ右も左も分からなかった、日本の大学
院在籍時に行ったものです。このもとになった論文を横浜市立大学で行われた学
会で報告した際、成生達彦先生には討論者をお引き受けいただきましたが、報告
前日、再開発前の「古き良き昭和の品川」情緒が漂う駅の一角にあった居酒屋で
事前の打ち合わせをさせていただいたことが懐かしく思い出されます。その翌日
(翌々日だったかもしれませんが)、成生先生からご討論をいただいた拙報告のセッ

ション終了後、大学内のカフェテリアで、セッションを聴講されていた依田高典先生も交えて確か3人でランチを摂りましたが、その際、依田先生からは、ご自身がかつて試みていた分析を拙研究が首尾よく取り扱っているという旨の励ましをいただきました。著者が「グループ間の外部性」に着目したのは、現在は根付いているネット社会の黎明期であり、今日では普通に使われ、また、本書の副題にも登場している「プラットフォーム」という用語は、駅のプラットフォームの意味でしかなかった当時（！）のことです。しかしながら、幾星霜を経て、「グループ間外部性」という概念が「プラットフォーム」の文脈の中で著者の認識のうちに蘇り、そこにそれまでに培ってきた「交渉」という要素が取り込まれて、第5章で取り上げた研究（Adachi and Tremblay 2020）へと結実したのかと思います。

　以上、諸先生方からのご学恩に深く感謝申し上げます。もちろん、本書に残り得る誤りは著者一人のみに帰するものであることは言うまでもありません。

　こうして初めて世に送り出す小著が、第1章とショートブレイクに登場した福澤諭吉を祖とする慶應義塾ゆかりの版元から出版されることは、著者にとっては格別の喜びとするところです。同塾が近代日本の教育と学術に果たしてきた役割には別格のものがあり、近代日本の教育と学術を語ることはすなわち、慶應義塾の歴史を語ることに他なりません。残念ながら著者自身は、慶應義塾で教育を受ける機会を持つことはありませんでしたが、だからこそ、このようにして、慶應義塾を掛け値なしに称えることができることもまた僥倖と言えるのでしょう。今回の出版に際しましては、旧知である慶應義塾大学出版会の永田透氏のお手を煩わせました。経済学への造詣が深いことに留まらず、一過性の流行に流されることなく、学術的な本筋を大局的に見通す氏の標榜する「新しいスタイルの経済書」にどこまで近づけたのか、甚だ心許ないところですが、執筆というマラソンを完走するためには、誰にも増して信頼の置ける伴走者がいなくてはならないということを痛感した次第です。永田氏を始めとして、慶應義塾大学出版会の関係者の皆々様には深く感謝申し上げたいと思います。

　最後になりますが、しかしもとより最小にではなく、著者が昨年4月から勤務している京都大学、そしてそれ以前に勤務をしていた東京工業大学と名古屋大学の事務職員や在籍学生、あるいは同僚の教員も含む構成員の皆様方に対しましては、この業界の片隅で細々とした研究活動をしか行っていない著者の如き一介の泡沫学徒に対してであっても分け隔てなく、学内外の喧騒や雑事に煩わされるこ

216

とのない、極めて安定、静寂、かつ自由な研究環境をお与え続けていただいたことに改めて感謝するものであります。また、この機会を借りまして、本書にて反映されている学術研究を始め、現在に至るまで、著者による種々の研究活動を援助された各種研究資金、並びにそれら関係者の皆様方に対しても再度の謝意を表したいと思います。

　こうして、見知らぬ多くの方々にも支えられ、今、ようやくにして、研究活動のスタート地点らしき所にまで漕ぎ着けられたのかもしれないという感触を、多少なりとも持てる境地に至ったことに対しては、感謝する他はありません。そうです。わたくしなりの遅い「船出」が、今、ようやくにして、始まったのです。永遠の浅学非才のこの身ゆえ、これからも一層多くの皆様方からのお力添えを必要としていることは言うまでもありません。こうして、ウルフの言うように、既に新しい著作へと関心のすべては移っているのですが、しかし本書は、他ならぬ著者自身が、折に触れて振り返ることができるような忘れ難い、愛着のある小著となりました。ここで、「はじめに」で著者が「研究者の執筆インセンティブ」、すなわち、「動機付け」に言及したことを思い出してください。本書執筆の舞台ウラ事情については「はじめに」で述べた通りです。それでは、著者の本書執筆の動機とは何か？　推理小説の種明かしではありませんが、それは、「業界で認知されたい！」でもなく（いや、本書が売れても業界での認知が高まるとは限りませんが）「多くの部数を稼ぎたい！」でもなく（いや、出版会の皆様のためには売れてほしいところではありますが…）、著者自身の「踏ん切り」を付けるところにあったのです。その意味で、これからも本書の第一の読者は、ここまでお読みいただいた（あるいは、不幸にもこの「ネタバレ」から読み始めてしまった）皆さんを差し置いて、常に未来の著者自身に他ならないという心情を吐露させていただくことで、しばしのお別れの言葉に代えさせていただきたいと思います。もっとも、「コーヒーブレイク」の眠気覚ましの余韻がまだ持続している皆さんであれば、著者の動機付けを詮索することには関心ないのでしょうが。

　　2022年1月23日

京都・西陣

著者識

**リスト1：本書の執筆の際に抜粋・改変によって利用した解説論文・エッセイ**
　　　　（本書での利用については全て承諾済み）

1.「大臣の重み――構造推定アプローチによる自民党政権（1958-1993）の分析」（渡辺安虎氏との共著）『日本政治研究』第2巻第1号, 6-30, 2005年.（第6, 7章）

2.「組閣から, 政治家の公共政策への関心を考える」『経済セミナー』2011年8-9月号, 38-43, 2011年.（第5-7章）

3.「書評 Scott A. Shane, *The Illusions of Entrepreneurship: The Costly Myths That Entrepreneurs, Investors, and Policy Makers Live By*」『経済科学』（名古屋大学大学院経済学研究科）59 (2), 51-57, 2011年.（第3章）

4.「経済学とハサミは使いよう」「経済学の用語は「化け物」？」「経済学界ウラ事情」『新しい経済の教科書2012』日経BP社, p.71, p.88, 2012年.（「ショートブレイク」、「コーヒーブレイク」）

5.「経済学の「知恵」と現代社会」「雑誌を経済学で見てみると…（前編）」「雑誌を経済学で見てみると…（後編）」『新しい経済の教科書 2013-2014年版』日経BP社, p.45, p.133, p.144, 2013年.（「はじめに」、「幕間」）

6. 安達貴教「交渉ゲーム理論の実証的側面」『公共選択』第67号, 85-103, 2017年.（第4, 6, 7章）

7.「デジタル・プラットフォーム上の事業者間取引における交渉的側面：経済理論からの視座」『季刊 Nextcom』第41号, 23-31, 2020年.（第5章）

8.「組閣交渉モデルの構造 推定―閣僚ポストの「重み」の実証分析を舞台とする非協力ゲーム理論と協力ゲーム理論の幸せな邂逅―」名古屋大学大学院経済学研究科附属国際経済政策研究センター, ディスカッション・ペーパーE20-2, 2020年.（第4, 6, 7章）

\* なお, 名古屋大学ウェブページ上の「研究教育成果情報」において2017年3月15日に掲載されたプレスリリース「経済活動におけるジェンダー差（性差）を解明」の内容が第3章で, 2020年10月27日に掲載されたプレスリリース「プラットフォーム上の事業者間関係における特徴的様相の解明」の内容が第5章で一部参考にされています。

**リスト2：本書の執筆の際に参考にした、著者自身による講義・講演**

1. 名古屋大学教育学部附属高等学校「一日総合大学」講義「学問における「言明」（statement）」2014年10月9日.

2. 愛知県立明和高等学校「名古屋大学文系4学部合同ガイダンス」講義「「学割」を「社会的観点」から考える」2015年7月14日.

3. 名古屋大学・教養教育院「基礎セミナーB」（学部1年生対象）イントロダクション「価格差別と外部性」2015年10月1日.

4. 夢ナビライブ2018名古屋会場「肩肘張らない経済学へのウォームアップ：「学生料金」から考える「社会」」（2018年7月28日. ただし, 当日の台風12号接近に伴う暴風警報発令を受けて中止）

5. 平成30年度名古屋大学オープンカレッジ「経済モデルとデータで暴く「不都合な真実」」2019年3月2日.

6. 令和元年度名古屋大学オープンカレッジ「現代経済学の一側面──開講のご挨拶に代えて」
   2019年9月28日.
7. 名古屋大学オープンレクチャー2020「ヤフー×LINEの統合（予定）後のスマホ決済市場の
   はなし」（2020年3月20日。ただし、新型コロナウィルスの感染拡大を受けて中止）
8. 競争法先端実務研究会「経済学は、優越的地位の濫用規制をどう考えるべき（どう考えない
   べき）なのか？」2020年6月9日.

## 画像クレジット

ロザリンド・フランクリン（p.009）
©National Portrait Gallery London
ジョーン・ロビンソン（p.074）
©慶應義塾大学　広報室
ヴァージニア・ウルフ（p.089）
©CSU Archives/Everett Collection /amanaimages

# 参考文献

青山秀夫 (1937)『独占の経済理論』日本評論社.

─────(1952)「社会主義社会における自由」『思想』1952年第8号(青山秀夫著作集刊行会(編)『青山秀夫著作集6　経済学評論』(創文社, 1999年), 5-20).

─────(1981)「若い人々のための高田保馬先生」, 高田保馬博士追想録刊行会(編)『高田保馬博士の生涯と学説』創文社, 156-171.

赤羽根靖雅 (2004)『非協力ゲームの交渉理論と制度分析』三菱経済研究所.

浅古泰史 (2018)『ゲーム理論で考える政治学──フォーマルモデル入門』有斐閣.

飯尾潤 (2007)『日本の統治構造 官僚内閣制から議院内閣制へ』中公新書.

五百籏頭薫 (2020)『〈嘘〉の政治史──生真面目な社会の不真面目な政治』中公選書.

依田高典 (2011)『次世代インターネットの経済学』岩波新書.

一ノ瀬正樹 (2016)『英米哲学史講義』ちくま学芸文庫.

─────(2018)『英米哲学入門──「である」と「べき」の交差する世界』ちくま新書.

市村英彦 (2010)「ミクロ実証分析の進展と今後の展望」, 日本経済学会(編)『日本経済学会75年史　回顧と展望』有斐閣, 289-361.

─────(2020)「実証分析を支える理論〈計量経済学〉」, 市村英彦, 岡崎哲二, 佐藤泰裕, 松井彰彦(編)『経済学を味わう──東大1, 2年生に大人気の授業』日本評論社, 93-118.

伊藤公一朗 (2017)『データ分析の力──因果関係に迫る思考法』光文社新書.

伊東光晴 (2006)『現代に生きるケインズ──モラル・サイエンスとしての経済理論』岩波新書.

猪口孝, 岩井奉信 (1987)『「族議員」の研究──自民党政権を牛耳る主役たち』日本経済新聞社.

井堀利宏, 土居丈朗 (1998)『日本政治の経済分析』木鐸社.

今井晋, 有村俊秀, 片山東 (2001)「労働政策の評価──「構造推定アプローチ」と「実験的アプローチ」」『日本労働研究雑誌』第497号, 14-21.

入山章栄 (2019)『世界標準の経営理論』ダイヤモンド社.

上武康亮 (2020)「経済学はビジネスに役立つのか」, 経済セミナー編集部 (編)『経済セミナー増刊 進化するビジネスの実証分析』日本評論社, 16-24.

―――, 遠山祐太, 若森直樹, 渡辺安虎 (2021)「実証ビジネス・エコノミクス」『経済セミナー』2021年4・5月号から連載中.

宇沢弘文 (1989)『経済学の考え方』岩波新書.

宇野重規 (2016)『保守主義とは何か――反フランス革命から現代日本まで』中公新書.

宇野洋輔, 園田章, 別所昌樹 (2021)「プライバシーの経済学入門」日本銀行ワーキングペーパーシリーズNo.21-J-10（https://www.boj.or.jp/research/wps_rev/wps_2021/wp21j10.htm/で入手可能）.

永六輔 (1994)『大往生』岩波新書.

エヴァンス, デヴィッド・S, リチャード・シュマレンジ― (2018)『最新プラットフォーム戦略　マッチメイカー』朝日新聞出版. Evans, David S. and Richard Schmalensee, *Matchmakers: The New Economics of Multisided Platforms*, Harvard Business Review Prees. 2016.

大木良子 (2018)「オンラインプラットフォームと競争」『季刊Nextcom』Vol.33, 12-21.

大竹文雄 (2005)『経済学的思考のセンス――お金がない人を助けるには』中公新書.

大塚英志 (2002)「不良債権としての『文学』」『群像』2002年6月号, 332-343.

―――(2019)『行動経済学の使い方』岩波新書.

大塚淳 (2021)『統計学を哲学する』名古屋大学出版会.

大塚信一 (2015)『宇沢弘文のメッセージ』集英社新書.

大橋弘 (2014)「通信における市場構造とイノベーション――競争政策の果たすべき役割」『季刊Nextcom』Vol.19, 14-23.

―――(2021)『競争政策の経済学――人口減少・デジタル化・産業政策』日経BP・日本経済新聞出版本部.

大浜啓吉 (2016)『「法の支配」とは何か――行政法入門』岩波新書.

大湾秀雄 (2017)『日本の人事を科学する――因果推論に基づくデータ活用』日本経済新聞出版社.

岡崎哲郎（1999）『交渉問題とナッシュ・プログラム』三菱経済研究所．

岡田章（2011）『経済学・経営学のための数学』東洋経済新報社．

────（2017）『ゲーム理論・入門──人間社会の理解のために 新版』有斐閣．

────（2020）『国際関係から学ぶゲーム理論──国際協力を実現するために』
　　有斐閣．

────（2021）『ゲーム理論 第3版』有斐閣．

岡田羊祐（2019）『イノベーションと技術変化の経済学』日本評論社．

岡室博之，林秀弥（2009）「優越的地位の濫用──三井住友銀行事件とドン・キ
　　ホーテ事件」，岡田羊祐，林秀弥（編）『独占禁止法の経済学──審判決の事
　　例分析』東京大学出版会，273-294．

────，伊永大輔（2017）「優越的地位濫用の規制趣旨と要件該当性──トイ
　　ザらス事件」岡田羊祐，川濱昇，林秀弥（編）『独禁法審判決の法と経済学
　　事例で読み解く日本の競争政策』東京大学出版会，249-266．

隠岐さや香（2018）『文系と理系はなぜ分かれたのか』星海社新書．

奥村綱雄（2018）『部分識別入門──計量経済学の革新的アプローチ』日本評論社．

小田切宏之（2017）『競争政策論 第2版』日本評論社．

────（2019）『産業組織論──理論・戦略・政策を学ぶ』有斐閣．

梶井厚志，松井彰彦（2000）『ミクロ経済学　戦略的アプローチ』日本評論社．

川上淳之（2019）「日本の社内起業の実態──インターネット調査「新規事業参
　　入に関する調査」で把握する特徴」『経済論集』（東洋大学経済研究会）第44
　　巻第2号，121-143．

────（2021）『「副業」の研究──多様性がもたらす影響と可能性』慶應義塾
　　大学出版会．

川口大司（2021）「ノーベル経済学賞 2021 社会問題の因果関係を解明する「「自
　　然実験」の確立」『経済セミナー』2021年12月・2022年1月号，46-53．

川人貞史（1996）「シニオリティ・ルールと派閥──自民党における人事配分の
　　変化」『レヴァイアサン』臨時増刊号，111-145．

神林龍（2017）『正規の世界・非正規の世界──現代日本労働経済学の基本問題』
　　慶應義塾大学出版会．

北岡伸一（1995）『自民党 政権党の38年』読売新聞社（中公文庫，2008）．

北野泰樹（2020）「需要関数の推定──基礎と応用」，経済セミナー編集部（編）

『経済セミナー増刊 進化するビジネスの実証分析』日本評論社，56-67.

木村雄一（2020）『カルドア――技術革新と分配の経済学』名古屋大学出版会.

クタッチ，ダグラス（2019）『現代哲学のキーコンセプト 因果性』岩波書店（相松慎也訳、一ノ瀬正樹解説）．Kutach, Douglas Kutach, *Causation*, Polity Press, 2014.

久米郁男，河野勝（2011）『現代日本の政治』放送大学教育振興会.

栗野盛光（2019）『ゲーム理論とマッチング』日経文庫.

グレーヴァ香子（2011）『非協力ゲーム理論』知泉書館.

小林佳世子（2021）『最後通牒ゲームの謎――進化心理学からみた行動ゲーム理論入門』日本評論社.

小宮京（2020）「五五年体制の成立と展開」，筒井清忠（編）『昭和史講義【戦後篇】（上）』ちくま新書，305-320.

斉藤淳（2010）『自民党長期政権の政治経済学――利益誘導政治の自己矛盾』勁草書房.

佐藤英司，林秀弥（2017）「プラットフォームにおける取引妨害」，岡田羊祐，川濱昇，林秀弥（編）『独禁法審判決の法と経済学――事例で読み解く日本の競争政策』東京大学出版会，211-228.

佐藤誠三郎，松崎哲久（1986）『自民党政権』中央公論社（現・中央公論新社）.

佐藤優（2011）『交渉術』文春文庫.

シェーン，スコット・A（2011）『〈起業〉という幻想――アメリカ・ドリームの現実』白水社（谷口功一，中野剛志，柴山桂太訳）．Shane, Scott A., *The Illusions of Entrepreneurship: The Costly Myths That Entrepreneurs, Investors, and Policy Makers Live By*, Yale University Press, 2008.

白石忠志（2016）『独占禁止法 第3版』有斐閣.

――――（2020）『独禁法講義 第9版』有斐閣.

末石直也（2015）『計量経済学――ミクロデータ分析へのいざない』日本評論社.

杉本和行（2019）『デジタル時代の競争政策』日本経済新聞出版社.

鈴木健一（2018）「近世の天皇と和歌」，渡部敏明，阿部泰郎，鈴木健一，松澤克行『天皇の歴史10 天皇と芸能』講談社学術文庫，185-257.

鈴木哲也（2020）『学術書を読む』京都大学学術出版会.

砂原庸介（2015）『民主主義の条件』東洋経済新報社.

―――――，稗田健志，多胡淳（2015）『政治学の第一歩』有斐閣ストゥディア．

竹内啓（2013）『増補新装版 社会科学における数と量』東京大学出版会．

竹村彰通（2018）『データサイエンス入門』岩波新書．

多胡淳（2020）『戦争とは何か――国際政治学の挑戦』中公新書．

建林正彦（2017）『政党政治の制度分析――マルチレベルの政治競争における政党組織』千倉書房．

立森久照（2016）「因果推論ことはじめ」岩波データサイエンス刊行委員会（編）『岩波データサイエンス Vol.3［特集］因果推論――実世界のデータから因果を読む』岩波書店，7-25．

田中拓道（2020）『リベラルとは何か――17世紀の自由主義から現代日本まで』中公新書．

中北浩爾（2017）『自民党――「一強」の実像』中公新書．

―――――（2019）『自公政権とは何か――「連立」にみる強さの招待』ちくま新書．

土居直史（2020）「ネットワーク効果――空港利用の間接ネットワーク効果の実証分析」経済セミナー編集部（編）『経済セミナー増刊 進化するビジネスの実証分析』日本評論社，122-130．

中嶋亮（2016）「「誘導推定」v.s.「構造推定」」経済セミナー編集部（編）『経済セミナー増刊 進化する経済学の実証分析』日本評論社，52-62．

長澤哲也（2018）『優越的地位濫用規制と下請法の解説と分析 第3版』商事法務．

―――――（2021）『優越的地位濫用規制と下請法の解説と分析 第4版』商事法務．

西山慶彦，新谷元嗣，川口大司，奥井亮（2019）『計量経済学』有斐閣．

萩原浩太，渕川和彦，堀江明子（2017）「フランチャイズ契約における優越的地位の濫用――セブン-イレブン事件」岡田羊祐，川濱昇，林秀弥（編）『独禁法審判決の法と経済学 事例で読み解く日本の競争政策』東京大学出版会，267-284．

畠中道雄（1996）『計量経済学の方法 改訂版』創文社．

花薗誠（2018）『産業組織とビジネスの経済学』有斐閣ストゥディア．

濱本真輔（2018）『現代日本の政党政治――選挙制度改革は何をもたらしたのか』有斐閣．

―――――（2019）「政策過程における議員行動――応答性と代表観」『阪大法学』第69巻，第3・4号，341-377．

林敏彦 (1989)『需要と供給の世界 改訂版』日本評論社.

ビンモア, ケン (2015)『正義のゲーム理論的基礎』NTT出版 (栗林寛幸訳). Binmore, Ken, *Natural Justice*, Oxford University Press, 2005.

福岡伸一 (2007)『生物と無生物のあいだ』講談社現代新書.

牧野邦昭 (2016)「厚生省設置と人口政策」, 筒井清忠 (編)『昭和史講義2——専門研究者が見る戦争への道』ちくま新書, 131-146.

牧原出 (2003)『内閣政治と「大蔵省支配」政治主導の条件』中公叢書.

マクミラン, ジョン (1995)『経営戦略のゲーム理論——交渉・契約・入札の戦略分析』有斐閣 (伊藤秀史, 林田修訳). McMillan, John, *Games, Strategies, and Managers*, Oxford University Press, 1992.

待鳥聡史 (2020)『政治改革再考——変貌を遂げた国家の軌跡』新潮選書.

丸山眞男, 加藤周一 (1998)『翻訳と日本の近代』岩波新書.

マンスキー, チャールズ (2020)『マンスキー データ分析と意思決定理論』ダイヤモンド社 (奥村綱雄監訳, 高遠裕子訳). Manski, Charles, *Public Policy in an Uncertain World: Analysis and Decisions*, Harvard University Press, 2013.

水村美苗 (2022)『日本語で書くということ』ちくま文庫.

宮崎勇 (2005)『証言 戦後日本経済——政策形成の現場から』岩波書店.

村上泰亮 (1975)『産業社会の病理』中央公論社 (中公クラシックス, 2010).

室岡健志 (2019-2021)「行動経済学——人の心理を組み入れた理論」『経済セミナー』連載.

モーリス＝スズキ, テッサ (1991)『日本の経済思想』岩波モダンクラシックス (2010, 藤井隆至訳). Morris-Suzuki, Tessa, *A History of Japanese Economic Thought*, Routledge, 1992.

森田果 (2014)『実証分析入門』日本評論社.

焼田党, 細江守紀, 藪田雅弘, 長岡貞男 (編) (2021)『新型コロナ感染の政策課題と分析——応用経済学からのアプローチ』日本評論社.

山口慎太郎 (2020)「データ分析で社会を変える〈実証ミクロ経済学〉」市村英彦, 岡崎哲二, 佐藤泰裕, 松井彰彦 (編)『経済学を味わう——東大1, 2年生に大人気の授業』日本評論社, 73-92.

山田順 (2012)『出版・新聞 絶望未来』東洋経済新報社.

山本勲 (2015)『実証分析のための計量経済学——正しい手法と結果の読み方』中央経済社.

ローゼンバーグ, アレックス (2011)『科学哲学——なぜ科学が哲学の問題になるのか』春秋社 (東克明, 森元良太, 渡部鉄兵訳). Rosenberg, Alex, *Philosophy of Science: A Contemporary Introduction*, 2nd Edition, Routledge, 2005.

若森直樹 (2020)「個別取引データによるリテール決済需要の推定——多様化をきわめる決済手段とキャッシュレス化の行方」, 経済セミナー編集部 (編)『経済セミナー増刊 進化するビジネスの実証分析』日本評論社, 68-75.

渡辺安虎 (2015)「投票モデルの推定」, 神取道宏, 澤田康幸, 塩路悦朗, 照山博司 (編)『現代経済学の潮流 2015』東洋経済新報社, 123-149.

———— (2020)「ビジネス実証分析の今」, 経済セミナー編集部 (編)『経済セミナー増刊 進化するビジネスの実証分析』日本評論社, 46-55.

和田淳一郎 (1993)「自民党政権形成のゲーム理論的分析」『公共選択の研究』第21号, 70-73.


Abadie, A. (2021) "Using Synthetic Controls: Feasibility, Data Requirements, and Methodological Aspects," *Journal of Economic Literature*, 59 (2), 391–425.

Adachi, T. (2002) "A Note on "Third-Degree Price Discrimination with Interdependent Demands"," *Journal of Industrial Economics*, 50 (2), 235.

———— (2005) "Third-Degree Price Discrimination, Consumption Externalities, and Social Welfare," *Economica*, 72 (285), 171–178.

———— (2022) "A Sufficient Statistics Approach for Welfare Analysis of Oligopolistic Third–Degree Price Discrimination," Unpublished Manuscript (at: https://ssrn.com/abstract = 3006421).

————, and M. Fabinger (2022) "Pass-Through, Welfare, and Incidence under Imperfect Competition," *Journal of Public Economics*, Forthcoming.

————, and T. Hisada (2017) "Gender Differences in Entrepreneurship and Intrapreneurship: An Empirical Analysis," *Small Business Economics*, 48 (3), 447–486.

————, and M. J. Tremblay (2020) "Business-to-Business Bargaining in Two-Sided Markets," *European Economic Review*, 130, 103591.

————, and Y. Watanabe (2008) "Ministerial Weights and Government Formation: Estimation Using a Bargaining Model," *Journal of Law, Economics, and Organization*, 24 (1), 95–119.

Akerlof, G.A. (2020) "Sins of Omission and the Practice of Economics," *Journal of Economic Literature*, 58 (2), 405–418.

Angrist, J.D., and J.-S. Pischke (2010) "The Credibility Revolution in Empirical Economics: How Better Research Design Is Taking the Con out of Econometrics," *Journal of Economic Perspectives*, 24 (2), 3–30.

Ansolabehere, S., J.M. Snyder, Jr., A.B. Strauss, and M.M. Ting (2005) "Voting Weights and Formateur Advantages in the Formation of Coalition Governments," *American Journal of Political Science*, 49 (3), 550–563.

Armstrong, M. (2006) "Competition in Two-Sided Markets," RAND *Journal of Economics*, 37 (3), 668–691.

d'Aspremont, C., and R. Dos Santos Ferreira (2021) *The Economics of Competition, Collusion and In-between*, Palgrave Macmillan.

Athey, S. and M. Luca (2019) "Economists (and Economics) in Tech Companies," *Journal of Economic Perspectives*, 33 (1), 209–230.

Backus, M., T. Blake, B. Larsen, and S. Tadelis (2020) "Sequential Bargaining in the Field: Evidence from Millions of Online Bargaining Interactions," *Quarterly Journal of Economics*, 135 (3), 1319–1361.

Baron, D.P. and J.A. Ferejohn (1989) "Bargaining in Legislatures," *American Political Science Review*, 87 (1), 34–47.

Binmore, K., A. Rubinstein, and A. Wolinsky (1986) "The Nash Bargaining Solution in Economic Modeling," *RAND Journal of Economics* 17 (2), 176–188.

Browne, E.C., and M.N. Franklin (1973) "Aspects of Coalition Payoffs in European Parliamentary Democracies," *American Political Science Review*, 67 (2), 453–469.

Chetty, R. (2009) "Sufficient Statistics for Welfare Analysis: A Bridge between

Structural and Reduced-Form Methods," *Annual Review of Economics*, 1, 451–488.

Diermeier, D., H. Eraslan, and A. Merlo (2003) "A Structural Model of Government Formation," *Econometrica*, 71 (1), 27–70.

Eeckhout, J. (2021) *The Profit Paradox: How Thriving Firms Threaten the Future of Work*, Princeton University Press.

Eraslan, H. (2002) "Uniqueness of Stationary Equilibrium Payoffs in the Baron–Ferejohn Model," *Journal of Economic Theory*, 103 (1), 11–30.

——— (2008) "Corporate Bankruptcy Reorganizations: Estimates from a Bargaining Model," *International Economic Review*, 49 (2), 659–681.

——— and A. McLennan (2013) "Uniqueness of Stationary Equilibrium Payoffs in Coalitional Bargaining," *Journal of Economic Theory*, 148 (6), 2195–2222.

——— and K.S. Evdokimov (2019) "Legislative and Multilateral Bargaining," *Annual Review of Economics*, 11, 443–472.

Farilie, R.W. (1999) "The Absence of the African–American Owned Business: An Analysis of the Dynamics of Self-Employment," *Journal of Labor Economics*, 17 (1), 80–108.

——— (2005) "An Extension of the Blinder–Oaxaca Decomposition Technique to Logit and Probit Models," *Journal of Economic and Social Measurement*, 30 (4), 305–316.

Forster, E.M. (1951) *Two Cheers for Democracy*, Harcourt Brace & Company.

Fortin, N., T. Lemieux, and S. Firpo (2011) "Decomposition Methods in Economics," O. Ashenfelter and D. Card (eds.), *Handbook of Labor Economics*, Volume 4A, North Holland, 1–102.

Francois, P., I. Rainer, and F. Trebbi, (2015) "How Is Power Shared in Africa," *Econometrica*, 83 (2), 465–503.

———, F. Trebbi, and K. Xiao (2020) "Factions in Nondemocracies: Theory and Evidence from the Chinese Communist Party," Unpublished manuscript (available at: https://ftrebbi.com/research/).

Gamson, W.A. (1961) "A Theory of Coalition Formation," *American Sociological*

*Review*, 26 (3), 373–382.

Gentzkow, M., J.M. Shapiro, and M. Taddy (2019) "Measuring Group Differences in High–Dimensional Choices: Method and Application to Congressional Speech," *Econometrica*, 87 (4), 1307–1340.

Hagiu, A. (2006) "Pricing and Commitment by Two-Sided Platforms," *RAND Journal of Economics*, 37 (3), 720–737.

Hanazono, M., and Y. Watanabe (2018) "Equity Bargaining with Common Value," *Economic Theory*, 65 (2), 251–292.

Ho, K., and A.M. Rosen (2017) "Partial Identification in Applied Research: Benefits and Challenges," In B. Honoré, A. Pakes, M. Piazzesi, and L. Samuelson (eds.), *Advances in Economics and Econometrics: Eleventh World Congress*, Vol. 2., Cambridge University Press, 307–359.

Kacperczyk, A. (2013) "Female Entrepreneurship and Alternative Opportunities Inside an Established Firm," *Academy of Management Annual Meeting Proceedings*, 2013 (1).

Keane, M. P. (2010) "A Structural Perspective on the Experimentalist School," *Journal of Economic Perspectives*, 24 (2), 47–58.

Khan, L. (2018) "The New Brandeis Movement: America's Antimonopoly Debate," *Journal of European Competition Law & Practice*, 9 (3), 131–132.

Kleven, H.J. (2021) "Sufficient Statistics Revisited," *Annual Review of Economics*, 13, 515–538.

Knight, F.H. (1921) *Risk, Uncertainty and Profit*, Houghton Mifflin Co.

Kohno, M. (1992) "Rational Foundations for the Organization of the Liberal Democratic Party in Japan," *World Politics*, 44 (3), 369–397.

Leiserson, M. (1968) "Factions and Coalitions in One-Party Japan: An Interpretation Based on the Theory of Games," *American Political Science Review*, 62 (3), 770–787.

Liff, A.P.. and K. Maeda (2019) "Electoral Incentives, Policy Compromise, and Coalition Durability: Japan's LDP-Komeito Government in a Mixed Electoral System," *Japanese Journal of Political Science*, 20 (1), 53–73.

Lucas, R.E., Jr. (1976) "Econometric Policy Evaluation: A Critique," In K. Brunner and A. Meltzer (eds.), *Carnegie-Rochester Conference Series on Public Policy*, 1, 19–46.

McAfee, R.P. (2010) "Edifying Editing," *The American Economist*, 55 (1), 1–8.

McCarty, N.M. and A. Meirowitz (2008) *Political Game Theory: An Introduction*. Cambridge University Press.

Merlo, A. (1997) "Bargaining over Governments in a Stochastic Environment." *Journal Political Economy*, 105 (1), 101–131.

Mitsutsune, M., and T. Adachi (2014) "Estimating Noncooperative and Cooperative Models of Bargaining: An Empirical Comparison," *Empirical Economics*, 47 (2), pp.669–693.

Muthoo, A. (1999) *Bargaining Theory with Applications*, Cambridge University Press.

Nahata, B., K. Ostaszewski, and P.K. Sahoo (1990) "Direction of Price Changes in Third-Degree Price Discrimination," *American Economic Review*, 80 (5), 1254–1258.

Nash, J. F., Jr. (1950) "The Bargaining Problem," *Econometrica*, 18 (2), 155–162.

———— (1951) "Non-Cooperative Games," *Annals of Mathematics*, 54 (2), 286–295.

Ogasawara, K., and M. Komura (2022) "Consequences of War: Japan's Demographic Transition and the Marriage Market," *Journal of Population Economics*, 35, 1037–1069.

Okada, T. (2014) "Third-Degree Price Discrimination with Fairness-Concerned Consumers," *The Manchester School*, 86 (6), 701–715.

Okamuro, H., and K. Ikeuchi (2017) "Work-Life Balance and Gender Differences in Self-Employment Income during the Start-up Stage in Japan," *International Review of Entrepreneurship*, 15 (1), 107–130.

Okasha, S. (2016) *Philosophy of Science: A Very Short Introduction*, 2nd Edition, Oxford University Press.

Ono, Y. (2012) "Portfolio Allocation as Leadership Strategy: Intraparty Bargaining in Japan," *American Journal of Political Science*, 56 (3), 553–567.

Osborne, M.J., and A. Rubinstein (1994) *A Course in Game Theory*, The MIT

Press.

Parker, S.C. (2011) "Intrapreneurship or Entrepreneurship?" *Journal of Business Venturing*, 26 (1), 19–34.

Ramseyer, J.M., and F.M. Rosenbluth (1993) *Japan's Political Marketplace*, Cambridge, Harvard University Press.

Reed, S.R. (1992) *Japan Election Data: The House of Representatives, 1947–1990*, University of Michigan Press.

Robinson, J. (1933) *The Economics of Imperfect Competition*, Macmillan.

———— (1953) "Imperfect Competition Revisited," *Economic Journal*, 63 (251), 579–593.

Rochet, J.-C. and J. Tirole (2003) "Platform Competition in Two-Sided Markets," *Journal of the European Economic Association*, 1 (4), 990–1029.

Rubinstein, A. (1982) "Perfect Equilibrium in a Bargaining Model," *Econometrica*, 50 (1), 97–109.

Sato, S. (2021) "Horizontal Mergers in the Presence of Network Externalities," Unpublished Manuscript (available at: https://ssrn.com/abstract = 3461769).

Scheiner, E. (2005) "Pipelines of Pork: Japanese Politics and a Model of Local Opposition Party Failure," *Comparative Political Studies*, 38 (7), 799–823.

Shapley, L.S., and M. Shubik (1954) "A Method for Evaluating the Distribution of Power in a Committee System," *American Political Science Review*, 48 (3), 787–792.

Spulber, D. F. (2009) *The Theory of the Firm: Microeconomics with Endogenous Entrepreneurs, Firms, Markets, and Organizations*, Cambridge University Press.

Tamer, E. (2010) "Partial Identification in Econometrics," *Annual Review of Economics*, 2, 167–195.

Weyl, E.G., and M. Fabinger (2013) "Pass-Through as an Economic Tool: Principle of Incidence under Imperfect Competition," *Journal of Political Economy*, 121 (3), 528–583.

Woodall, B. (1996) *Japan under Construction: Corruption, Politics, and Public Works*, University of California Press.

# 索 引

【著者】

安達貴教（あだち・たかのり）

京都大学経営管理大学院・大学院経済学研究科准教授。米ペンシルヴェニア大学博士（経済学）。東京工業大学、名古屋大学勤務などを経て、2021年4月より現職。専攻は、産業組織論、競争政策論、応用ミクロ経済学、実証ミクロ経済学。

データとモデルの実践ミクロ経済学
──ジェンダー・プラットフォーム・自民党

2022年6月20日　初版第1刷発行

著　者────安達貴教
発行者────依田俊之
発行所────慶應義塾大学出版会株式会社
　　　　　　〒108-8346　東京都港区三田2-19-30
　　　　　　TEL　〔編集部〕03-3451-0931
　　　　　　　　　〔営業部〕03-3451-3584〈ご注文〉
　　　　　　　　　〔　〃　〕03-3451-6926
　　　　　　FAX　〔営業部〕03-3451-3122
　　　　　　振替　00190-8-155497
　　　　　　https://www.keio-up.co.jp/
装　丁────米谷豪
ＤＴＰ────アイランド・コレクション
印刷・製本──中央精版印刷株式会社
カバー印刷──株式会社太平印刷社